U0511182

陕西省社会科学院优秀学术著作出版资助项目

脆弱性与能力

当代中国老年人消费安全研究

杨红娟 著

中国社会科学出版社

图书在版编目（CIP）数据

脆弱性与能力：当代中国老年人消费安全研究／杨
红娟著. -- 北京：中国社会科学出版社，2025. 5.
ISBN 978-7-5227-5012-5

Ⅰ. F126. 1

中国国家版本馆 CIP 数据核字第 20257T0A89 号

出 版 人	赵剑英
责任编辑	涂世斌
责任校对	王 龙
责任印制	李寡寡

出 版	中国社会科学出版社
社 址	北京鼓楼西大街甲 158 号
邮 编	100720
网 址	http://www.csspw.cn
发 行 部	010-84083685
门 市 部	010-84029450
经 销	新华书店及其他书店

印 刷	北京明恒达印务有限公司
装 订	廊坊市广阳区广增装订厂
版 次	2025 年 5 月第 1 版
印 次	2025 年 5 月第 1 次印刷

开 本	710×1000 1/16
印 张	15. 5
字 数	233 千字
定 价	79. 00 元

凡购买中国社会科学出版社图书，如有质量问题请与本社营销中心联系调换
电话：010-84083683
版权所有　侵权必究

代序 在持之以恒中探索与生产知识

老龄社会的来临，一定需要不同学科和视角的研究介入。这本《脆弱性与能力：当代中国老年人消费安全研究》正是作者这些年来细致观察老年人生活状态、压力，反思社会变迁特征与后果，分析社区治理和服务，以及倡导更加积极适老化社会政策的社会学研究成果。

陕西省社会科学院社会学研究所杨红娟的这部新作，是她长期以来从事老年社会学研究的代表性成果。本书深入探讨了老龄化社会、信息社会、消费社会、风险社会交织背景下老年人消费安全的不同形态、特征、机制及其社会意义。作者凭着自己对老年群体持之以恒的关注热情，通过大量的实证调研及数据分析，用生动的数字记录下了老年人消费心态、消费取向、消费特征，以及消费安全等方面的真实状态，从结构性的资本、技术、市场，深入到心态、人际、网络、政策等，再深入到消费过程、文化惯习、权力能力、社会网络等时空性、差异性关系等，提出了"消费安全与社会支持"这一具备解释力的分析概念与阐释体系，反映出作者对老年人消费安全问题的基本判断。

随着老年社会学研究的不断深入，老年人的生活困扰及其社会挑战被一一揭示出来，有些问题在全社会的注视下已经得到了部分缓解。但是，一些敏感性议题依然有意无意地被遮蔽，而涉及老年人消费安全的研究正处于研究的边缘位置。作者在关注老年人的诸多领域中发现，近些年老年人的消费安全日益成为这一群体日常生活中迫切需要解决的问题。于是，经过一段时间的观察，作者开始沿着老年人日常消费的点、线、面，透过现象看本质，提出了"老年人消费安全"概念。她自觉地将消费概念嵌入老年人研究，并将经济消费与社会消费、消费安全与社会安全整合在一起，看到了消费社会下市场与阶层利益不平等的互动现象。

"老年人消费安全"概念是理论与实践联系十分紧密的描述与分析范畴。对此问题敏锐的捕捉能力，体现了作者秉持同理、共意的研究理念，对老年人深切而细致的关怀，及其在知识生产上的努力。作者强调对老年人消费领域的关注，尊重老年人的消费经验与体验，以积极老龄观看待老年人，试图在研究者与老年人持续的互动中分析并理解其消费能力、消费安全与消费保护，从而以赋能为取向的社会支持尽可能地降低老年人遭遇的消费风险，增进老年人的消费热情和对美好生活的向往。

作者对老年人消费安全的研究从一开始就围绕着学术成长的"相续性"、实证研究的"原创性"展开。作者初次接触老年人研究还是十多年前参与的一项国家课题。当该课题以"优秀"结项时，那种成就感、获得感，尤其是方向感便因其研究中的投入而孕育、生长。这一经验为其积累了丰富的关于老年人的社会认知和学科知识，也为其之后拓展老年人研究的广度和深度，并从专业方向上"打好深井"起到了激励和鞭策作用。多年后，她申请到了国家社科基金课题"'老年人消费安全'现状与社会支持系统建构研究"。她的课题设计就是在这样一直以来没有更换题目的脉络中提出来的。该研究围绕"消费安全"议题，捕捉到了老年人在现代社会中的尴尬处境、无奈与挑战等问题，在现象分析的背后找到了理论建构中脆弱性、能力与社会支持互动关系的阐释关键。作者遵循日常观察 - 现实问题 - 研究反思的思路，采用"借用移植"的方式，对老年人消费安全及其相关概念进行定义，初步建构了社会学研究老年人消费安全的知识体系。脆弱性分析在当下的社会科学研究中被广泛运用。作者不是仅仅局限于问题视角，而是在系统整合的坐标下紧扣能力来思考。在阅读著作的过程中，我们犹如在打开一扇扇窗户，一点点地体会到，老年人消费的易损性、脆弱性其实也是被建构出来的。正是基于这样的意识，细心读者会渐渐发现，作者其实还在讲述另一重叙述逻辑，老年人消费中的脆弱性也在为能力建设提供机会，从这些表现出来的脆弱中，可以寻找到改变现状的积极因素和促进老年人健康消费的可能。这一思考，大大拓展了脆弱性分析的灵活度，也提升了社会支持理论运用的格局，使社会支持分析具有了更多的针对性和创新性。

老年人消费是一个情景化、个性化与群体化交织的社会现象与过程，其中充满了不确定性、暂时性、对冲性和复杂性。探讨类似的议题，当然有必要透过定量的数据分析，描述老年人消费及其风险的多样背景、观念、行为及其机制，并从个体差异到社会差异，从观念、态度脆弱到技术、组织、制度脆弱等去探讨。因此，作者用了大量的篇幅做数据解读，体现出学科的"主流"特征。其实，作者对定量分析工具的使用还折射了质性思维的习惯。我看到书稿的这部分内容，想到了很多年前共同开展质性社会学田野研究的情景。很想说，作者在研究过程中也进行了大量的个案访谈，如果能在本书中看到更多的关于老年人消费安全的故事，一定会使文本呈现变得更加鲜活，更有冲击力，理论归纳、分析也会更加透彻、有说服力。

老年人消费安全研究的现实意义可以透过细微的"不一致"来发现。作者为了深化研究注入了不少心血。其中，一些判断、观点突破了她之前的观念及一些主导话语的局限，如对老年人社会支持网络中"老朋友"的再认识。这些习惯上看来消费安全的保护者，在实际运作中很可能恰恰是导致消费安全不稳定的因素。这里既存在从众、盲目地对商品的热情推介，也存在当事人基于面子而不好说破的心理。于是，原本作为安全资本的要素却变为了消费中的潜在风险。这些讨论如果不是通过对大量案例的观察是不会被轻易发现的。既然选择了老年人消费，聚焦于消费安全，就必然要认真践行事实呈现、理论解释和完善对策的知识生产与创新。

最后想说的就是学者的情怀。学科兴趣、学术使命是需要同社会关怀、社会责任勾连在一起的。作者在实证研究的基础上，以她一直遵循的尊重、关怀、务实的价值立场，从公共政策、社会服务、社区实践等角度与层面提出了一整套以社区为本的介入策略、机制设计、实施路径与具体的对策，以提高整个经济社会系统对老年人消费安全保护的能力。

在研究中，作者使用了"银发经济"概念。在体现社会关怀的学者那里，"经济"一词本质上存在两种不同的取向，一是市场经济，一是社会经济。作者在使用"银发经济"时，如果对后者有更深入的思考，可能会进一步阐释本研究的社会学意义，对老年人消费安全研究也会注入更多温暖的情怀。期待作者能坚守这一研究领域，不断生产更多、更新的有关老年人消费安全的新知识。

江　波

2024 年 12 月

目　　录

绪　　论

在当代中国老龄社会、消费社会、信息社会、风险社会交织的社会转型背景下,老年人消费无论是对于国家发展、社会稳定,还是个体需求满足都具有重大意义。随着老年人口的快速增加及其经济能力的不断增强,老年消费的巨大潜力成为经济社会发展不容忽视的重要力量,成为经济社会发展的巨大引擎,也成为老年人满足自我需求、建构社会关系以及实现自我价值的重要手段。与此同时,对于老年群体来说,信息社会与风险社会的交织也使其在消费过程中充满更大和更多的风险。现实中出现的大量以老年人为对象的假冒伪劣产品,不道德营销方式制造的"消费陷阱",诸如保健品销售、电信诈骗等,导致老年人上当受骗事件层出不穷。老年人在消费过程中存在的诸多显性或潜在的受损害风险,不仅使老年人在经济和身心上遭受伤害,其影响更超出个体及其家庭层面进入公共领域,成为日渐突出的社会现实问题。

本书以人口社会学理论和方法建构"老年人消费安全"概念,从关注"老年消费"到关注"消费中的老年人",将经济市场议题转化为社会文化议题,通过对现实中大量的老年人消费现象和消费过程的梳理和考察,描述老年人消费安全现状,关注消费过程中老年人的心理和行为特征,揭示老年人消费中的安全与风险,分析其产生的社会原因及其对老年社会政策和社会服务体系的挑战,从而,为探索建构保障老年人消费安全的社会支持系统,有效减少和预防老年人消费安全问题提供支撑。

一　研究思路

本书以老年人消费安全作为研究对象,遵循"发现问题—界定问题—实证分析问题—阐释问题—解决问题"的研究之路。

第一步,发现问题。基于社会现实存在的问题,梳理分析老年人消费安全问题产生的社会背景。在当代中国,老年消费安全存在着推力和阻力两种相对的力量。一方面,从宏观的社会背景来看,老龄社会和消费社会是我国面临的现实国情,是国家发展的战略基础。老龄人口规模庞大,在整个人口中的比重增大,老年消费能够成为经济社会发展新的引擎。在我国积极应对人口老龄化战略进程中,银发经济发展成为培育经济发展新动能,更是提升老年人福祉的重要举措。老年消费因此成为政府和各个职能部门政策供给的重点,也成为学术研究的热点。这是本问题提出的基础。另一方面,对于老年人来说,伴随社会发展和人口结构变迁,老年人经济收入、文化教育水平不断提高,对美好生活的需求使得老年人消费潜力增强,但风险社会和信息社会的发展导致他们的消费具有脆弱性和障碍性。这样的社会背景,凸显了本书研究内容的重要性和必要性。

第二步,界定问题。目前,学术界还没有对"老年人消费安全"的概念进行阐释和研究。本书在对老年消费及其相关议题的文献综述基础上,以人口社会学视角对老年人消费安全及老年人消费安全事件进行定义并将研究范围限定在购买和服务场景中。

第三步,实证分析问题。通过分析问卷和访谈资料,描述老年人消费安全和社会支持系统的基本状况,老年人自身的个体脆弱性及其类型,社会支持系统对老年人消费安全的功能与作用等。

第四步,问题阐释。确定老年人消费安全的脆弱性—社会支持—能力分析框架,分析老年人消费安全保护面临的问题与挑战。

最后一步,解决问题。探索建立以社区为平台的多元主体参与、多层次整合介入的老年人消费安全社会支持系统,并提出提升社区老年人消费安全保护平台能力的对策建议,有效保障老年人消费安全。

二   研究策略与方法

搜集、梳理国内外关于人口社会学、消费社会学、营销学、经济学、法学、心理学等老年人消费研究以及社会支持系统等研究文献，对文本进行内容分析，对本书的核心概念"老年人消费安全"进行定义和理论阐释，明确脆弱性—社会支持—能力分析框架。

1. 研究步骤

第一，对心理学、法学、营销学及社会学等学科有关老年人消费的理论和运用研究安全的研究成果进行文献述评，通过对既有多学科知识的反思，对"老年人消费安全"的概念进行建构和阐释，并形成老年人脆弱性—社会支持—能力分析框架。

第二，展开文献整理和试调研。通过梳理新闻报道，访谈主管消费的相关职能部门、消协等维权组织了解消费安全问题的社会关注、政府的政策回应，并对相关老年人进行访谈，发现他们对消费安全事件的看法、应对及资源调动。在此基础上，设计问卷和访谈提纲，并进行试调研，在此之后，进行调研设计的完善修改。

第三，开展实地调查。组织具有社会学、社会工作背景的研究生，进行实地调研（包括问卷填答及个案访谈），尽最大可能保证第一手资料的真实有效。问卷分析的重点在于对老年人消费安全现状的描述及消费安全事件与社会支持关系的分析。

2. 研究方法

本书采用定量分析和定性分析交互理解的混合研究策略，通过定量分析产生初步结论，而定性研究作为丰富、深度信息的主要来源，则被用于对定量研究的结论做进一步阐释。

（1）定性分析方法。通过老年人个案访谈和老年消费安全事件的重要人物、社会服务组织及其相关职能部门人员的焦点访谈，关注老年人消费安全体验和经验，挖掘老年人消费安全问题的发生机制与发展趋势，以及应对安全事件的策略、社会支持系统作用发挥机制等深度信息。对老年人消费安全事件典型案例展开调查，分析老年人消费安全事件发生、发展的直接或间接、显性或隐性原因，以及关键节点和差异性特征。

（2）定量分析方法。分析老年人消费安全的基本状态，包括老年人消费行为及其消费安全的重要领域、基本诱因等，解读老年人消费行为模式与消费安全的关联性；分析不同老年人消费安全的差异，以老年人收入、性别、教育程度、消费行为、决策、情感等为变量，关注社会价值、规范、风俗、时尚等文化心理因素对老年消费安全的制约和导向作用；归纳老年人消费安全的基本形态、领域、特征及其差异性等。

三　本书内容与结构

全书主体部分共分为五章，研究思路见图绪－1。

第一章为老年人消费安全研究的经济社会发展背景分析。考察在老龄社会、消费社会、信息社会和风险社会交织的背景下老年人消费的发展需求、特征、趋势与老年人消费安全权益保障的现实困境。

第二章对"老年人消费安全"进行概念建构。基于多学科对老年人消费研究的梳理和反思，建构"老年人消费安全"概念，阐述其内涵及其"老年人消费安全"研究的重要价值和意义。

第三章为"老年人消费安全"的现状分析，从老年人消费安全与社会参与、消费社会支持相互交织的复杂样态，描述老年人消费安全的现状与特征，全面呈现老年人消费及其消费安全基本图景，进而分析老年人消费安全与社会支持的关系。

第四章对"老年人消费安全"进行问题阐释。建构了以社会支持为中介的老年人消费安全脆弱性—社会支持—能力分析框架，重点分析老年人消费安全事件的发生机制、面临的问题与挑战，特别是老年人消费自主性的提高与自我消费素养水平和能力不够适应、老年人消费的功能性与情感性交织等问题造成的消费安全应对上的多重困难。

第五章建构提升老年人消费安全系统保障能力的社区平台，该平台承上启下，能够将正式社会支持和非正式社会支持资源链接、整合并动员，保障老年人消费安全，提升老年人的社会安全和消费福祉。为观察和思考老年人消费问题公共政策提供了新的解释。

在以上五章的基础上，本书结语对"老年人消费安全"问题未来的研究议题进行展望。主要包括深化"老年人消费安全"的制度保护体系、深入家庭抗逆力与"老年人消费安全"的关系、强化老年人消费素养教育、加强农村老年人消费安全问题等议题的研究。

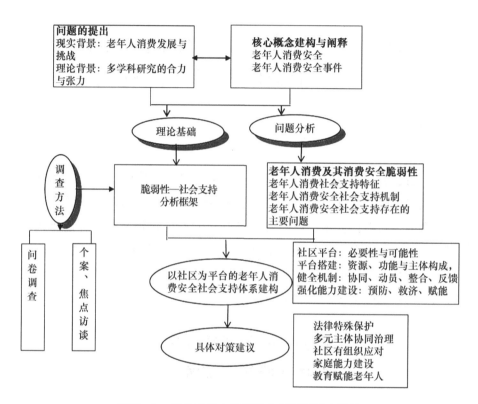

图绪-1　当代老年人消费安全问题的研究思路

第一章　研究背景：中国老年人
消费的发展与挑战

"人民安全是国家安全的基石。"[①] 在我国全面建成小康社会的背景下，立足新时代新征程，作为民生安全的重要内容，消费安全关系着人民群众的生命财产安全，影响着人民群众的安全感和幸福感，老年人消费安全成为重要的时代议题。伴随着我国老龄社会和消费社会的形成，老年消费呈现出新的特征和趋势，而信息社会和风险社会的发展，也使得老年消费面临诸多新的制约和挑战。

一　老龄社会与消费社会：中国
老年人消费的发展

在我国老龄社会的发展过程中，老年消费对于经济社会发展的重要性凸显，而消费社会的日渐形成，也使老年人消费具有了物质消费与文化符号消费合题的新特征。

（一）中国老龄化的特征

1999 年，我国 60 岁以上人口的老龄化率达到 10%，标志着我国老龄化社会到来。与世界其他各国相比，我国老龄化呈现出以下特点。

---

① 中共中央党史和文献研究院编：《习近平关于统筹疫情防控和经济社会发展重要论述选编》，中央文献出版社 2020 年版，第 171 页。

1. 快速老龄化

按照国际通行划分标准，当一个国家或地区 65 岁及以上人口占比超过 7% 时，意味着进入老龄化阶段；达到 14% 时，为深度老龄化阶段；超过 20% 时，则进入超老龄化社会。作为世界发达国家的法、德、美三国从老龄化进入深度老龄化时间分别为 115 年、69 年和 72 年，日本、韩国时间较短，用了不到 30 年时间，而我国仅用了 22 年，到 2022 年末，我国 65 岁及以上人口占全国人口的 14.9%。可见我国老龄化速度远远高于欧美国家，也高于亚洲的日本和韩国。

2. 规模巨大的老龄化

第七次人口普查数据显示，截至 2020 年 11 月 1 日，我国 60 岁及以上人口达到 2.6 亿人，占总人口的 18.7%。65 岁及以上人口超过了 500 万人的有 16 个省份，超过了 1000 万人的有 6 个省份。联合国发布的世界人口预测中方案结果认为，到 2050 年，我国 60 岁及以上人口将超过 5 亿人，占总人口比例将达到 38.81%，我国将成为老龄人口规模最大的国家，这一状况将维持相当一段时间，21 世纪后半叶我国老龄人口将会一直稳定在 3.8 亿—4.0 亿人，老龄化率也会维持在 30% 左右。超规模超稳定的老龄化将是未来我国人口结构的基本状况。

3. 发展不平衡的老龄化

不平衡发展也是我国人口老龄化的基本特征。一方面城镇、乡村之间老龄化存在较大差距，乡村 60 岁及以上人口比例和 65 岁以上人口比例都高于城镇。第七次全国人口普查数据显示，我国乡村 60 岁及以上人口占比较城镇高出 7.99 个百分点。另一方面在省市之间我国人口老龄化程度分化态势明显，较为不均衡，发达的长三角地区和发展较为停滞的东北地区成为全国老龄化程度最高的地区，辽宁（25.72%）、上海（23.38%）、黑龙江（23.22%）、吉林（23.06%）、重庆（21.87%）、江苏（21.84%）和四川（21.74%）是全国人口老龄化排名前七位的省份，60 岁及以上人口占比均超过了 21%。老龄化水平的城乡、区域差异，除了经济社会原因外，与人口流动也有密切关系。大量农村青壮年及其子女向城市和经济活跃地区迁移，造成农村和经济发展较为迟滞地区的老龄人口比例不断增高。

4. 更为显著的高龄化

"六普""七普"数据对比发现，我国高龄老年人口在老年人口总量中的比重从 2010 年的 11.4% 增长到 2020 年的 13.56%。这一趋势还将持续，相关预测显示，这一数据在 2050 年将达到 22.3%。高龄人口持续增加，失能半失能人口也会随之增加，这将给我国经济社会发展带来压力和挑战。

"十四五"时期，我国平均老龄化程度将达到 22%，全国将进入中度老龄化阶段。日本和欧盟国家的发展证明，中度老龄化社会往往伴随着老年人消费需求的急剧增长，银发经济进入快速发展阶段。

（二）中国消费社会渐进形成

在我国快速老龄化的进程中，消费社会也逐渐形成。2000 年以来，我国宏观经济发展、消费政策以及现实中居民消费的结构性转变，标志着中国消费社会的来临。

从经济学的角度来看，消费社会相对于生产社会而言，是指消费对于经济的发展来说大于生产的作用，消费将成为人们日常社会生活和社会生产的主导动力和主要目标。消费决定着生产，一方面，消费的需求决定了生产和服务的内容与组织方式；另一方面，在生产相对过剩的条件下，消费成为经济发展的主导力量，社会需要通过刺激消费促进生产的发展，拉动经济增长。从社会学的角度来看，生产社会主要是对"物"的消费，人们主要消费的是看得见、摸得着、用得上的，对自己的日常生活有用的产品的使用和实用价值，而在消费社会人们的消费重点则让位于具有价值意义和文化意义的"符号"消费等精神文化消费。

1. 消费成为我国高质量发展的战略基点

改革开放以来，我国宏观经济中的投资、消费、出口"三驾马车"对于经济发展的贡献率经历着此消彼长的过程，在全球化浪潮和新时代高质量发展的背景下，为减少外部风险，优化产业结构，增加我国经济增长的稳定性，我国经济社会发展需要逐渐从投资主导型向消费主导型转变。在我国成为第二大经济体后，随着投资和出口整体走向低迷，特别是全球新冠疫情的暴发和持续，消费对于推动中国经济稳步发展的作用更加突出。

消费发展是社会生产力和社会制度发展的内在要求。在我国经济快速发展和转型过程中，消费的重要地位越来越凸显。党的十七大提出，"坚持扩大国内需求"① 特别是居民消费需求的基本方针，扩大消费需求成为促进经济增长的重中之重，居民消费发展成为促进经济发展的内生动力，成为我国高质量发展的战略基点。

党的十八大报告提出，要"着力激发各类市场主体发展新活力，着力增强创新驱动发展新动力，着力构建现代产业发展新体系，着力培育开放型经济发展新优势"，以"扩大消费"为战略基点，"使经济发展更多依靠内需特别是消费需求拉动"，② 以促进消费发展勾画了我国经济转型路线图。2013—2018 年，国务院办公厅发布了 11 个相关文件，促进消费发展，着力推进实施"六大消费工程"和"十大消费行动"，从供给侧和需求侧发力，加强对信息、绿色、住房、旅游、文体教以及老年消费的引导性支持力度，培育汽车、家政、旅游、绿色、体育健身等新的消费增长点，改善消费环境，提升消费品质。

随着新时代我国社会矛盾的转化，居民消费发展作为人民对美好生活期待的直接体现，得到党和政府的高度重视。党的十九大报告更进一步要求，"完善促进消费的体制机制，增强消费对经济发展的基础性作用"。③ 中共中央、国务院具体落实党的十九大的相关部署，颁发《关于完善促进消费体制机制　进一步激发居民消费潜力的若干意见》，对促进消费体制机制建设进行全局性制度安排，成为我国指导消费工作的纲领性文件。之后国务院办公厅及相关部委出台了相关重点消费品、新型

① 胡锦涛：《高举中国特色社会主义伟大旗帜　为夺取全面建设小康社会新胜利而奋斗——在中国共产党第十七次全国代表大会上的报告》，人民出版社 2007 年版，第 22 页。
② 胡锦涛：《坚定不移沿着中国特色社会主义道路前进　为全面建成小康社会而奋斗——在中国共产党第十八次全国代表大会上的报告》，人民出版社 2012 年版，第 20 页。
③ 习近平：《决胜全面建成小康社会　夺取新时代中国特色社会主义伟大胜利——在中国共产党第十九次全国代表大会上的报告》，人民出版社 2017 年版。

消费、农村消费、文化旅游、商业消费等系列配套文件，并建立部际联席会议制度，完善促进消费体制机制，统筹协调促进居民消费扩大升级的组织基础。为进一步促进居民消费提供了政策和组织保障。

我国"十四五"规划强调"增强消费对经济发展的基础性作用"，将消费作为形成强大国内市场、构建新发展格局的重要组成部分，凸显消费在经济发展中的重要地位，在"全面促进消费"部分，部署了在提升传统消费、培育新型消费、发展服务消费、扩大节假日消费、完善城乡消费融合网络等方面持续发力的主要任务，将促进消费向绿色、健康、安全发展，扩大消费同改善人民生活品质相结合，稳步提高居民消费水平，明确了消费需求侧改革的方向。

党的二十大报告强调，"要增强消费对经济发展的基础性作用"，从"增进民生福祉，提高人民生活品质"的角度阐述了养老事业和养老产业的发展方向，即"实施积极应对人口老龄化国家战略，发展养老事业和养老产业，优化孤寡老人服务，推动实现全体老年人享有基本养老服务"。[①]"十四五"期间，我国更是把恢复和扩大消费摆在优先位置，出台了一系列促进消费发展的支持政策。2020 年国务院办公厅出台了《关于以新业态新模式引领新型消费加快发展的意见》，着力为促进新型消费需求发展提供支持；2021 年各职能部门出台一系列消费恢复政策；2022 年国务院办公厅再次就消费出台《关于进一步释放消费潜力促进消费持续恢复的意见》，要求综合施策，释放消费潜力；2023 年国家发改委发布"促消费 20 条"，各部门也出台了相应的促进政策。供给侧结构性改革和消费潜力的释放，促进我国以消费为主导的内需发展格局基本形成和发展。

2. 从生存型消费到发展型消费的转变

改革开放以来，我国居民消费水平不断增长。衡量居民消费支出的重要指标是个人消费支出。改革开放以来，我国居民消费从温饱型转型

---

① 习近平：《高举中国特色社会主义伟大旗帜 为全面建设社会主义现代化国家而团结奋斗——在中国共产党第二十次全国代表大会上的报告》，人民出版社 2022 年版，第 49 页。

升级到小康型，发生了从量到质的结构性改变。主要表现为：第一，从消费内容上来看，我国恩格尔系数经过八年的连续下降，2019年仅为28.2%，人均衣着类消费支出占人均消费支出的比重也大幅下降，为6.2%，我国温饱消费需求的满足得到了全面解决；医疗保健消费、交通通信消费和教育文化娱乐服务消费等发展型消费支出增速远高于基本生活物质消费支出增速，可见我国居民的消费层次得到了大幅提升，标志着我国居民消费从生存型消费到发展型和享受型的消费的转型。第二，在消费属性上，呈现商品等物质消费下降与服务消费增长的态势，人们对"物"的消费逐渐向服务消费转型，更多人通过消费满足自我发展和自我实现的需求。随着我国居民收入水平的提高，更多人对个体和家庭的收入进行合理配置，个性化和多样化消费成为更多人的追求，人们消费能力和素养水平不断提高，理性消费、绿色消费在政府的倡导下，也成为新的消费趋势。第三，消费环境得到不断改善，消费品质提升。随着居民消费的转型，消费的基础设施极大改善，更多人性化、个性化的设施大量建设，老百姓消费环境更加舒适、更加安全，我国保护消费者权益的法律法规更加健全，市场监管机制更加完善，人们的消费更加放心。

党的十八届五中全会要求，要使消费对经济增长的作用明显加强。从政策意义上来说，会进一步强化我国消费社会特征，而不断增长的城乡居民收入水平，以及数字经济的不断发展，为我国消费社会的发展提供支撑。

在一系列政策的持续推动下，居民的消费需求得到了较大程度的释放，居民消费对经济高质量发展的基础性作用得到有效发挥。从宏观数据来看，经过30多年接近两位数的高速增长，中国经济进入了一个从投资主导型转向消费主导型的新阶段。21世纪以来，投资和出口是拉动我国经济发展的最主要力量。而这一结构发生转变是在2011年，这一年，我国内需对经济增长的贡献率达到105%，其中最终消费对经济增长的贡献率达到51.6%，从此开始，2011—2019年最终消费支出对经济增长的平均贡献率为53.4%，并基本呈现上升趋势，2021年消费对经济增长的贡献率达到 65.4%，我国消费驱动型的经济发展趋势越发明显，新消费时代正在到来。

可见，随着我国人均可支配收入的稳步增长特别是居民财产性收入的持续增长，高净值群体的快速崛起，以及我国绝对贫困的历史性消除，消费发展的基础性条件基本具备；而发达经济体消费对经济贡献率一般会达到 70%—80%，与之相比，我国消费发展空间依然较大。要发挥消费的基础性作用，促进经济高质量发展，必须激发城乡居民消费潜力。因此，要健全更加积极的促消费政策，建构更为安全的消费环境，培育和壮大更多的消费增长点。

（三）发展银发经济成为中国培育经济发展新动能的着力点

我国老龄化的快速推进，带来银发经济发展的重大机遇。2013 年出台的《国务院关于加快发展养老服务业的若干意见》明确"养老服务业成为积极应对人口老龄化、保障和改善民生的重要举措，成为扩大内需、增加就业、促进服务业发展、推动经济转型升级的重要力量"，确定了银发经济在我国经济发展中的重大意义和价值，提出从养老服务内容、老年产品开发以及养老产业集群发展等方面"繁荣养老服务消费市场"。2019 年国务院办公厅《关于推进养老服务发展的意见》进一步从"长期照护服务、养老普惠金融、老年消费增长"提出"扩大养老服务消费"，并针对老年人消费中的问题，提出要"加强老年人消费权益保护和养老服务领域非法集资整治工作"。《"十四五"国家老龄事业发展和养老服务体系规划》第一次提出"大力发展银发经济，推动老龄事业与产业、基本公共服务与多样化服务协调发展，努力满足老年人多层次多样化需求"。

随着我国老龄化的发展和消费对经济发展基础性作用的增强，老年消费被国家、社会和学术界给予更多更高的期待。《国务院办公厅关于发展银发经济增进老年人福祉的意见》（国办发〔2024〕1 号）指出，银发经济"涉及面广、产业链长、业态多元、潜力巨大"，并就新阶段提升老年人供给质量，强化老年产品生产，满足老年人多元化、差异化、个性化需求，对人口老龄化结构势能转换为经济发展动能做出具体部署。

发展银发经济成为培育经济发展新动能、提高人民生活品质的理性选择。这一政策的出台，标志着我国银发经济进入政策和需求"双轮驱动"的重要机遇期。

二 数字社会与风险社会：老年消费的新情景

20世纪后半期，从不同的角度，学术界提出两个对时代发展具有解释力的社会概念。一个是20世纪60年代提出的相对于农业社会、工业社会，以人类新的生产力发展变革为代表的数字社会；另一个是以反思现代性为基本理论支撑和理论目标，20世纪80年代提出了风险社会，作为分析当代社会的重要概念。这两个概念从不同维度描述和解释现代社会的发展特征，也为老年人消费安全的分析和阐释提供了理论的基础。

（一）数字社会发展与消费方式的变革

在科技革命与社会变革不断融合的过程中，中国数字社会的技术基础、社会基础不断强化，快速发展。

1. 从工业社会到数字社会

数字社会是作为农业社会、工业社会之后的一种新型社会形态，是现实社会和数字虚拟社会的高度融合。以生产力作为变革性的主要因素，人类经历了农业社会、工业社会和以数字技术为变革要素的数字社会，随着数字技术快速发展和广泛应用，数字技术成为决定人类社会变迁的方向的主要因素，从根本上改变了人们的生产生活方式、消费行为方式和文化价值观念，也深度参与了社会建构及社会文化形态生成的过程，对经济社会产生巨大而深刻的影响。随着数字技术的发展，信息、知识越来越成为重要的生产力要素，数字经济、知识经济在经济生活中占比越来越高，科技与经济、社会乃至个人生活在信息、知识的作用下更加紧密地结合起来。

数字社会的核心是数字化技术。技术的发展和应用，为人们的生产、生活、社会交往等活动带来前所未有的便利和效率。现代信息技术帮助解决人们在社会生活中所必须面对的一系列基本问题，但信息技术的广泛应用，也隐含着前所未有的风险，对个体、社会和国家的安全提出新的挑战。作为影响人们日常生产生活的信息安全问题成为民生安全的主要维度。

2. 我国数字社会的快速发展

21 世纪以来，我国数字社会迅速形成和发展。

我国数字社会发展的主要特点：第一，发展迅速。2015 年我国信息社会发展水平全球排名第 88 位，而到 2021 年智慧社会发展水平则达到第 32 位，仅仅 2019—2021 年，就上升了 8 个位次。第二，个人的技术应用在中国的信息社会发展中发挥着重要的作用。研究显示，以智能手机和互联网为应用主体的数字生活指数是表现最为突出的领域，对于信息社会发展有着重要的促进作用。① 统计数据也证明，2012—2021 年，我国网民规模从 5.64 亿人增长到 10.32 亿人，互联网普及率从 42.1%提升到 73%，形成了全球最为庞大、生机勃勃的数字社会。② 中国成为世界上个人技术应用规模最大的国家。第三，信息社会发展的制度推动作用效果显著。从"十一五"至今，特别是 2016 年以来发布实施的《国家信息化发展战略纲要》《"十三五"国家信息化规划》《扩大和升级信息消费三年行动计划（2018—2020 年）》《"十四五"数字经济发展规划》，构建了我国信息技术产业发展、关键信息技术创新、信息技术在经济社会领域的深化应用等方面的政策保障和支持体系，促进了我国信息基础设施建设规模领先全球，信息技术创新能力提升和信息产业的持续发展。特别是中共中央、国务院印发了《数字中国建设整体布局规划》，更是为未来 20 年我国全面推进数字经济发展和数字社会建设确定了目标方向，制定了路线图，为稳步推动我国数字化驱动生产生活和治理方式变革，也为消费经济的发展注入巨大动力。

---

① 张红历：《中国信息社会发展水平的时空分异研究：2007—2016 年》，《情报科学》2017 年第 12 期。

② 《十年来我国已形成全球最庞大数字社会》，https：https：//www.gov.cn/xinwen/2022 - 08/19/content_ 5706088.htm，2024 年 1 月 31 日。

3. 数字社会与消费变革

数字社会的发展，促进了消费的变革。数字技术的升级创造出新的消费域，信息消费成为消费扩容提质的"倍增器"。第一，信息消费成为信息社会新增的消费内容并成为经济稳定发展的重要力量。《扩大和升级信息消费三年行动计划（2018—2020年)》从供给、需求、环境等方面入手，积极培育适应居民消费升级的新增长点，促进我国的信息消费领先全球。工信部门的数据认为，信息消费是我国增长最为迅速、辐射最为广泛的消费领域。信息消费持续快速的增长态势，促进了我国数字经济发展和传统经济赋能增效，也具有带动产业链升级、推动经济稳定运行的重要作用。第二，颠覆传统消费方式，线上消费更加活跃。从消费方式角度看，消费新模式新业态大量涌现，不断突破传统消费的地域、空间界限，线上消费会保持高速增长态势，同时线上线下消费有机融合，促进线下消费的活跃。第三，消费为民生发展和公共服务带来新的生机。疫情加速传统消费数字化转型。城乡信息消费差距不断缩小，农村信息消费和线上消费活跃，促进了农村的消费品下行、农产品上行，带动了农民增收，为农村发展赋能。多渠道管理的自动化、精细化程度，直播电商、无人零售、即时零售等无接触式商业模式快速发展，优化消费者的购物体验，线上线下结合的医疗、养老、教育、文化等场景服务，增强了公共服务的供给能力，使更多人享受到优质的公共服务。

（二）风险社会的来临

风险社会理论的研究认为，中国已经进入风险社会。风险社会理论为我们观察老年人消费提供了一个新的视角。

1. 风险社会理论

风险社会理论，是社会学家提出的关于现代的风险概念的总称，他们以不同的理论视角审视和阐释现代社会的风险。

以制度主义视角理解风险社会，主要以贝克、吉登斯等人为代表，他们创立了风险社会理论，并一直致力于对其进行深入地阐释和完善，并倡导对于社会分析的应用，他们对于风险社会的分析更为全面深刻。[1]

---

[1] 杨雪冬：《风险社会理论述评》，《国家行政学院学报》2005年第1期。

贝克认为，现代社会的风险特征主要为风险的"人化"和"制度化"；风险社会的风险具有人为性、全球性、持续性等基本特征，风险问题则具有社会性和结构性特征。而现代化和全球化加速了风险社会的来临。

对于如何划定风险领域，认为需要从利益与风险的关系出发，而对其影响因素，则主要从风险扩展的可能性和控制的可能性来考虑，相关利益群体对风险控制的期待以及风险受害人自我能力等方面来分析。①风险社会的基本出路，就是要建立风险意识，而这种意识主要是基于批评反思的意识，同时要把这种风险意识转化为人类运用不断创新的技术、完善的制度和机制来积极应对风险的行动。②

可见，对于风险的应对，风险社会理论强调风险认知的重要性，认为要通过提高现代性的反思能力来建构应对风险的新机制，要结合国家和社会的力量以有效规避风险。而在应对风险社会的实践中，现代社会的风险具有普遍性，需要动员各种资源来应对和管理，世界银行提出社会风险管理（Social Risk Management，SRM），认为所有的主体，不论是个人、家庭还是社区、政府，在独自面对各种风险时都是脆弱的，不管这种风险是外部风险还是人为风险。需要运用多种风险控制和防范的手段和制度安排，合理分配多个主体的风险管理责任。这包括政府责任、市场责任、社会组织的责任，同样包括社区责任、家庭和个人责任等。

2. 我国社会风险特征

随着全球化、城市化的发展，中国风险社会的特征开始凸显，中国也进入了风险社会。贝克通过对中国社会的观察认为，在中国社会的快速转型过程中，巨大的社会变迁使得当代中国正在步入风险社会，也有可能进入具有更高风险的社会。③我国著名社会学者郑杭生研究认为，社会转型时期的中国社会形态既不是纯粹传统的也不是纯粹现代的，呈

① 叶金强：《风险领域理论与侵权法二元归责体系》，《法学研究》2009年第2期。
② 刘岩：《风险意识启蒙与反思性现代化——贝克和吉登斯对风险社会出路的探寻及其启示》，《江海学刊》2009年第1期。
③ 薛晓源：《前沿问题前沿思考·贝克教授访谈录》，华东师范大学出版社2001年版，第56页。

现风险共生的状态，这既包括农业社会的传统风险，也包括工业化和现代化进程中不断涌现和加剧的失业问题、社会诚信问题、安全事故等风险，而全球化的现代风险如国际金融风险、环境灾难、技术风险等也随时威胁着我们的国家和社会安全。研究也认为，我国社会的现代转型和面向全球化的中国，面临着更多数量的风险，风险的性质更加复合，过程风险与结构风险的叠加共振，使得我国社会风险的治理面临更大挑战。①

（三）消费风险常态化

在风险社会，消费风险也无处不在。所谓消费风险，本书认为，主要是指消费者在消费过程中发生损失的可能性，也是指一种不确定性。这种风险首先表现为消费者个体面临的风险，对于个体来说，在消费过程中，因为与市场主体的信息不对称，以及现代商品和服务信息的混乱、不确定性，加之个体认知能力的不足，消费者对于市场的自我评估和结果难以准确预测，消费过程的自主性与消费素养的要求之间的矛盾使得现代消费具有风险特性。现代市场经济的发展以及科技的革命、消费的嵌入性特征使得消费者风险的存在成为现代性的基本表现。当一个社会开始呈现风险社会特征时，消费者的风险更多是来自组织的以及组织中的个体过失、不当或故意行为，消费者作为个体面临着更多人为的风险。

这主要表现为：第一，消费者所处的环境的不确定性增强。随着市场经济的发展，生产环节的管理日益增强，产品质量标准体系、质量诚信体系不断完善，消费品伤害监测、消费品风险监测、预警和评估、缺陷消费品召回等机制建设不断健全，消费品质量安全市场监管机制建立，消费品安全风险得到控制。但伴随着消费升级加速，以及消费新业态、新模式的出现，消费系统中的风险因子变得愈加复杂和不确定，消费安全的脆弱性、不确定性和裂变性明显增多、增大、增强。

第二，消费领域系统性风险加大，风险责任更加难以确认。所谓系

---

① 杨雪冬：《风险社会理论反思：以中国为参考背景》，《绿叶》2009年第8期。

统性风险是指在社会、金融、经济、健康领域内产生的影响人体健康和环境的风险。[①] 系统性风险发生的原因复杂多样，就风险本身来讲，一般会有多个问题出现，风险管控过程往往涉及多个领域，需要多个机构或部门管理，跨界特征明显；而对于管控风险的效果和利益分配方面也容易产生专业分歧，交流障碍较多；相关利益方的增加，也会导致风险的社会性放大。[②] 由于在消费领域中的包括生产、经营以及消费者不同主体之间认知和信息的不对称、管理和监督的各部门有可能的不协调以及各个环节的知识权威等的观点差异等跨界特征，对于因消费风险造成的危害后果因为过程的复杂性和不确定性，主体更加难以确认，所以容易形成"有组织的不负责任"，特别是在饮食药品消费、金融消费领域的系统性风险存在多发的趋势。传播技术的发展革新特别是互联网、自媒体等的普遍使用，人们可以获得相对专业的知识和信息更加便捷，信息的扁平化打破了传统信息和知识的壁垒。在知识的传播过程中，打破传统具有专业知识专家掌控系统，普通公众与专家的信任关系被赋予了新的内涵，公众对专家系统的信任从绝对信任、被动信任转化为有选择的信任。同时，由于传播门槛的降低，知识生产和再生产系统更加复杂，各种内容相冲突的知识共存于社会空间，增加了消费知识辨识度的难度，对消费者的知识素养提出了更高的要求。由于消费议题大多牵涉民生安全，科学传播的背景和语境也因而更加错综复杂，更容易造成民众恐慌。研究认为，金融科技发展总体上加速了我国金融机构系统性风险的形成[③]；特别是现代社会金融衍生品的大量产生，使消费者面临"内生性"技术风险和"人为的"制度化风险。[④]

第三，大规模的消费者侵权事件的发生。在风险社会，消费者保护

① Ortwin Renn, "Risk Communication-Consumers between Information and Irritation", *Journal of Risk Research*, Vol. 9, No. 8, 2006, p.840.

② 李佳洁、李楠、罗浪：《风险认知维度下对我国食品安全系统性风险的再认识》，《食品科学》2016年第9期。

③ 郑兰祥、郝琦琦：《金融科技发展对我国金融机构系统性风险的影响》，《沈阳大学学报》（社会科学版）2022年第4期。

④ 颜雄兵：《风险社会视域下金融衍生品消费者保护研究》，《海南金融》2017年第5期。

制度不够完善，市场交易中存在规则不够明确，不良的非道德营销行为，使得消费过程中存在大量的不确定性风险，存在诸多特定群体利益受损的安全事件，这些往往具有系统性风险特征，由于这些事件责任主体难以确定，相关的风险治理措施滞后，从而牵涉公众利益的消费安全事件大量增加，"三鹿奶粉"事件、2008 年金融危机等消费安全事件造成了广泛的消费者权益受损，对消费者的财产、身心健康乃至生命造成了巨大威胁。而随着新的科学技术发展，新消费如互联网金融、转基因食品风险等加速了系统性风险的形成，增加了治理的难度。

第四，消费安全风险承担者呈现不平衡状态，老年人、儿童等往往成为消费权益受损者。风险社会由于多元经济因子的碰撞与对抗，使消费活动充满了诸多风险，而风险承担者往往是在社会中风险应对较为脆弱的群体。从发生主体来说，老年人、儿童、大学生等由于自身条件的限制，消费风险应对意识和能力不足，他们往往会成为消费过程易于受损的脆弱群体，更容易成为消费安全风险的承担者。比如针对大学生的"校园贷"问题，老年人消费领域的保健品消费问题等都成为这一问题的表现形式。

第五，现代营销方式的多样复杂和深入，增大了消费者在消费购买产品过程中的安全风险。在消费社会中，一方面消费者的消费不仅是对"物"的消费，其背后也具有文化和关系的意义，基于此，为提高顾客的满意度和忠诚度，企业通过为顾客提供个性化的功能利益、流程利益和关系利益组合开展利益组合营销，① 而其中的策略和方式，往往会激发消费者的不理性消费，购买不必要或过多的产品，看起来似乎是充分满足顾客的利益需求，实际上却从根本上损害着消费者的利益。

第六，消费安全风险的不确定性为治理消费安全问题提供了可能性。既然是"人为"的因素造成了风险，同样可以通过法律法规的规制、政府的监管以及市场企业的诚信建设以及消费者识别和判断能力的提高来减少消费安全事件的发生、减轻消费安全事件的损害与威胁。很显然，通过社会的宣传教育，"三鹿奶粉"事件和 2008 年的"金融风暴"后所

---

① 李德俊：《消费者利益新概念与市场营销新模式》，《财贸经济》2003 年第 6 期。

有的相关方在这些食品、金融理财消费领域的风险意识及能力有所提高。

三　老年人消费：新特征、新趋势、新制约及应对

老年人消费的影响因素主要基于老年人个体状况、家庭安排以及社会环境等。在老龄社会、消费社会、信息社会和风险社会的背景下，嵌入在整个经济社会发展以及个体的日常消费中的老年人消费，在急速变化的社会转型期，具有发展性、障碍性和脆弱性等特征。老年人消费的发展性形成了我国银发经济发展的拉力，而其障碍性和脆弱性则成为银发经济发展的阻力。如果消费中的障碍性、风险性问题未能有效解决，老年人消费潜能未能得到有效释放，银发经济发展的活力和后劲将不足。在经济社会发展的新的阶段，要充分考量老年人消费安全问题的综合性和复杂性，以及对经济社会发展的影响，加快促进老年人消费安全的保障体系建构和能力建设。

（一）老年人消费的新特征

所谓老年人消费的发展性是指老年人从传统消费心理和行为等方面从同质性到异质性发展、从传统到现代的变化。随着我国老龄化的发展，以及老年人内部世代不同，我国老年人在消费风格、消费心理和消费内容等方面都表现比较明显的发展性特征，并且在老年人内部，消费的同质性到异质性特征也逐渐明显，老年消费分层出现。经过 20 年的发展，老年人消费行为经历了从基本的功能消费、物质消费的经济理智型到与时尚流行型的文化符号消费并行的变化。

1. 功能性消费与时尚性流行消费并行

我国老年消费者的消费行为和风格在社会变迁中悄然发生着变化。21 世纪初对于老年人消费的大量研究结果显示，我国老年人消费的选择主要是基于商品自身功能的判定来确定是否购买，考虑结实耐用、价格实惠，同时也有一定的品牌意识，具有一定的从众消费特征，总之商品

的实用性是首要的考虑因素。在消费风格上，研究认为，老年人消费理智型的消费者占到一半以上，他们会根据自己多年的消费经验，综合考虑价格、品质等各种因素，购买适合自己条件且是自己必需的商品，消费满意度也比较高；而另外一些老年人则属于习惯型的消费者，有比较稳定的态度倾向和习惯化的行为方式，有自己偏爱的品牌且品牌忠诚度较高；而经济型的消费者也占有较大比例，他们一般则对价格比较敏感，会选择价格较低的商品。① 经过十多年的发展，出生于 20 世纪 50 年代的人进入老年阶段，2013 年的调查研究认为，老年人的消费类型趋向多样化，除了原来的经济实惠型、习惯型、理智型消费者外，增加了追求完美、优质的商品、标准及期望非常高的完美质量型和追求新颖而有趣、流行、时尚并享受购物消费的时尚享乐型消费者。② 对 60—69 岁的低龄老年人和 70 岁及以上的中高龄老年人进行对比显示，新生代老年群体具有在消费观念上更愿意接受新事物、消费动机上重视个体健康与发展、消费结构上发展享受型消费占比高、消费方式线上线下并存等特征。③消费已经成为老年人社会生活的重要内容，老年人广泛地进行网络消费，消费信息来源多样、商品更加丰富、视野更加开阔，老年人消费的个性化、差异性越来越显著。

2. 消费主体意识觉醒

在消费社会，消费已不仅具有经济的意义，也被看作个体身份或者文化品位的一种标志或"符号"，成为人们寻找群体情感、精神、心理认同和归属的主要方式，其社会和文化意义更为显著。因此，在消费过程中，很多老年人已经不仅仅是对商品功能的消费，消费过程成为他们获得自我表达、自我愉悦感和社会交往的一种方式。部分老年人从传统的为子女的利他消费转变为自己的利己消费。传统老年人消费中表现出

---

① 应斌、刘新燕：《共同关注老年人的愿望——关于武汉市老年人消费行为的调查分析》，《消费经济》1999 年第 2 期。

② 王平、余林、朱水容等：《老年消费者决策风格调查研究》，《西南农业大学学报》（社会科学版）2013 年第 11 期。

③ 赵建国、李军：《新生代老年群体"并行社交"的消费提振效应分析》，《浙江工商大学学报》2023 年第 3 期。

来的基于家庭角色认知、为子孙消费等向着为自己的消费转变，如为健康的保健品和体育消费，为自己财富增加的金融消费以及为自己增长见识和体验的旅游消费成为老年人消费增长的重点，更进一步的研究也发现，老年人消费中基于面子形象、独立发展、物质享受和情感归属等价值观的数量也越来越多。①

3. 消费的社交性增加

研究显示，社交网络规模与密度的提高能够显著增加老年人消费倾向，② 社会交往可以有效促进老年人消费，社交网络规模越大，老年人基于社交目的进行的消费需求越高，同时因为消费攀比效应的存在，很多老年人更愿意接受亲朋好友和社团组织同伴的建议，与他们分享自己的消费经历和经验，并结伴进行消费。另外，部分老年人存在基于社交需求进行消费的行为，他们更希望通过消费获取新的朋友，扩大自己的社交圈。再者，社交性的网络工具成为老年人消费的主要场域，很多老年人会通过网络、微信、抖音等社交直播平台进行购买商品，并发表自己对商品的评价，选择商品和决策也受到平台评价的影响。

可见，受物质的丰富、支付能力的提高等因素影响，老年人的消费习惯和行为，消费价值追求、消费目的、消费的意义等，都在同年轻的消费者一样逐渐发生着变化。

（二）老年人消费的新趋势

老龄化的发展使得我国老年消费需求巨大，同时进入新时代，随着我国社会基本矛盾的转化，老年人共享经济生活发展成果的美好需求增长，老年人消费的差异化导致的消费需求的多样化、多元化为银发经济的发展提供了广阔的空间。老年经济呈现出新的发展趋势。

1. 成为经济发展新动能

老年人消费已经成为我国经济社会发展的重要引擎。第四次中国城

---

① 徐晓娜、付岗、温婧：《消费价值观与旅游消费行为的关系研究——以城镇老年群体为例》，《企业经济》2023 年第 42 期。

② 王馨玮：《不同养老模式下社交网络对老年人口消费倾向的影响》，《商业经济研究》2023 年第 13 期。

乡老年人生活状况抽样调查结果显示，城乡老年人消费支出每人每年消费支出超过万元，达到 14764 元，消费结构转型升级显著变化。① 在老龄化加速发展和消费水平增长的影响下，2050 年银发经济规模将达到 49.9 万亿，占总消费比重为 35.1%，占 GDP 比重为 12.5%。② 乐观的研究显示，不同于传统认知的老年消费新特征，处于老龄社会的中国消费水平并未出现减少，我国老年消费已超越生命周期平均水平，超越幅度将随老龄化与高龄化加深而进一步提高，老年消费本身并不会拖累消费增长，反而可成为经济增长的新引擎。③ 中国老年人消费支出、需求及消费潜力（2018—2050 年）研究显示，以 2010 年价格测算，在 2017—2020 年，中国老年人口的群体消费总量为 3.3 万亿—4.8 万亿元，占全国 GDP 的比重在 4.8%—5.8% 之间，预计到 2030 年为 12 万亿—15.5 万亿元，占全国 GDP 的比率将增加 4—5 个百分点，达到 8.3%—10.8%；到 2050 年占全国 GDP 的比率达到 12.2%—20.7%。④ 可见，在老年人口持续增长和人口结构的变化过程中，老年人消费成为经济发展的重要支撑之一。

2. 老年人消费新领域

老年人在文化教育、健康和生活质量方面的需求不断提高，收入财富的增加，决定了老年人购买力呈现不断上升趋势，我国老年人消费结构开始出现从生存型逐步向文化休闲型的转变，老年消费向高层次、高质量、个性化、多元化发展。在我国老年人消费发展中，除日常生活用品消费外，大量的老年人将消费重点放在了旅游、保健品和金融消费领域，反映老年人在新时代对改善生活品质、保障身体健康以及财富保值增值的新需求。

（1）旅游：老年人消费的热点

大量"50 后""60 后"进入老年，他们大多是独生子女家庭的父

①　成绯绯：《从第四次全国城乡老年人生活状况抽样调查数据看养老服务业发展五大趋势》，http://gongyi.people.com.cn/n1/2016/1017/c152511-28785395.html，2023 年 8 月 29 日。
②　彭希哲、陈倩：《中国银发经济刍议》，《社会保障评论》2022 年第 6 期。
③　乐昕：《老年消费如何成为经济增长的新引擎》，《探索与争鸣》2015 年第 7 期。
④　李军、刘生龙：《中国老年人消费支出，需求及消费潜力研究（2018—2050 年）》，载党俊武等《中国老龄产业及指标体系研究》，社会科学文献出版社 2021 年版，第 66 页。

母，退休后家庭劳动较少且收入较高。支付能力的提高使很多人都想去看看世界，因此各种类型的旅游需求激增。老年人将旅游作为退休后的主要消费活动，据 2018 年对老年游客统计显示，他们一般出游时间平均达到 5 天，人均消费 3600 元以上。疫情结束后的 2023 年，部分"银发族"因为有相对稳定的收入来源，出游潜力被重新激发，成为旅游服务机构的主要客户来源，"银发旅游""旅居养老"也成为促进旅游市场复苏的重要力量。中国老龄产业协会发布的《中国老年旅游产业发展现状和趋势研究》根据我国老龄化发展以及国内产业发展经验预测，认为我国老年旅游稳定发展期会在 2040 年前后出现，全国旅游市场的一半份额将会因老年旅游而产生。

（2）保健品：列入更多老年人的消费清单

老年人消费的保健品主要包括了保健食品和保健用品，"2020 中国生命小康指数"调查显示，保健品被纳入了更多人的消费清单。① 保健品成为子女赠予老年人的礼品，同时很多老年人会自己购买各种类型保健品。对于老年人来说，日常生活中首先的困扰是身体健康的问题，中国疾病预防控制中心慢病中心 2019 年的分析认为，我国至少患有一种慢性病的老年人群接近 2/3，患有 3 种及以上的慢性病的老年人也有 20% 的比例。调查显示，老年慢性病患者是医疗保健品消费的重点人群，在营养及健康知识普及的程度下，用于预防和康复的保健品成为老年人的首选，《羊城晚报》大健康研究院与艾媒咨询联合发布《2021 年新时代大健康消费洞察报告》显示，老年人保健品消费的市场占比达到了六成，主要用于营养补充、疾病养护、改善睡眠、内分泌调节和美颜塑形等。老年人在保健品领域强劲的消费力从一个侧面反映了老年人生活质量的改善需求和对美好生活的向往，是新时代老年人共享经济社会发展成果不容忽视的需求。

（3）金融消费：老年人消费的重要内容

在老龄化纵深发展、老年人财富增长及我国投资理财市场发展进程

---

① 刘彦华：《2020 中国生命小康指数：96.8% 保健品市场需健康发展》，《小康》2020 年第 10 期。

中，为了保值增值，投资理财的老年人持续增加，老年金融成为我国老年产业发展的重要领域。对"中国健康与养老追踪调查"2011 年和2018 年的数据分析显示：在这 8 年间，老年人购买债券、储蓄等无风险金融产品的比例增加了 23 个百分点，而风险金融产品如投资股票、基金等的老年人也增加了 1.25%。[①] 基于中国证券登记结算数据分析显示，到 2014 年前，在参与证券投资人中，老年人比例维持在 3.5% 左右，2014 年达到了 11.62%。同时由于青年时期涉及证券投资比例的人数增加，老年人金融消费的知识、技能、经验以及风险认知和承受风险的能力将会使老年人金融消费的理念、行为等发生重大变化。但总体看来，老年人普遍对金融市场的风险更为敏感，一般会进行较低风险的投资。[②]但是相对来说，各类金融消费的老年人一般文化程度和经济水平较高，也会有较好的社会保险和商业保险，这些成为老年人金融消费的基本条件，参与互联网金融消费的老年人也一般同样具有这些特征，但同时也发现，代际互动对于老年人的网络数字鸿沟具有积极的推动作用，也同样影响了老年人互联网金融消费。随着年龄的增大，影响老年人金融消费的人口学特征影响减弱，而家庭支持是老年人金融消费较为稳定的影响因素。[③]

　　未来随着我国老年家庭的大量出现，老年人的消费重点将更多倾向老年人照护、社交与慰藉的社会化，医疗保健、生活照护、老年教育、智能产品、文体娱乐等。

（三）老年人消费的新制约

　　虽然由于老年内部分化为老年消费发展提供了广阔的空间，但实际上，最新对于老年人的消费变迁实证分析提出了一个相反判断，认为老年实际消费并未呈现出完全如预期那样的积极态势。老年消费活力未能

---

　　① 随力瑞、李媛媛、单承芸：《我国老年人金融行为异质性影响因素研究——基于CHARLS 数据的实证分析》，《理论与实践》2021 年第 1 期。

　　② 刘华富、李敏：《老年人证券投资现状及发展态势研究——基于中国证券登记结算数据分析》，《改革与战略》2016 年第 6 期。

　　③ 于潇、韩帅：《中国老年人参与互联网金融影响因素研究——以理财产品为例》，《西北人口》2022 年第 1 期。

得到充分激发。

1. 老年人消费的新制约

一是外部环境的制约,中国老龄人口消费需求并未能得到充分满足,其消费行为主要受老年消费供给、家庭养老方式、老年人健康以及经济方面的供给等影响,这些因素也可能成为老年人口消费的主要制约。[①]特别是目前老年产业发展与老龄人口需求之间存在较大的落差,老年人时尚产品、医疗保健、旅游休闲、金融消费等需求强劲,但老年相关产业发展相对滞后也成为老年人消费潜能激发的障碍。[②]

二是老年人自身被动式的消费态度,研究发现,社会经济发展与老年消费之间具有非对应关系,其根源在于老年人所经历的社会变迁塑造了谨慎、保守、低欲等被动式消费态度,导致消费态度与消费心理一定程度滞后于消费力。[③] 还有老年人消费市场占有率不足,以及产品结构不合理等问题也成为老年消费发展的重要问题。

三是老年人消费欺诈现象的多发和消费权益受损也严重抑制了老年人消费意愿和消费信心,阻碍了老年消费潜力的发挥。

对于如何促进老年人消费,研究认为需要从政府、老年人、企业和社会环境的改善等共同发力。一是政府应完善老年社会保障和健康保障制度,健全社会安全网,使老年人敢消费;二是也要促进老年人产业发展,建立与老年人需求发展相适应的产品和服务供给体系,使得市场能够充分满足老年人多样多层次的消费需求;三是更要建构安全的消费环境,有效维护老年人消费权益,使得老年人能够放心消费;四是也要逐步破除老年人被动的消费态度和低消费欲状态,释放老年人消费意愿。

2. 老年人消费权益保护:多元主体的行动

面对消费过程存在的诸多消费者权益受损问题,我国不断完善有关

---

① 张艳、金晓彤:《中国老龄人口消费行为的制约因素分析》,《学术交流》2010 年第 10 期。

② 周阳:《老龄化趋势下老年群体的消费需求变化与产业发展对策研究》,《山东纺织经济》2022 年第 1 期。

③ 吴敏、熊鹰:《年龄、时期和队列视角下中国老年消费变迁》,《人口与经济》2021 年第 5 期。

老年消费者权益保护的法律法规，也进行老年消费者安全权益保护的专项行动。

第一，不断完善消费者安全的法律保护。改革开放以来，随着我国社会主义市场经济的发展，为进一步调整消费者、生产者、营销者等在商品生产、销售与购买和使用商品以及服务产品与接受服务过程中而产生的复杂社会关系，基于对消费者的弱势地位的充分认识，我国在 1993 年颁布了第一部《中华人民共和国消费者权益保护法》，经过 2009 年和 2013 年的两次修正，形成了我国的消费者权益保护法律体系。特别是 2013 年的第二次修正，在我国从投资主导型向消费主导转型的过程中，扩大消费特别是居民消费成为我国高质量发展的战略基点的新阶段，站在促进国计民生和经济发展的高度对保护消费者权益进行了相关条款的完善修改，着力加大了保护消费者、惩罚违法经营者的力度，消费者信息安全也首次入法。这样，消费者保护基本法、支持法和关联法以及大量的行政法规和地方性法规，形成了我国独立的部门法律体系。[①]

第二，消费者安全保护行动。从 1984 年 12 月以消费者为主体的中国消费者协会由国务院批准成立开始，经过将近 40 年的发展，逐渐形成了消费者法律保护、行政保护、社会保护和消费者自我保护的"四位一体"的消费者安全保护的格局。《中国消费者权益保护状况年度报告（2021）》认为，长期以来，我国消费者保护法律制度体系不断完善，随着数字技术的发展，特别强化数字经济领域消费者保护立法和民生领域消费者权益保护相关制度；消费者权益的行政保护发挥基础性功能，面对消费领域性问题，加强消费者安全保护的日常监督管理、消费者投诉便利化、严厉惩治各类消费侵权行为，特别是民生领域的消费者权益保护监管执法取得新成效；司法保护不断加强，面对经济发展和消费领域的新问题，统一了食品安全、银行卡消费等领域裁判规则，更加畅通消费者的维权救济法律渠道，有效发挥依法维护消费者权益的法律功能，保障消费者权益维护的权威性，发挥了法律的引领作用；作为连接政府

---

① 王国红、戴友芳：《试论消费安全的法律保护》，《消费经济》1998 年第 5 期。

和消费者之间的桥梁的中国消费者组织中国消费者协会，履行公益性职责取得显著成绩。资料显示，以"保护消费者的合法权益"为宗旨，具有"对商品和服务进行社会监督"，提升消费者消费素养，引导消费者合理、科学消费职责的中消协，在中国市场经济发展过程中，在1997年以引导市场主体为对象，开展"讲诚信反欺诈"的主题活动，在2012年和2021年分别以"消费与安全""守护安全、畅通消费"作为年度主题积极开展消费者安全保护行动，2022年的"共促消费公平"主题中，专门强调了"强化未成年人、老年人、残疾人、低收入人群等特殊消费群体的保护力度"，2023年的"提振消费信心"主题，特别明确要"不断优化消费环境，让消费者安心、放心、舒心消费，不断增强人民群众的获得感、幸福感、安全感"。在回应我国经济发展重大战略调整中，将消费安全融入了构建新发展格局的大局中，以消费者安全作为畅通消费的重要基础，综合治理消费安全问题，不断提升社会对消费者保护的能力、水平。新闻媒体和新媒体等大众传播媒介，发挥舆论监督和宣传作用，从正反两方面发力，不断提升消费者维权意识和维权能力，对消费侵权行为进行曝光，凝聚共识，积聚社会各方力量，形成消费安全协同共治的格局。

第三，对老年消费者保护进行特别法律规制。在消费者权益保护行动进程中，老年消费者安全问题凸显，并逐渐成为社会关注的热点。在对消费者普遍的法律法规完善过程中，基于老年人的特征，针对老年人消费安全问题进行了特别规制。在最高法发布的"关于修改审理非法集资刑事案件具体应用法律若干问题的解释"中，针对养老领域非法集资突出问题，增加关于老年人服务、投资理财、产品营销等方面造成老年人经济损失的相关情形，为治理老年人消费中的相关问题提供了法律依据。而最高人民法院的"关于为实施积极应对人口老龄化国家战略提供司法服务和保障的意见"也要求严厉打击针对老年人的电信网络诈骗、借"以房养老"之名实施的"套路贷"等违法犯罪行为，为惩治老年人消费犯罪行为进行政策保障。

第四，加强老年人消费的社会保护。在具体的司法实践中，针对老年人消费诈骗，形成多部门合力。畅通多种举报"养老诈骗"渠道，包括 12337 智能化举报平台、公安 110 接处警平台等都可以反映涉及养老诈骗相关问题线索；各级人民法院、司法、行政部门积极开展实施打击整治养老诈骗专项行动，打击各类针对老年人的消费诈骗等犯罪行为；中消协和各级消协组织，逐步建立和完善消费警示的发布制度，每年发布老年人消费风险、消费误区、消费陷阱等特别提示，在保健品、投资理财方面，进行老年人消费问题和维权调查，专门分析老年人消费维权中的问题与困难。加强老年人能力建设，提升老年人消费维权意识，提升识别和预防消费欺诈的能力，营造老年人消费安全的社会环境。

伴随着我国老龄化的发展，关于老年人消费陷阱的提醒每年成为中国的市场监管部门、中国各级的消费者协会的重要工作之一，也成为社会各方面关注的重要问题。

3. 老年人消费安全保护的困境与影响

尽管经过政府、社会各界以及媒体的努力，老年人消费安全的保护格局逐渐形成，老年人在消费过程中的现实困境依然未能得到有效回应和缓解，关于老年消费的一些措施如老年消费陷阱的提醒、针对老年消费的维权支持等，并未能使老年人消费问题得到有效遏制，反而愈演愈烈。统计显示，2022 年在打击整治养老诈骗专项行动中，公安机关共破案 3.9 万余起，打掉团伙 4730 余个，挽回损失 300 余亿元，共侦破养老诈骗案 2.8 万起。[①] 因为老年人诉说—寻求支持—报案—立案过程—获得赔偿是一个逐步递减的过程，这些事件只是老年人消费安全事件中极少一部分。随着老龄化的加剧、社会风险的增大，以及信息生产与传播复杂性的增强，新型消费形态不断涌现，老年人消费面临更多不确定性与风险挑战。对此，在我国 2024 年出台的关于促进银发经济发展的文件中，也专门将"广泛开展老年人识骗防骗宣传教育活动，依法严厉打击涉老诈骗行为"作为促进银发经济发展的重要因素保障。可见，国家和政府对于老年人

---

① 鲁元珍、孙智蒲：《规范老年消费市场——银发经济兴起，"适老"更要"护老"》，《光明日报》2023 年 4 月 6 日第 15 版。

消费安全的高度重视，也反映出老年人消费安全问题治理的重要性和迫切性。

特别是随着老年人消费在社会消费领域的占比越来越大，生产经营者，将老年人消费市场作为新的开拓领域，针对老年人的产品和服务不断丰富，营销模式更加多样。与老年人经济能力和社会参与增强相伴，老年人的生理与角色转换，对市场运作认知的局限，风险意识和感知的差异，对新技术、信息使用的困扰，以及相关社会支持系统的脆弱性等，使得老年人在社会生活空间尤其在不同类型的消费活动中，存在显性或隐性的安全风险，老年人消费安全面临着越来越多的考验。老年人因为消费而引发的损害和损伤问题也日益突出。与年轻人相比，老年人消费安全问题因为损失的不可弥补性，损失承受力降低，如不能前瞻性地建构良性的老年消费社会生态环境，老年消费安全问题势必进一步恶化，不仅会给老年人带来巨大的损失，也会影响我国消费基础性作用发挥，引发社会系统性风险，亟待正式的制度完善、家庭功能修复以及社会支持的重塑，营造老年人消费安全的友好环境。

综上所述，在我国老龄事业和养老产业协同发展的过程中，老年消费安全问题的提出和研究，其现实背景是基于我国积极应对人口老龄化的发展战略的需求；老年人数量的增加、老年人对美好生活的需求以及支付能力的提升，银发消费成为我国经济社会发展的巨大引擎。在社会转型期，市场运作的不够规范导致的老年人消费安全问题成为影响深远的社会问题。老年人消费安全问题的治理成为新时代我国学术界研究的重要议题。

第二章　概念建构："老年人消费安全"的定义与内涵阐释

老年人在消费过程中面临的诸多问题引发社会高度关注，特别是各级消费者协会在对老年人消费权益调查中，使用"老年人消费安全"名词，来描述老年人消费权益保障中的问题，这一用法也常常出现在新闻媒体上，但"老年人消费安全"作为一个学术概念却未进行界定和阐释。为深入描述和分析老年人消费的困境与问题，本书首先着力于消费安全核心概念的界定和阐释。

为了建构老年人消费安全概念，研究梳理了国内外老龄化、人口社会学、消费社会学、营销学、心理学等多学科与老年人消费相关主要观点和理论范式，分析老年人消费研究的取向、热点与局限等，对各学科的相关研究问题和观点进行深度分析和深刻的反思，并结合现实中老年人消费安全的问题与困境及其形成的原因、后果影响及发展趋势，在此基础上建构"老年人消费安全"的概念体系，为老年人消费和老年人安全研究提供新的视角与研究模式。

一　老年人消费研究：多学科视角及其反思

在我国老龄社会的加速发展，消费社会特征凸显，老年人消费在经济社会发展中的重要性日趋增加，老年人消费问题日益突出，老年人消费和老年消费者成为诸多学科的研究热点。国内外关于"老年消费"的研究取得诸多成果。以欧美和日本为代表的国外老年消费研究视角与范畴十分广泛，覆盖了社会学、心理学、经济学、管理学等多学科视角，老年消费的营销策略、老年消费者的意识行为、老年人消费困境、老年人消费支持等主要研究议题。

（一）多学科视角的老年人消费研究

消费社会的到来，消费成为学术界的研究热点，消费者研究得到了诸多学科的关注。老年消费者及其消费行为成为心理学、营销学、法学、社会学等学科的重要内容和议题。

1. 心理学：侧重老年人消费心理与消费决策风险机制阐释

心理学的研究为我们解释老年人消费行为提供基础性知识。老年期心理需求、认知变化直接与老年人的消费心理和行为显著相关，这是心理学研究的基本结论。首先，老年人心理需求及其满足状况，决定其产生积极或消极的情绪及心理感受，这些感受对于消费及其消费问题的产生至关重要。在对老年人的心理需求与心理健康、时代变迁中的老年人心理变化及行为变化进行梳理中，由于认知问题也是导致老年人消费问题的重要影响因素，老年人认知变化也得到研究者的重点关注。本书重点梳理心理学对于老年人的心理需求及其消费心理在经济社会发展中的时代变迁、老年人认知变化以及消费决策机制和消费风险偏好等的研究。

老年人需求是消费心理研究的基础。总体来说，按照马斯洛的需求层次理论，老年人有基本的健康、依存需求、求助需求、亲和需求等安全性需求，以及较高层次的成就感、求变求异等发展性需求，这些构成了老年期人们最主要的心理需求；[①] 社会尊重、追寻的行为意义也成为城市老年人的精神需求的主要方面。[②] 对老年人需求差异研究也认为，在物质需求没有得到基本满足的情况下，老年人物质需求往往会大于其精神需求；且年龄的增加会使部分的心理需求发生较大变化，年龄越大，老年人的认同需求以及自我实现需求表现出下降趋势，老年人会逐渐削

---

① 代巧蓉：《老年人的心理需求》，《江苏科技报》2000 年 12 月 31 日第 4 版。

② 刘颂：《城市老年人群精神需求状况的调查与研究》，《南京人口管理干部学院学报》2004 年第 1 期。

弱自己对社会权利的需求。① 在社会快速发展和变迁中，老年群体的心理需求发生着显著变化，精神需求的"含金量"不断增加。

从纵向来说，改革开放以来，我国老年人心理和心理健康水平都发生了显著变化，心理发展上在关注个人的基本生活、关注物质的基础上，更加关注生命本身的价值、关注精神，也更加注重自我的价值判断对于社会的意义，具有需求层次明显提升等变化特点。同时，老年人心理需求也更加丰富多元，既包括基本的物质、娱乐休闲的满足的需求，也不断增加对社会的参与、思想的表达和文化精神的追求。② 另外，老年群体心理健康水平逐年下降。在快速变化和充满不确定的社会变迁过程中，随着老化带来的身体机能下降和认知功能下降，加之退休后需要重新适应的角色转变，对家庭情感的需求由于家庭小型化以及人口流动等难以满足，对归属感、安全感、成就感的需求往往难以实现，现实的物质需求、内心冲突与矛盾成为当代老年人面临的主要问题。实证研究认为，老年人心理健康水平在1996—2016年呈现逐年下降的趋势，其影响因素主要与犯罪率、离婚率和死亡率显著相关，其中性别差异较小，城乡差异较大。③ 更进一步的研究也显示，老年人心理健康与心理需求呈负相关，老年人心理需求得到满足后心理才会越健康。④

对于老年人消费心理的研究更多以营销学和老年人产品设计为目的，研究普遍认为，老年人消费心理具有理性、求实、方便、求乐等特征，⑤ 进一步研究认为，老年人旅游消费具有补偿性心理特征，⑥ 在服装消费

---

① 傅双喜、王婷、韩布新、施春华：《老年人心理需求状况及其增龄效应》，《中国老年学杂志》2011年第11期。

② 许佃兵：《当代老年人心理发展的主要矛盾及特点》，《江苏社会科学》2011年第1期。

③ 辛素飞、岳阳明、辛自强：《1996—2016年中国老年人心理健康变迁的横断历史研究》，《心理发展与教育》2020年第6期。

④ 彭丽华：《京津冀老年人心理健康与心理需求的关系》，《中国老年学杂志》2019年第39期。

⑤ 吴芳：《老年消费的心理特点与营销策略》，《企业活力》2005年第10期。

⑥ 李真、李享、刘贝贝：《补偿性消费理论视角下老年人旅游行为心理依据研究——以北京城市老年人为例》，《干旱区资源与环境》2018年第32期。

中，具有健康、求实、求异等心理，[①] 但总的来说，传统的所谓老年人"爱钱、怕死、没瞌睡"这种基本的判断依然在老年人消费中发挥着决定性作用，追求财产的保值增值的金融消费、追求身心健康的保健品消费等成为老年人追捧的热点，而旅游的热点反映出老年人对生活质量追求的新特征。

老年人认知水平对于消费风险的感知和消费安全问题的应对具有重要作用。对老年认知的研究认为，老化对于老年人认知和执行变化具有较强解释力。认知能力包含了个体进行行为选择、学习和解决问题的各种心理技能，它影响着个体处理信息和做出决策的能力。[②] 美国和日本的研究认为，随着年龄老化的发生和发展，个体脑功能不断衰退[③]，表现为加工速度、情节记忆[④]、工作记忆以及空间表象[⑤]等多维度认知能力的下降，对我国老年人实证研究证明了这一判断，基于 CLHLS（2002—2018）的多重队列追踪数据的分析认为，我国老年人认知水平随着年龄的增长下降，认知水平的城乡、性别差异明显。[⑥] 2018 年的 CHARLS 调查数据分析也显示，有 24.5% 的我国 60 岁以上的老年人存在认知功能受损。[⑦] 文化经验对于老年人认知能力的影响较大。研究显示，成人期认知能力随着年龄增长，人们各项能力基本呈不断提升趋势，受文化经

① 许晨曦、李满宇、何洁等：《老年人服装消费行为、心理及营销策略分析》，《国际纺织导报》2021 年第 49 期。

② Gruber, Abaluck Jonathan, "Choice Inconsistencies among the Elderly: Evidence from Plan Choice in the Medicare Part D Program", *The American Economic Review*, Vol. 101, No. 4, 2011, pp. 1180 – 1210.

③ Karlamangla A. S., Miller-Martinez D., Aneshensel C. S., Seeman T. E., Wight R. G., Chodosh J., "Trajectories of Cognitive Function Inlate life in the United States: Demographic and Socio-economicpredictors", *Am J Epidemiol*, Vol. 170, No. 3, 2009, pp. 331 –342.

④ Salthouse T. A., "Influence of Age on Practice Effects Inlongitudinal Neurocognitive Change", *Neuropsychology*, Vol. 24, No. 5, 2010, pp. 563 –572.

⑤ Park D. C., Polk T. A., Hebrank A. C., Jenkins L. J., "Age Differences Indefault Mode Activity on Easy and Difficult Spatial Judgmenttasks", *Front Hum Neurosci*, Vol. 3, 2009, p. 75.

⑥ 逢玥、谢瑞瑞、刘晨等：《我国老年人认知水平变化轨迹及其分化》，《现代预防医学》2022 年第 12 期。

⑦ 陈思、余雨枫、张一敏等：《我国老年人群认知功能现状及影响因素研究》，《健康教育与健康促进》2021 年第 6 期。

验影响较小的归纳推理、知觉速度和辨别能力等认知能力从 60 岁开始下降，而受文化经验较大的认知能力 60 岁开始大幅度降低。老年人认知下降主要受性别、城乡、年龄、配偶等人口学特征影响，身体是否失能及失能程度、是否有抑郁症状等身体健康状况，以及锻炼习惯、社交活动和睡眠状况等健康行为等也是同样重要的影响因素。① 进一步分析认为，在科技快速发展的过程中，较低的老年人认知能力水平难以适应充满不确定性、更加复杂的消费模式，对家庭消费具有抑制作用，② 这也会影响整个社会的消费水平。

　　风险决策直接关乎老年人消费安全事件的发生，心理学也更多关注老年人决策与风险偏好。研究认为，与年轻人相比，老年人在决策中往往更加保守，老年人的风险规避和风险偏好在不同状况下表现存在较大差异，一般会对确定的大收益风险进行规避；在有机会获得确定的小损失和冒更大损失的风险之间，一般会选择冒险。③ 在一定的风险情境下，也表现出风险寻求趋势的增加及理性的轻微退行性改变，④ 在某些场景性中，老年人反而更具冒险性，会更容易做出一些非理性选择和决策，这反映出选项特点会影响老年人风险选择偏好。但也有分析认为，正常老化会导致个体模糊决策能力受损，但其风险决策能力并没有因为老化受到更大的影响，⑤ 其中模糊决策与日常生活中大部分的决策相关，在消费中如金融投资、商品选择等方面的能力随着老年人年龄增加而下降，而与老年人消费决策前的准备是否有充足的消费信息搜集与整理，以及

---

　　① 丁华、王堃、赵忻怡等：《老年人认知功能状况的相关因素》，《中国心理卫生杂志》2022 年第 3 期。

　　② 李雅娴、张川川：《认知能力与消费：理解老年人口高储蓄率的一个新视角》，《经济学动态》2018 年第 2 期。

　　③ Mather M., Mazar N., Gorlick M. A., et al., "Risk Preferences and Aging: The 'Certainty Effect' in Older Adults' Decision Making", *Psychology and Aging*, Vol. 27, No. 4, 2012, pp. 801 – 816.

　　④ 刘涵慧、安艳艳、李慧敏等：《风险框架情境下决策理性的老化研究》，《中国现代神经疾病杂志》2014 年第 3 期。

　　⑤ 喻婧、饶俪琳：《年老化对风险决策和模糊决策的影响：来自生理性和病理性老化的证据》，《心理科学进展》2014 年第 4 期。

能够正确提取相关的准确信息等相关，一般来说，老年人在决策前信息搜索的数量明显少于年轻人①。这些研究的结论使我们看到，与年轻人相比，老年人在消费决策具有更不稳定性、非理性和风险性，凸显了老年人消费安全问题研究的必要性。而这些特性也提醒我们在对老年人消费安全事件发生分析时，要摒弃对老年人的偏见和标签化，关注老年人在具体场景中的体验与遭遇，注重老年人内部消费安全问题产生发展的差异性。

2. 营销学：关注老年人消费动机的激发与老年消费的实现

一般认为，营销学是研究企业经营与销售活动的学科。市场营销是为了达成经营者和购买者之间共同的目标，以产品的功能宣传、传播，通过有效的沟通，达到双方互益的过程。简单地说，营销就是经营可获利的顾客关系。随着营销学的发展，营销的目标不仅是利润最大化，也要兼顾消费者满意和长期福利。营销方式从以产品为中心转向以关系为中心，其重点也从产品驱动发展为服务驱动，特别是其服务也从关系—体验—价值不断推动，这些变化对老年人消费产生巨大影响。

国外关于老年人消费市场及营销研究较早，他们重视对老年人消费行为的研究，如老年人生活形态或心理图示变量对消费的影响，将老年人分为储蓄/计划型、品牌忠诚型、信息搜寻型、经济型、落伍型和多疑型等消费类型。② 很多学者着力于建构老年市场细分变量及其模型，③ 提出企业要重视老年消费的差异性，并针对异质化的消费群体制定有效的营销策略④，研究者也将老年人分为不同的老化类型进行营销分类。⑤ 通

---

① 张力元、毕研玲、张宝山、陈璐：《老年人行为决策：领域现状与挑战》，《心理科学进展》2015 年第 5 期。

② Bone, Fitzgerald, and Paula, "Identifying Mature Segments", *Journal of Consumer Marketing*, Vol. 8, No. 4, 1991, pp. 19 – 32.

③ Christina Goulding, "Heritage, Nostal Gia, and the 'Grey' Consumer", *Journal of Marketing Practice*, Vol. 5, No. 6, 1999, pp. 177 – 199.

④ Moschis G. P., "Marketing to Older Adults: An Updated Over Vie W of Present Knowledge and Practice", *The Journal of Consumer Marketing*, Vol. 20, No. 6, 2003, pp. 516 – 525.

⑤ Carrigan, Marylyn, "Title: Segmenting the Grey Market: The Case for Fifty-Plus 'Life-groups'", *Journal of Marketing Practice Applied Marketing Science*, Vol. 4, No. 2, 1998, pp. 43 – 56 (14).

过对老年人年龄、健康、收入、教育、退休、信息处理、自我概念进行分类体现营销策略的多样性。① 有学者将老年人消费市场根据生理年龄细分为低龄、轻龄、中龄和高龄四个部分。② 也有研究者认为，基于年龄的老年消费市场细分法并不是一种有效的方法，更加有效的方法需要通过多因素的混合细分。③ 以欧美为代表的国外老年人消费营销研究的视角与范畴较为广泛，以社会学、心理学、经济学等学科视角对老年人消费市场进行分析，涉及老年人消费行为、社会支持与市场互动、老年消费者的自我感知、角色转换对老年消费行为的影响，以及老年人对互联网的态度与使用等。这些研究从社会角色、社会环境、社会关系和社会形态变化的视角分析老年人消费，建构老年人消费与社会的关系，为本课题从"以人为本"的社会人文视角分析老年人消费安全提供了理念与操作层面的知识支持。

我国对于老年人市场和营销的研究，既包括了老年产品的市场需求以及多元的促销手段的研究，也包括针对老年人个体需求和消费行为特征的直接销售策略分析。如更多研究基于对市场开发的老年人消费品如黄大茶、羊毛衫（服装）、保健品等的分析，通过对于老年人心理需求和消费行为特征的分析，提出在新的商业模式和场景中的老年消费者开发策略，如社区生鲜店的老年消费群体开发策略、④ 老年旅游市场开发策略等。⑤

① Greco, and J. Alan, "Linking Dimensions of the Elderly Market to Market Planning", *Journal of Consumer Marketing*, Vol. 4, No. 2, 1987, pp. 47 – 55; Leventhal, and C. Richard, "The Aging Consumer: What's all the Fuss About Anyway?" *Journal of Services Marketing*, Vol. 4, No. 3, 1990, pp. 39 – 44.

② Greco, and J. Alan, "Linking Dimensions of the Elderly Market to Market Planning", *Journal of Consumer Marketing*, Vol. 4, No. 2, 1987, pp. 47 – 55; Leventhal, and C. Richard, "The Aging Consumer: What's all the Fuss About Anyway?" *Journal of Services Marketing*, Vol. 4, No. 3, 1990, pp. 39 – 44.

③ Moschis G. P., "Gerontographics: A Scientific Approach to Analyzing and Targeting the Mature Market", *Journal of Services Marketing*, Vol. 6, No. 3, 1992, pp. 17 – 26.

④ 郑萌:《社区生鲜店——老年消费群体开发策略研究》,《农村经济与科技》2019 年第 10 期。

⑤ 潘松安、张晓英、谭晓丽:《新常态下老年旅游消费需求调查研究——以广州市为例》《现代营销》(经营版) 2018 年第 6 期。

针对老年人及其较多出现问题的保健品和投资理财的研究梳理发现，营销学的研究更多的是从生产和经营者的角度认为，要从老年人求实、节俭、经验丰富、行动力较弱、品牌忠诚度高以及渴望温情等方面的需求，提出在质量、价格、广告宣传、渠道、服务以及品牌化等方面的应对策略。① 但我国对于老年人消费市场及营销的研究还处于初期阶段，缺乏对老年人消费市场细分类型分析，更缺少模型建构研究，更多的是追求利润最大化，满足需求与欲望，甚至是激发需求与欲望，通过营销的具体策略实现老年人的消费，而对于老年人的消费福利则较少考虑。

研究对于老年人营销过程中的问题也进行了分析，认为在老年消费服务过程中，存在老年群体的交易咨询服务缺失、涉老服务单位的市场约束机制空位、涉老服务行业自律缺失、公共监管不到位等问题，消费定价缺乏透明度，消费诱骗现象普遍，部分传媒的失职等也成为老年人营销中的问题，造成了比较严重的后果②。从老年人消费安全的视角，营销的不道德是造成老年人消费侵害和风险问题产生的主要因素。对于约束不合理合规营销行为的"营销道德"研究，我国学术界起步相对较晚，理论研究相对落后，定量和实证分析相结合研究十分稀少，企业营销道德实践也十分缺乏，对于老年产品和老年人群体的"营销道德"研究基本处于空白。

3. 法学：着力于老年人权益特殊保护法律体系的完善

法学视角的老年消费研究，首先是对于消费者安全权的直接关注。认为消费者安全权的实现有赖于国家对消费交易活动的有效管理，研究者重点从消费权益保护和社会保障视角分析老年消费者遭受欺诈、受骗上当现象及其影响因素和法律规制、管理体制机制等，重点关注领域包括老年人金融消费、保健品消费、旅游消费等。法学研究认为老年消费者需要特殊保护，这一判断首先是基于老年消费者相较于年轻人在消费市场中处于弱势地位，在消费信息搜集和提取、科技手段的熟练使用以及法律救济等方

---

① 周露阳：《我国老年保健品营销现状与策略选择》，《消费经济》2005 年第 2 期；刘志伟：《老年人的消费心理特点及老年市场营销策略》，《经济师》2001 年第 6 期。

② 杨怀印、边浩然：《吉林省 40 个城乡社区老年产业营销服务状况的调查研究》，《云南民族大学学报》（哲学社会科学版）2016 年第 5 期。

面能力相对较差，因此应对老年消费者从知情权、后悔权的需要进行特殊保护。基于老年消费者对于经营者提供的信息难以充分有效理解，老年商品经营者应当有主动解释、说明义务；基于老年消费者由于冲动购买商品后难以有效救济，应赋予老年人一定的消费后悔权。[①]

对老年人消费中存在问题较多的金融和保健品研究成果较多。研究认为，对老年金融消费的特殊保护，存在老年金融保护法律制度建设滞后、消费者定义效力层级不高、金融消费者类别未能细分、老年人金融服务不够规范、司法适用的分歧和不确定性等问题，[②] 对非法集资案的梳理认为，老年人主要从电视报刊获取金融理财知识，知识碎片不够系统，难以做出正确判断，消费维权意识不足，缺乏止损渠道和支持不足等导致老年人金融消费损失较大，部分人难以承受后果；[③] 对保健品的法律规制研究认为，在保健品的注册与备案管理制度方面缺乏保健品营销模式的备案监管机制，保健品行业的征信体系不够完善，消费者的举证责任和消费者救济渠道方面还存在较大不足[④]。老年人旅游消费的权益在我国存在旅游安全权规定不全面、老年人旅游平等权受损等问题，[⑤] 而从司法视角的研究认为，企业与消费者之间因法律体系不完善造成的不平等、维权机关的受理范围受限、解决问题手段单一、市场信用体系的不够完善以及老年消费者自身因素等[⑥]综合发生作用导致了老年人消费安全问题的发生。

研究可见，尽管经过 30 多年发展，我国在老年人消费权益保护方面取得了长足进步，但相对于市场行为中存在的诸多层出不穷的乱象，法

---

① 叶炜娜：《经济法视域下对老年消费者的特别保护》，《西部学刊》2021 年第 20 期。

② 胡朋、向瑶琼、胡梦娇：《老年金融消费者权益特别保护的理论与实践》，《金融经济》2022 年第 6 期。

③ 张晨、曹晓烨、李颖：《老年金融消费者特殊权益保护研究——以上海市某区非法集资案件的小样本分析为视角》，《上海公安高等专科学校学报》2017 年第 6 期。

④ 宋智、张迪、桂舟、成虹燕：《保健品的市场规制和消费者权益保护的法律问题研究》，《商场现代化》2020 年第 10 期。

⑤ 王婉茹：《我国老年人旅游消费者权益法律保障研究》，《法制博览》2018 年第 6 期。

⑥ 崔戬石：《工商行政管理视角下老年人消费权益保障的思考》，《经济视角（中旬）》2012 年第 5 期。

律和市场的规制与市场发展过程中出现的问题总是有相对滞后的部分，加之老年人维权意识以及维权能力的不足，老年人消费安全暴露于风险的可能性大量存在，难以消除，甚至随着老年人财产收入增加、老年人消费决策自主性的提高更加严重。

（二）社会学："消费"及老年人消费的社会关照

作为老年人消费安全与社会支持的研究课题，本书更侧重于社会学相关的消费议题研究，问题的提出、分析框架也从消费社会学中得到更多的启示。

1. 人类发展中的"消费"意义的变迁

从历史发展的维度，在英语世界 14 世纪才开始出现"消费"一词，其最初具有"浪费"的意涵，偏向贬义；在我国消费泛指开销和耗费，也同样具有"浪费"的意思。随着资本主义社会的到来，对"消费"的理解更多为客观描述人们一种日常活动的状态和过程，具有中性的意味，意为"花费、消耗"。

随着人类社会从生产社会进入消费社会，消费转变为与生产相对的概念，成为一种具有经济社会意义的行为，消费社会学也在这一过程中产生，学科的形成促进了消费的社会学内涵更加丰富。在消费社会学兴起之始，基于与经济学更关注消费的经济功能二元对立的视角，更着重于对消费的非经济的影响因素探讨，这包括了凡勃伦的炫耀性消费理论和帕森斯的关于家庭消费社会意义的建构等。随着消费社会的特征凸显，社会学的消费研究形成独立自我的价值体系，消费成为一个观察社会发展和变迁的窗口，消费的功能性、关系性和文化性价值凸显。在西方研究消费社会学的早期学者看来，消费不仅是一种经济活动，也是一种社会交往，经济和文化在其中发挥连接的作用，具有中介的社会意义，也具有社会关系的含义，因而形塑了资本与日常生活实践相结合的空间。

从社会学的不同理论视角来看，"消费"的价值在功能结构主义那里具有社会整合功能，它一方面与早期的学者齐美尔、凡勃伦、布迪厄等通过"时尚""有闲阶级""品位"概念等塑造社会区隔，另一方面也通过消费选择的多元化、消费认同的平等化以及消费认同的网络化等来实现社会整合的功能,^① 在对消费的人为干预过程中推进人们的消费差异变化,在消费主义迷思的反思过程中推进消费文化的不断变革,促进着经济、社会、文化的不充分不协调到充分协调发展的不断变迁。同时消费作为表征社会成员差异的重要方式,也具有促成社会分层的功能。由于对于休闲消费社会价值的肯定,使人们充满了消费对于建构美好社会的想象,希望人类进入日本社会学家山崎正和所描述的"由消费者和生产者都是艺术创作者的社会",^② 这样的社会也会使人类回归到悠然自得的、充满享受和不断发现自我的状态。

可见,在社会学的发展过程中,最初鲍德里亚的符号消费、布迪厄的消费趣味区隔等对消费的社会意义概念的引入,使社会学对于消费的研究更侧重于批判和反思消费主义,对消费的时间维度的引入,社交性消费成为信息社会一个重要的研究议题。随着对于消费社会的理解的进一步加深,研究深深认同消费不仅是对"物"的消费,更是一种"精神文化"的消费,消费既有其"欲壑难平"的一面,也有充满理性的一面,既可能像波德里亚所言说的那样充满了"恶"而出现了悲剧性后果,也可以如日本消费社会研究学者三浦展描述的那样,形成人们的消费更具有社会意识而非个人意识,具有利他主义而非利己主义,具有共享意识和本土意识,生活方式更加简单休闲,消费的服务性更为显著的"第4消费社会",^③ 消费充满了"美好"的意向。因此,消费的取向不应该在一个逐渐物质充盈的社会中关于"物"的欲求的满足,而是需要导向一个追求"时间"消耗的享受过程。成为消除"差别"和"竞争"的自觉行动。虽然这一判断和意向更偏向对于理想状态的描述,但不失为对于后消费社会的一种可能性想象。

2. 对消费"社会人"的关照

对于个体来说,消费的过程也是人们建构社会关系和形成新的社会

---

① 杨发祥、胡高强:《区隔与整合:理解消费二重性的理论探索》,《新视野》2022年第2期。

② 吴金海:《从"物"到"时间":消费的新转向与资本逻辑的"变脸"》,《天津社会科学》2023年第31期。

③ [日]三浦展:《第4消费社会》,马奈译,东方出版社2014年版,第91—92页。

资源的过程，在这一过程中，基于消费形成的社会关系也成为人们社会网络的有机组成部分并满足着个体的社会需求。再者，进入消费社会，对"物"的消费已不能完全满足人的需求，人们满足自身对精神文化的需求也要通过文化消费来实现。因此消费的补偿性、利他性、享受性以及消费认同等精神文化意义得以显现。

而对于消费的主体，消费社会学将其定义为"社会人"而非具有经济理性的"人"，这种社会人的消费行为尽管也具有一定的经济理性，消费的目标是源于本人愿望和商品需求导向，但他在受到个体需求和身心机制支配的同时，消费环境、应用手段和消费规范也制约其消费行为；在不同阶段、文化背景、地点和角色扮演时，其消费诉求是多元多层次的；社会人在消费过程中也需要与一个或某几个群体发生联系，无法孤立完成消费过程，因而人既是消费关系节点又在消费结构中处于特定位置；社会人的消费绝不仅仅是纯粹的"力量—利益"的理性，其中总是涵盖了大量情感和理性的计算与衡量。①

对于不同消费主体的研究，主要有基于年龄区分的青年（包括大学生、中学生等）、中老人消费的研究，也包括基于性别的女性消费研究，主要是描述消费心理与行为及其内外部的差异，但侧重点各有不同。对于青年消费的研究主要集中于青年消费分群、青年消费方式、青年消费对象、青年消费观念四个方面。② 对于大中学生的消费研究主题中，数量最多的是关于大中学生消费观的剖析，认为消费主义话语以一套完整的、全新的欲望生产机制改造着大学生的消费观，消费主义、享乐主义和虚无主义冲击着大学生的日常消费，市场经济下商品意识的泛化影响着大学生的消费心理，其次是通过大量对于大学生消费行为和心理的调查，分析大学生消费存在的问题或不良现象等可能造成损害学生身心健康的风险，再次是提出多种教育宣传等方式引导大学生树立正确的价值

① 范和生、刘凯强：《理论省思与现实进路：新时代中国消费社会学的再发展》，《福建论坛》（人文社会科学版）2019 年第 9 期。

② 吴磊：《当代中国青年消费研究综述——基于 CiteSpace 知识图谱分析》，《新生代》2021 年第 1 期。

观和养成科学理性的消费行为。对女性消费研究认为,与短缺经济时代截然不同,在消费社会,女性消费表现出消费模式的个体化、审美化趋势,她们更注重时尚消费、追求商品符号价值与奢侈消费,更乐于网络消费。① 更多将女性消费基于社会性别视角和消费文化等消费社会学的概念进行解读,女性消费者面临的风险可能是消费主义、自我主体意识缺失以及难以完全自我表达的可能性。

在我国消费社会学的研究中,过于沉迷于对消费主义的批评和批判,以"符号消费""差异化""竞争"等为核心概念,关注与现代生活和消费密切相关的年轻人,或者是传统消费的意义,或者是处于消费困境中的群体如农民工群体、中产阶层等,这些与消费社会学中的认同、符号等密切相关,而对于在飞速前进社会中的中国老年人的消费关注较为少见,他们面对的问题与困境被熟视无睹,特别是在社会各界关注的老年人消费损害问题并未得到社会学的重视,导致对老年人消费安全的社会学研究的缺失。

3. 老年消费行为、意义、分层及其影响因素的研究

老年人一直是社会学关照的重要主体。对于老年消费者的研究,社会学更侧重老年人消费特征、消费决策、消费分层等议题,并重点分析其消费内容、个体和社会的影响因素。研究发现,不同状况老年人消费特征存在显著差异,基于年龄与社会重要事件区分的世代间消费特征也不同,在消费行为上呈现出传统与现代并存、理性与非理性交织、认同与重构并行、自我消费与利他性消费错位以及"消费反哺"等特征,② 在消费决策风格上也存在从追求经济实惠、休闲娱乐向追求完美主义、品牌、新潮时尚以及犹豫困惑等基本导向转变,③ 老年人消费数量差异表现为性别之间不明显,是否同老伴居住、收入多少、年龄等更影响老年人消费量。④

---

① 高婕:《当代消费社会中女性的消费与"被消费"的女性——基于批判的视角》,《国外理论动态》2016 年第 3 期。

② 王菲:《我国城市老年人消费行为的实证研究》,《人口与发展》2015 年第 3 期。

③ 韩利群、高峰强:《社区老年人消费决策风格及其与自我概念的关系》,《山东师范大学学报》(人文社会科学版)2011 年第 1 期。

④ 乐昕:《我国老年消费数量的人群差异研究——以 2011 年 CHARLS 全国基线调查数据为例》,《人口学刊》2015 年第 5 期。

对于影响老年人消费的主要因素,除人口学特征和健康状况的影响外,社交活动、安全因素、社会参与以及互联网的影响也得到了特别关注,并在一些特别领域的消费影响因素的排序有所不同。在城市老年人内部,早期的研究认为,影响其消费水平的影响因素主要为性别、收入、教育程度、疾病轻重、医疗保险是否参保等。① 更细分的研究认为,经济条件和健康状态显著影响老年人的日常消费、医疗保健等刚性消费,社交娱乐、旅游度假等非生活必需品消费更容易受到年龄、收入、居住方式、身体健康以及社会参与方式等多重因素的影响。② 社交活动也是影响老年人消费水平的显著因素,老年总消费、发展型消费和消费结构升级等均受到老年人社会参与的影响。③ 新一代老年人口(即出生在20世纪50年代的老年人)较高的社交活跃度对其消费水平一般会产生正向影响。④ 而互联网的使用对于老年消费的作用较为复杂,实证分析显示,互联网使用对于较高水平和较低水平的老年消费者有较为明显影响,对农村老年群体消费的刺激作用更强,更有利于增加城市老年群体的享受型消费。⑤ 老年人旅游是其休闲娱乐的重要方式,有助于老年人的健康、参与的积极老龄化,老年人旅游受到价值观、家庭支持以及收入、文化程度等多方面影响,而安全因素特别是心理安全是老年人出国旅游最为主要的考量因素,老化感知也影响其出国旅游意愿。⑥

　　消费作为老年人日常生活的重要组成部分,对于老年人的意义,研究注意到了重建情感、主观幸福感等方面。研究认为,保健品的社区营销方式,在对老年人健康需求和日常生活的关注中,通过日常活动的仪

---

　　① 马芒、张航空:《城市老年人消费水平影响因素分析——以上海为例》,《人口与发展》2011 年第 6 期。

　　② 彭涵、刘海燕:《老年人消费行为及影响因素研究——基于上海市老年生活形态调研的分析》,《老龄科学研究》2018 年第 4 期。

　　③ 张志元、刘红蕾:《老年社会参与和消费升级——基于 CFPS 的实证分析》,《山东财经大学学报》2022 年第 6 期。

　　④ 杨雪、王瑜龙:《社交活动对中国新一代老年人口消费的影响——基于 CHARLS 2018 的实证研究》,《人口学刊》2021 年第 2 期。

　　⑤ 彭小辉、李颖:《互联网促进了老年群体的消费吗?》,《消费经济》2020 年第 5 期。

　　⑥ 李享、Mark Banning-Taylor、Phoebe Bai Alexander、Cliff Picton:《中国老年人出国旅游需求与制约——基于北京中老年人市场调查》,《旅游学刊》2014 年第 9 期。

式性，重建社区交往关系的公共空间，弥补了老年人集体情感的缺失，通过消费群体的关系构建，满足了老年人对社区共同体的需求。[1] 保健品公司形成了一个以保健品为媒介、对老年群体多元需求进行复合补偿的综合型健康场域。[2] 消费的不同表征对于农村老年人的主观幸福感有不同的影响，消费观念、主观消费水平评价、生存性消费显著影响了农村老人的主观幸福感，保守的消费观念、享受型消费有助于提高老年人幸福感。[3]

　　社会学对于消费安全更是从消费的本质——消费交换过程中的市场理性去理解，认为商品生产者和营销者的企业，基于实用理性和个体理性的考量，企业更多追求符合个体利益和利润的最大化，而对于社会利益则较少考虑，他们往往会寻求制度和监管的漏洞，只要违规成本低于利润获取，往往会对规章制度采取漠视的态度。[4]

　　本书从消费者视角去看待安全问题，消费者如何成为消费安全的承受者、从社会支持与安全事件的互动中梳理消费者的安全风险、脆弱性以及社会支持对他们的作用。

（三）老年人消费研究的学科张力与合力

　　综上所述，消费最初被认为是经济学的问题，因此其研究始于经济学，从经济的视角来看，消费已经成为经济社会发展的最主要动力之一，随着老龄社会的到来，老年人的消费对经济社会的积极效应凸显，因此促进老年消费问题得到整个政府社会关注并成为学术研究的热点。随着我国老年人消费研究的不断深入，老年消费研究在学科分布上处于严重

---

　　① 于文洁、郑中玉：《基于消费构建想象的社区——对某老年保健品消费群体及其行为的研究》，《社会学评论》2018 年第 1 期。
　　② 薛媛媛：《需求与补偿：城市老年人保健品消费行为研究》，博士学位论文，华东师范大学，2021 年，第 133 页。
　　③ 聂建亮、胡艺杭：《消费能使农村老人更幸福吗？——消费对农村老人主观幸福感影响的实证研究》，《西北大学学报》（哲学社会科学版）2020 年第 2 期。
　　④ 范和生、刘凯强：《理论省思与现实进路：新时代中国消费社会学的再发展》，《福建论坛》（人文社会科学版）2019 年第 9 期。

的失衡状态，在研究目的和观点上充满张力。

1. 经济学和营销学数量与研究转化优势

老年人消费的增长，带来了经济的繁荣，也给相关行业带来巨大的利润。以老年人为主体的"银发经济"成为社会各界的关注点和学术界研究的热点。一方面，对于老年人消费的营销学研究较为深入，怎样生产适合老年人心理和社会需求的产品并使得老年人愿意掏出真金白银来埋单的是最早开始的关于老年人消费的研究议题。另一方面，"老年消费者"更多作为经济学的概念，研究更多从市场需求出发，以厂商和营销者的角度，分析梳理老年人消费心理和行为偏好，评价老年商品的市场的开发和服务供给，目的是构建适应从产品设计、价格制定、渠道开发、销售策略等老年市场需求的经营战略，创新经营方式，开发经营业态；对于相关问题的对策建议，也主要在于引导开发老年消费产品，拓展老年消费市场，完善商业布局。

在关于老年人消费的研究中，最早的研究我们常常会看到一个重要词语，就是"营销策略"，这是营销学的重要概念。知网以"老年消费者"的研究主题词中，营销策略和市场营销策略综合排名第一，其次为保健品，而关于老年人消费心理的仅有13条，社会学与统计学研究的仅为22篇。搜索也显示，在1999年，已经出现了"城市老年用品市场营销策略"的研究，可见，对老年消费者的研究更侧重于产品的营销。有关其他学科法学、心理学、社会学的研究成果较少。

因为营销学本身的实用性、应用性特点，只有营销学更加深入地研究老年人消费心理和消费行为并将其转化为营销策略。营销学的理论研究确实广泛地应用于营销市场，真切助力老年消费产品生产或消费服务，一些重要创新的营销方式都得到了营销学理论研究的助力。比如在老年人消费问题中常常被诟病的会议营销、情感营销等理论研究成果都大量在老年人消费营销中得到应用，而研究提出的具体对策如新产品的赠品和样品讲座、现场演示、免费健康普查，以及设立老年用品专柜、便利店或连锁社区超市等营销渠道，选择有爱心、有亲和力的营销服务人员等都在老年人营销中得到了充分应用，也取得了较好的市场效果，成为老年人消费安全的重要风险源。

2. 其他学科成果转化和现实回应的不足

从老年消费研究内容来看，议题主要集中于老年人消费的行为、特征、类型等。注重个体及其消费决策过程，大部分的落脚点都在老年人相关产品的开发和营销，老年消费市场的开拓，经济取向较为明显；法律作为老年人消费权益保障的守护者，法学学科对于老年人消费的研究主要侧重老年人消费者权益受损及其法律和监管规制完善，但由于法律规制设置的规范性要求需要较长时间，对研究对策的应用和吸纳往往滞后于老年人消费权益问题的发生，因此，研究的时效性显然不足；社会学对于老年人消费的研究关注到了老年人的代际支持、养老保险等影响因素，幸福感、情感重建等老年人消费意义，也更重视交换关系的建立、维持和发展、消费处置以及意义体验的消费者行为研究。社会学更是在对于消费社会性的分析中提出了消费脆弱性，并对于老年消费者的脆弱性进行分析，但这一成果并不充分。加之社会学的理论研究的成果要直接转化为现实的社会回应，由于其系统性和结构性的转化要求较高，也难以真正在对于老年人的消费现实困境疏解中直接发挥效用；心理学则着重于对消费者心理和行为进行研究并试图阐释老年消费者消费过程的发生发展机制，更是基础性研究。

3. 诸多学科研究沦为老年人营销学的附庸

从研究导向来看，营销学对消费者的研究重点在于对消费者需求与欲望的管理，它对于老年人消费行为和心理的研究遵从消费市场的逻辑，重点在于刺激消费者欲望及消费达成。基于营销目的的诸多学科如心理学、医学、管理学等对于老年消费者研究如孤独与消费、家庭权力关系与老年人商业养老服务消费、老年人社会价值重建与消费经济等议题，最终落脚点都落在了对老年市场的反馈上，成为营销学的附庸，刺激与激励占据研究制高点，目的着重分析老年消费者的消费特征以强化其消费动机，从而促进老年消费市场的发展。大量的市场营销者只关心老年消费者的需求与欲望，他们随时洞察老年人心理活动，甚至通过各种技巧和策略引起老年人对他们产品的关心和注意，诱发老年人的欲望和需求，通过营销手段或技巧将产品或服务，推销给老年人，促成老年人购买行为，交换过程结束，获取利润，就完成了它的使命，至于产品对于老年人的价值和可能带来的结果是否如其在销售过程宣传或者给予消费者期待的那样，就不是营销学所要关心的问题了。

4. 老年人消费安全：消费社会学研究的新问题

从侧重老年人消费安全的社会风险和老年人脆弱性视角来看，可以发现对于老年消费研究的不同学科，基于学科发展的伦理，形成了老年人消费安全研究的张力，但在研究的历程中，随着对老年人消费中交换关系的建立、维持和发展以及消费体验意义的研究深入，特别是跨学科的老年人消费研究视角的融合，基于"老年人"消费的关怀引发的学术反思，形成了老年人消费安全的某种合力，这种合力更多体现在关于消费的脆弱性问题和老年人消费脆弱性，以及老年消费者权益特殊保护的关注。

综上所述，梳理老年人消费及其相关的心理学、营销学、法学以及社会学相关研究，不同学科的取向决定了其关注的重点和方向，在老年人消费的研究和实践中，充满着刺激与激励、警惕与保护、风险与脆弱性等观点和分析，反映出各学科以及学科之间充满的观点争论的张力，这些成果成为老年人消费安全问题提出和研究框架的理论基础，研究试图从中寻求老年人消费安全保护及其问题治理的理论支持的蛛丝马迹，推动老年人消费安全的研究不断深化。

二 老年人消费安全概念建构：知识基础、概念内涵与研究议题

虽然现实中"老年人消费安全"作为一个名词出现在新闻媒体和人们的日常用语中，但作为学术概念，需要界定其定义，阐释其内涵，明确其研究议题，以更准确地对相关问题进行描述分析。

（一）"老年人消费安全"概念建构的知识基础

基于对老年人消费研究的知识梳理与反思，以社会学的视角，本书

从学术界已有的对于个体安全、老年安全及老年人安全的三个维度的知识出发，在老年人消费研究中引入"安全"的维度。

1. 关注风险：个体安全

在风险社会背景下，非传统安全成为学术界研究的重要议题，关于安全研究也突破了政治学、军事学等传统学科，成为经济学、心理学、社会学乃至政策科学等各学科综合分析关注的重要问题。人们对安全的认识更为清晰、全面，具有了普适性，并触及了根本性命题。从关注整体向关注个体发展，从关注现实向关注未来发展。[①] 以常规化、例行化和经验性为特征的日常生活不再是安全无忧的，人们的婚姻家庭、经济行为、消费方式、社会交往等例行化的日常生活也成为风险之源。[②] 可见，在风险社会，安全问题直接嵌入在人们的日常生活当中。

在我国，全球化、现代化和社会转型同步进行，社会发展变迁以巨大的力量和规模改变着个体的命运和社会化轨迹。"安全"概念在社会学范畴里，从社会行为主体的视角，认为安全是人们"在实际生存和发展过程中所拥有的一种有保证或有保障状态"。[③] 在此基础上，定义具体的关于每个个人的安全概念，即"个体安全"。个体安全研究更加贴近民众的生活实际，它扎根于社会现实，对应于现实的社会需要，特别是"以人民安全为宗旨"的总体安全观，具有深刻的理论意义和现实意义。个体安全的问题提出主要是基于本体性安全的关注而提出，本体性安全的基本含义即是"惯例"，是维持一种稳定的生活状况并维持有保障且有保证的状态。[④] 以人为本的安全，是从每一个个体出发，也保障每一个个体不受伤害与潜在风险。

安全是人类生存的前提性保证，它包含两个基本层面：一是整体社会和国家的安全；二是个体在日常生活中的安全。其中，个体安全属于

---

① 阮明阳：《安全的个体化转向：新安全观综述》，《现代经济：现代物业（中旬刊）》2015 年第 14 期。

② 李楠管：《现代化转型与个体安全的内卷化》，《思想战线》2012 年第 2 期。

③ 王力平：《风险与安全：个体化社会的社会学想象》，《新疆社会科学》2013 年第 2 期。

④ 阮明阳、李徽：《试析个体安全的定义及其理论体系》，《思想战线》2011 年第 1 期。

人类的本体性需求，是一切安全的基础，社会安全、公共安全、国家安全是个体安全的基本保障和归宿。在日常生活中遇到的个体安全问题，往往映射出社会安全的隐患和社会风险的威胁。

在当前我国社会转型过程中和社会改革中，个体所处的生活状态往往呈现出一种"有保证—保障不足或缺乏—重新获得保障"的动态的平衡过程，这也是我国转型期经济社会发展与个体之间的一种常态。特别是考察我国与个体安全直接相关的民生问题的发展可以看到，很多民生问题是前所未有的，在政府和社会应对过程中，产生新的规制，从而有效地解决问题，使得人们所遇到的问题得到保障，之后又可能产生新的问题，整个民生发展就是在不断的有效保障与缺乏保障的状态中寻求着平衡。而在这一过程中，我国民生治理的体系逐渐完善，能力不断增长，系统性和平衡性不断提升，个体应对风险的能力和水平也不断增强。

个体安全是由人们面对"现实困境"与"未来危险"时怎样做出的选择及选择的结果所决定的。[①] 这里的人们是一个哲学意义的概念，它是人类对于来自结构性因素的反应，也是个体自我的选择。基于此，老年人消费安全问题贯穿于老年人个体和家庭的日常生活中，是社会生活的有机组成部分，它受结构性的因素影响，由个体的选择决定。基于"个体安全"理论启发，在对老年人消费问题的梳理和思考中，提出了"老年人消费安全"概念。

2. 凸显主体：老年安全

在老龄社会中，老年安全成为重要的社会问题。在我国人口老龄化发展的进程中，老年安全首先得到人口社会学的关注。关于老年安全，人口社会学研究者姚远基于对老年群体对于社会的价值和功能的视角，对老年人生存发展的各方面权益保障的综合考量，认为需要从群体安全和个体安全两个层次理解老年安全，一是指在老年作为社会群体的合法权益得到有效保护而不受损害，同时也与社会其他群体、社会发展的关系处于良好状态；二是指老年人个体的身心、思想等合法权益免于侵害

---

① 郑杭生、杨敏：《个体安全：一个社会学范畴的提出与阐说》，《思想战线》2009 年第 6 期。

的状态。[①] 他从老年人的合法权益不受损害的状态来定义老年安全，合法权益是一个法律社会学的概念，是指老年人的所有符合法律规定的权利和利益。这在《中华人民共和国老年人权益保障法》中有具体的规定，包括老年人合法享有的政治权利、民主权利、人身权利、经济权利、受教育权利等。其次，在这个定义中，更主要的是将老年人置于社会结构中，从年龄上，老年群体是一个更为脆弱的群体，需要国家对其权益进行专门的保护。因此可以说，老年安全实质上是一个保障安全问题。这就规定了保护和保障是老年安全的核心内容，但对于如何保障老年群体及个体的安全，并没有进行深入讨论。

从老年安全出发，老年人的消费安全既是老年人消费权益保障的问题，因为消费安全既是对作为个体的老年人财产、人身以及信息安全的保障，同时也是对于作为社会基本单位的细胞的家庭保障。更是对于老年人作为人的全面需求的保障。因此在本书中，我们更重要的是把消费作为老年人生活世界的一个切口，而非是一个抽象和笼统的"老年消费"概念，深切地感受其需求及其满足的状况，特别是其消费需求满足所需要动员的社会资源匮乏造成的困境，分析结构性因素对他们的影响，建构有效的社会支持以解决其实际困难。

3. 清晰辨识：消费安全与消费者安全

消费安全是一个得到学术界关注和研究的重要问题，但各学科的研究有不同侧重，比较分散和零碎，在法学研究中，主要关注消费者权益受损问题，在社会学研究中，将其一般归于"消费问题与社会控制"的内容。

关于消费安全的研究，不得不提到一本著作——尹向东在 2009 年出版的重要论著《中国消费安全报告：预警与风险化解》，这是第一个界定"消费安全"的文献，也是系统对消费安全进行研究的成果。他从《消费者权益保护法》的解释认为，消费安全是指在消费活动中消费者购买、使用商品和接受服务的安全性应得到保障，其人身、财产安全不能受到侵害。[②] 并认为

---

① 姚远：《老年安全：一个需要重视的问题》，《人口学刊》2002 年第 3 期。

② 尹向东：《中国消费安全报告：预警与风险化解》，红旗出版社 2009 年版，第 7 页。

消费安全具有内容广泛性、社会交往性以及主动防范性等特点，从消费内容、过程以及主体三个方面界定了消费安全的内涵，消费安全即指消费者安全，但在整个书籍的结构中，重点描述了我国消费安全问题的主要领域包括食品安全、医疗药品安全、住房、日用品、旅游、教育等方面存在的安全问题类型、表现形态等，并对其形成原因进行分析，而对于作为消费安全主体的消费者本身并未进行主要关注，因此更多地是从宏观角度而非消费者视角去看待消费安全问题，其预警与风险化解关注的是企业、行业、政府监管等对于消费安全问题的责任以及预警系统的建设，而非关注消费者自身的风险与安全。

沿着尹向东"消费安全"这一思路，从消费对象出发的关于消费产品安全的研究产生了一批成果，这主要包括消费者对安全产品或服务的认知、态度和行为等，重点关注了消费产品和服务本身对消费者的影响，这里一般会采用"安全＋产品或服务＋消费"的表达方式，这一研究首先大量出现在安全食品消费研究方面。第一，关于"安全食品"具有明确的定义，2021 年新修订的《中华人民共和国食品安全法》规定，安全食品是指食品无毒、无害，符合应当有的营养要求，对人体健康不造成任何急性、亚急性或者慢性危害，主要从安全食品本身的属性以及消费后果进行规定。一般认为，绿色食品、可追溯食品等一般具有质量标准认证的食品，具有较高的安全性。第二，对于影响安全食品消费的影响因素包括了个人特质和社会环境两个方面。大量安全食品消费的研究主要从消费者认知、态度和行为进行分析，不同城市的抽样调查研究认为，绿色食品消费受到对绿色食品认知不足、收入水平、受教育程度和职业等方面的制约[1]，也受健康意识、价格承受力以及可得性因素等的影响。[2] 第三，关于促进人们安全食品消费的路径，研究认为，要提升消费者的健康关注，[3] 建立农产品质量安

---

① 付亮、郭晓雷：《沈阳市居民绿色食品消费现状分析及对策》，《农业经济》2022 年第 2 期。

② 仇立：《天津市居民绿色食品消费行为影响因素研究》，《生态经济》2016 年第 8 期。

③ 吴粹中：《消费者健康关注、舆情感知与绿色食品消费意愿：不同消费群体的比较研究》，《商业经济研究》2021 年第 23 期。

全信任机制，引导更多消费者对于安全食品进行消费。① 在信息社会，信息消费安全成为政府、社会和学术界关注的热点。对信息消费安全，2013 年国家发展改革委相关文件提出，主要包括金融、云计算与大数据、信息安全分级保护、工业控制四大领域的信息安全，② 研究则认为，信息消费的主要安全隐患包括植入木马病毒、发送垃圾信息、实施网络诈骗、设置钓鱼陷阱等，对信息消费环境安全造成了严重威胁。③

　　研究也从另一个方面显示出，大量消费者对于产品是否安全并不完全作为选择的首要目标。同时也发现，这些研究在不同领域有着较为不同的方向，安全食品消费更侧重对消费者特征的客观描述及其解释，从而为安全食品生产和营销提供建议；而金融消费则更偏重问题导向、风险研究。虽然侧重点和研究目的不同，但都从一个侧面描述了消费者对于安全消费品的选择，这一分析和研究对于消费者的安全具有重要的解释和阐释意义。

　　从消费得以实现的相关主体来看，消费安全的相关群体主要包括消费者、经营者以及监管者，他们成为消费安全得以实现的主要保障。法律规制主要从经营者的角度来定义消费安全，认为经营者具有保证质量义务，或者说经营者具有安全保障义务，经营者应当在从事经营活动时，不应形成对他人人身和财产可能造成重大的不合理损害的危险。从监管者的角度出发，消费安全是指消费产品在其生产、销售和使用的整个过程中符合相关的质量安全规定，既不会对消费者的人身和财产造成危害，又能满足消费者的生活需要。④ 消费安全要求监管部门严格履行监管职责，依法行使职权，对危害消费安全的行为及时发现并依法处理，确保消费者的人身和财产安全不受危害。

　　基于消费者为主体的消费安全，主要是指以"消费者"作为研究对

---

　　① 肖志勇：《农产品质量安全消费心理和行为分析》，《农产品质量与安全》2013 年第 6 期。

　　② 《国家发展改革委办公厅关于组织实施 2013 年国家信息安全专项产品测试工作的通知》，http://www.gov.cn/zwgk/2013-08/22/content_2472013.htm，2023 年 9 月 3 日。

　　③ 韩健：《从信息安全视角谈信息消费发展》，《软件和信息服务》2013 年第 10 期。

　　④ 王国顺、张煊：《消费安全文化：概念与内涵》，《北京工商大学学报》（社会科学版）2011 年第 1 期。

象，从消费者权益保护和消费者福利的视角，对消费者在消费过程中的安全状态的保障。在消费过程中其消费行为导致了面临损伤或损害的风险及困境，这种损害包括了遭受经济损失、身体健康、信息安全遭受到损害或损伤以及可能引起的心理、人际关系以及社会信任等方面的影响。消费者安全的成因尽管与消费者个人的消费心理与行为直接相关，但消费"嵌入性"属性，使得结构性、制度性因素越来越对消费者安全的发生、发展乃至结果发挥着更重要的影响，而作为政府的监管者责任履行状况更起了决定性的作用。

（二）"老年人消费安全"概念：建构思路、定义和内涵

综上所述，关于"老年人消费安全"的定义，遵循日常观察—背景分析—学科研究反思的思路，对我们观察到什么、研究背景是什么、各学科对于这一问题有哪些研究，以及各学科之间形成的张力与合力进行了分析。"借用移植""消费安全权"的法律界定和"社会安全"相关的知识，对老年人消费安全及其相关概念进行定义。

1. 概念建构的思路

首先，基于日常生活观察到的老年人消费中的现实问题及其造成的后果和影响提出了关于老年人消费安全的问题；其次，对于研究是否有足够的必要性，我们梳理了老龄社会、消费社会、信息社会以及风险社会在我国和消费领域的体现与特征，发现老年人消费对于我国经济社会发展的重要性，老年人消费安全问题对于我国老年人民生福祉的追求的障碍，导致老年人消费力的不足，也成为我国经济社会发展中必须解决的问题，特别是老年人作为消费者更多的脆弱性；最后，分析了多学科对于相关问题的研究，发现学术界的多学科研究并未系统触及这一问题，但可以为定义"老年人消费安全"及其干预提供启发。在对相关学科中的知识进行整理、归纳，并与某些经验性概念形成对话的基础上，打破原有知识体系的限制，从现实中的现象出发，吸纳心理学、营销学、法学特别是社会学的研究成果，形成关于"老年人消费安全"的知识体系。

在建构老年人消费安全的定义时，研究采用了"借用移植"的方

法，即借助其他已有概念及其相关内容，来理解新的社会事实，解释新的现象，建构分析理论。① 在这里，我们借用了《中华人民共和国消费者权益保护法》中的消费安全权的相关规定和社会学关于个体安全的概念。

消费者安全权是指消费者消费商品或服务时，要求经营者保障其人身、财产以及个人信息等不受损害的权利。消费者是与经营者相对的人，主要指为了个人的目的，消费商品和接受服务的个体社会成员。安全的定义更多是从社会学角度的理解，指一种"不受威胁、没有危险、危害和损失"状态。这种状态包括两个维度：一个是社会结构和制度的维度；另一个是主体的认知和感受的维度。② 也就是我们常说的社会安全和个体安全。

2. "老年人消费安全"及"消费安全事件"的定义

老年人消费安全的定义逻辑以老年人消费安全风险—消费安全事件发生—结果来形成概念结构，关注的主体是作为消费者的老年人本身的特征及其消费心理和行为。所谓老年人消费安全，是指老年人作为消费者在购买、使用商品和接受服务过程中人身、财产、信息未受到损害或危害的状态。从社会结构的维度，是社会不同力量建构的结果；从个体的维度，是老年人在消费过程中的感受和体会，也是老年人消费意义和消费困境的对立统一；从对社会问题回应的角度，是一个保障老年人消费安全事件减少、减弱损害危害的过程。

在具体的操作中，以老年人消费安全事件发生现场作为重要节点。所谓老年人消费安全事件是指老年人在消费过程中因为受骗、上当而发生的人身、财产、信息等受到损害或危害的事件。老年人消费安全事件的发生是由外在脆弱性引发并促进内在脆弱性，导致老年人消费权益受损的过程。在这里我们一般把老年人自诉的上当受骗作为判断的标准，这样我们可以从时间维度观察和考察老年人在消费安全事件发生前可能

---

① ［法］马太·杜甘：《国家的比较：为什么比较，如何比较，拿什么比较》，文强译，社会科学文献出版社 2010 年版，第 18 页。

② ［德］乌尔里希·贝克：《世界风险社会》，吴英姿、孙淑敏译，南京大学出版社 2004 年版，第 46 页。

面临的风险—事件中的切实感受和体验—事件发生后的应对，老年人消费安全事件发生一般是在购买和服务场景中。

3. "老年人消费安全"的内涵

基于研究建构的老年人消费安全的定义，可以从以下维度来理解老年人消费安全的具体内涵。

（1）老年人消费安全问题的典型性。老年人消费安全既有一般消费安全的共性特征，也具有其特殊性和典型性。在人的生命历程中，难免遭遇消费安全的困扰与问题，老年人是"年龄高于一定岁数的个体及其集合"，处于一个人生命历程的最后阶段，由于身心状态、社会文化环境等方面的影响，老年群体往往面临着不同于其他年龄群体更大的脆弱性威胁，老年人适应能力发展的资源需求也有所不同。在急速变化的社会过程中，老年人所具有的个体和社会属性，使其消费行为、消费心理、消费决策风格及其消费文化都具有不同于其他群体的特征，消费对于老年人、家庭和社会的重要意义，在于不仅是老年人获取日常生活用品的必要方式，更是老年人社会生活的重要组成部分，是老年人基本生活需要满足以及老年人多层次的需求包括老年人社会安全需求、社会参与需求、社会尊重需求和自我价值实现等的满足。同时，老年人之间也存在巨大的差异，具有消费分层和分化现象，和其他消费主体具有同样的复杂性。

（2）老年人消费安全事件的后果与影响严重性。老年人是消费安全最为敏感的易发人群，在消费过程中面临最为严重的安全风险，老年人消费安全问题的发生对于老年人来说更具有不可逆性，造成的危害和损失只可能有限地弥补，对家庭、社会造成的影响和后果更为严重。老年人消费安全状态对老年人个体的经济安全、心理精神安全以及社会公共安全感等诸多方面造成严重损害。既包括一般消费安全事件造成的直接经济损失、身心伤害以及个人信息泄露、被盗卖等信息受损及信息过度使用造成的老年人二次伤害等问题，也包括在消费过程中老年人心理、精神以及社会信任、家庭关系等带来的影响。老年人消费出现的困境和问题，影响着社会的消费安全感，也影响家庭与社会的和谐稳定，是一个基本民生问题。

（3）老年人消费安全状态的动态可变性和可塑性。老年人消费安全作为一个社会问题，不是一成不变的，是动态发展的过程，是老年人消费取向、安全感知、应对能力和社会支持系统等社会不同力量参与建构的结果，因而呈现出更为复杂的状态。老年人消费安全自我保护和社会系统对老年人消费安全的保护能力决定老年人消费安全状态，这既取决于老年人的消费安全意识、消费安全行为、消费维权能力等，也取决于社会对老年人消费安全的保护意识和老年社会政策对老年人消费安全脆弱性的回应等之间的动态平衡。保障老年人消费安全是政府、社会、家庭共同的责任，基于此，老年人消费安全的影响和后果会因为其中的老年人能力和系统应对能力的变化呈现不同的结果，系统应对能力提升以干预过程发展才能减少老年人消费安全事件的发生，减弱其对老年人和家庭所造成的损失和伤害。更要充分满足老年人的物质和精神心理需求，更好地供给适配老年人需求的产品质量和消费服务，提供更好的消费体验，建构消费的安全环境，保障和优化老年人的消费品质，增强老年人的消费安全感和获得感，让老年人能够"敢消费"，激发老年人消费潜力，使得老年消费真正能够成为提振消费的新引擎。

（三）"老年人消费安全"研究的主要议题

社会学视角下的老年人消费安全研究，以老年人为主体，描述其消费呈现的各种状态与意义，阐述其与社会发展变迁中的结构、制度等互动过程，并分析其脆弱性表现。同时，关注老年人消费安全社会环境的建构，以及对非安全现实困境和未来风险的干预，并着力于老年人安全感的提升。①

1. 凸显老年人消费的主体性

作为消费者的老年人，研究首先以消费安全事件发生对不同老年人的基本分类，并把他们的年龄、性别、婚姻状况、教育与职业状况等人口社会学特征以及一般的社会支持（如居住状况、家庭关系等）作为研

---

① 杨红娟：《老年人消费安全问题的提出及理论建构》，《人口与社会》2018年第2期。

究的基础，对不同人群进行画像，更关注其作为消费者相关的经济状况以及经济关系，消费伙伴、营销人员等商业关系，法律、医学金融等领域专业人士的消费社会支持作为分析的老年人消费安全的主要变量。研究特别重视"消费中的老年人"，即老年人在消费中的主体感受、体验，以及预防和减少消费风险的经验，重视个体资源与社会资源对老年人消费产生的影响。从而阐述他们在消费过程中的心理和行为特征与老年人消费损害风险和危害的关系。特别是这些特征可能导致的消费安全脆弱性，更为关注老年人在消费过程中的自我脆弱性，更强调嵌入的社会结构和制度因素，也即对老年人消费保护与社会支持的网络建构。

2. 以"老年人消费安全事件"为研究重点

研究以"消费安全事件"发生为节点，对于老年人消费面临的潜在风险、安全事件发生中的应对以及发生后的损失修复等进行分析，特别是老年人社会支持包括正式的社会支持主体与非正式的社会支持主体提供的主观支持、客观支持等与其消费安全之间的关系进行实证分析，也对我国老年产业发展政策与老年人消费安全、老年人服务体系特别是社区养老服务与老年人消费安全之间的嵌入关系进行厘清。研究不仅对提升老年人消费安全社会保护系统的能力、减少风险、减轻损害与伤害等方面进行分析，也关注老年商品与服务的供给方面，老年人是否有更多的消费选择、更好的消费体验，更好的消费品质。

3. 重视老年人消费安全建构中的家庭因素

家庭是最基本的社会单元，是人类抵御各种安全风险的最基本保障，也是基于我国社会文化基础和国情的理性选择。家庭一方面是老年人消费资源获取的重要来源，另一方面也是老年人消费安全事件发生后正式支持和非正式资源的链接者和整合者，是消费安全事件对老年人影响程度的最终因素。研究关注老年人的家庭关系、消费陪伴、消费资源、情感慰藉等家庭消费安全支持的多个维度。

4. 着力于老年人消费安全能力建设

研究的基点是减少老年人消费安全问题的发生，以及问题发生过程中的应对能力和发生后的恢复能力，系统的应对能力最终是作用于老年人自身能力的提高，才能预防问题、减少减弱影响和损害。因此系统能力建设的重点是希望通过无论正式或非正式的应对机制的靶点瞄向老年人，从其需求和能力出发进行系统的能力建设，特别是老年人消费安全的应对的组织化能力。老年人消费安全的能力，可以体现在"消费过程""消费领域"等各方面，从消费过程来看，包括信息搜寻、选择、购买、使用（含售后服务）、处置与自身相关的产品和服务等各个环节的能力；从消费领域来看，老年人消费安全的重要领域包括保健品、投资理财、旅游等都需要一定的专业知识支撑和对一些诱导性消费套路的识别、判断以及坚持自己判断而不被误导等方面的能力，更包括在发生消费安全事件后的维权能力和恢复力。

三　老年人消费安全研究的价值与意义

在对已有研究梳理分析总结归纳的基础上，研究提出并建构阐释了新概念，采用质性研究和定量研究的方法，尊重老年人的消费经验与体验，关怀老年群体在消费和社会支持中的困境与问题，科学分析老年人消费安全问题。

（一）初步建构社会学研究老年人消费安全的知识体系

不同学科的理论关注与思维方式，对同一研究对象会生提出不同的问题和研究内容。对于消费及消费安全的研究，不同于经济学，关注消费对经济以及国家的意义和价值；也不同于营销学，漠视消费中的风险，目的是激励老年人消费的完成；不同于心理学，以冷静科学的态度呈现消费过程个体人的心理的表现与发生机制阐释。社会学对消费可能对社会或人的影响进行反思，现代消费的社会文化意义在社会变迁中可能会引发的社会问题以及对人的改变特别是对脆弱群体可能的风险，关注老年人消费的过程中系统的失序与不稳定等导致这些风险的社会结构因素。基于对个体到群体到社会的安全观照，明确提出了老年人消费安全的问题，将这一严峻事实呈现在社会和学术界面前。为此，为了能够深入、系统地描述和解释老年人消费问题，首先面临的问题是"老年人消费安全"到底指的是什么，前人没有对此有明确的定义，但有很多研究在不同的场景中又在使用这种概念，其外延和内涵因时而动，老年人消费安全概念的不确定性使得对于老年人消费中存在的问题和困境研究的范围与范式多样化，对于现象问题以及归因碎片也不够深入，缺乏对于老年人消费安全脆弱性进行深入分析的基础。也难以真正阐释大量存在于老年人消费中的现实问题，更无法对这一问题进行系统性回应。

"概念是构造理论的砖石，它是研究范围内同一类现象的概括性表述"，① 因此研究首先对老年人消费安全进行概念建构，作为本书的起点，通过概念的提出、定义建构及其内涵的阐释，外延的限定，将老年人消费安全的现象、问题、事件等纳入分析框架中。另外，还将"能力"作为本书的另一个核心概念，消费安全的权利是现代人类的共识，但保证消费安全的能力却不是天赋的，无论是个体还是社会系统都需要法律赋能和社会赋能，动员各种资源才能获得。关于权利与能力，首先得益于法学的相关概念，它包括具有资格要求的权利能力与具有符合要求的行为能力。而本书所指能力与这两者相关，一方面，消费安全权是法律赋予老年人的权利；另一方面，是指会使用这种权利的能力。这种能力受启发于脆弱性—能力分析框架，对这种能力我们进行了定义。而社会支持对于脆弱性—能力的中介作用，社会支持的获得及其有效性可以提升老年人能力，因此无论是对于正式和非正式的社会支持都要求指向老年人能力的建构。

这样，研究以消费社会学理论和方法建构"老年人消费安全"概念，从关注"老年消费"到关注"消费中的老年人"，将经济市场议题转化为社会文化议题，通过对现实中大量的老年人消费现象和消费过程的梳理和考察，描述老年人消费安全问题的形态、层面、类型和特征、发生机制及其基本规律，关注在消费过程中的老年人的心理和行为特征，揭示老年人消费中的安全与风险问题，分析其产生的社会原因及其对老

---

① 袁方主编：《社会研究方法教程》，北京大学出版社1997年版，第97页。

年社会政策和社会服务体系的挑战，为建构保障老年人消费安全的社会支持系统、① 有效减少和预防老年人消费安全问题提供支撑。

通过老年人消费安全的相关性核心概念和分析框架的建构，明确老年人消费安全研究的概念、议题、方法、内容等形成了相互联系的系统，通过现象发现事实之间内在的逻辑联系，构成一个具有建构了老年人消费安全研究问题的分析—现实回应知识体系。

（二）推动消费安全和群体消费安全的深入研究

研究阐释"老年人消费安全"概念及其社会支持分析框架，发现以往经济学、营销学、法学等视角可能忽视的问题和特征，拓展老年人消费研究内容。以老年人为主体的消费安全概念的阐释，描述老年人消费过程中存在的现实困境，分析其中存在的潜在风险，及其问题产生、发展背后的社会影响因素。并将老年人消费研究成果进行再组织和再阐释，形成老年人消费安全的社会支持系统构想，可以有效回应现实中消费安全问题。在基本概念建构的基础上，研究从老年人消费自主性与嵌入性的角度理解在社会结构变迁与家庭变迁中老年人消费的特征，以及老年人消费安全保护的资源，辨析"老年消费"和"老年消费者"等学术概念的差异，探究其不同话语及实践背后的本质区别；促进老年消费研究从关注"老年消费"到关注"老年人消费"的人文转向；另外，以"老年人的消费"作为考察和分析对象，通过对老年人消费生活的实证研究，建立基于中国经验探索"老年人消费安全"的社会学分析框架与理论架构，建构老年消费安全的社会学理论范式，从而拓展消费社会学研究领域和理论，丰富相关理论及其解释力，提升研究深度和广度。本书只是老年人消费安全研究的一个视角，希望通过本书能够引起对于消费安全的关注。

这一研究老年人消费安全的知识系统，所提供的观察问题、分析问题和回应问题的理论方法，同样使我们可以从社会学的角度，发现在不

---

① 杨红娟：《老年人消费安全问题的提出及理论建构》，《人口与社会》2018 年第 2 期。

脆弱性与能力——当代中国老年人消费安全研究

同消费领域、消费过程的不同阶段以及消费的不同场景中的脆弱群体及其所受到的冲击，丰富消费安全的研究理论及其内涵，改善社会的消费安全状况，有效增强消费对经济发展的基础性作用。

（三）积极回应老年人消费安全的现实问题

实践性原则是社会科学研究的基本原则，本书问题来自现实，在研究中也更重视现实问题的形成发展与挑战的分析，重视对实践经验的总结和行动的反思，对策也更加基于现实需求，力求更具可操作性和实效性。把握老年人消费安全的概念体系及其内在逻辑，才能确实地为老年人消费安全问题治理提供行动依据。以社会脆弱性的视角观察，老年人消费安全研究的重要性、迫切性凸显，一是它表明特定老年人消费过程中存在的内在不稳定性，老年人因为老化造成的认知能力不足和防御机制的松懈，难以对消费场景中可能出现的风险进行判断，对营销情景中出现的"陷阱"辨认不清，消费的决策隐含损害自己利益的可能；相对于年轻人，老年人更容易受到消费环境的干扰；二是老年人更容易暴露在风险环境中，消费安全事件的损伤是全面的，不仅是经济的损失，更包括身心的损伤，对市场、社会的信心都会受到影响，而这种影响会更加长远，并难以修复。在国际上，老年人被欧盟列为"脆弱的消费者"，表明与一般消费者相比，老年人更应受到社会的特别保护。

老年人消费安全研究跳出了传统老年消费经济取向的局限，将老年人消费安全置于社会文化环境和社会支持系统中考察；针对老年人消费安全脆弱性—能力的分析，更加看清楚在社会发展、科技进步过程中，老年人面临的困境与问题，及其问题产生的根本原因在于老年人及其社会系统应对能力的不足；以优化老年人消费信任环境和消费安全能力增长为目标，充分估量社会支持在老年人日常生活和紧急救济中的作用，建构多元主体参与、多层次整合介入的"老年人消费安全"社会支持系统，提升老年人消费安全系统保障能力，及时回应老年人消费安全及其权益保障中的问题。而中国老年人社会支持的变化现实以及对这种变化的认知和期待的困境，加之个体消费自主性增加与消费"嵌入性"属性之间的矛盾，成为消费安全问题产生的现实基础。

（四）激发老年人消费潜能，促进银发经济发展

进入新时代，"实施积极应对人口老龄化国家战略，推进基本养老服务体系建设，大力发展银发经济"已经成为我国发展的重大战略举措，也是老年人消费安全建构中的基本遵循。"十四五"时期我国进入中度老龄化阶段，先行进入老龄化的欧美、日韩等国的发展显示，经过进入老龄化阶段的银发服务充分发展阶段，我国将进入银发经济充分发展时期。20世纪60年代我国人口出生高峰，他们具有更高的教育程度，更多的财富积累，相当一部分熟练掌握数字信息技术，消费习惯的时尚化、享受化等自我追求特征更为明显，蕴含着巨大的消费潜能。只有适应老年人的差异化需求，建构老年人消费安全的市场环境，增加多元老年人产品供给，为老年人生活和养老提供便捷的科技服务，特别是要建构公平安全的市场环境，保障老年人消费安全，激发老年人消费意愿，挖掘老年人消费潜能，才能使老龄化的压力转变为扩大内需，促进经济社会发展的新动能。

因此，看待老年人消费过程中出现的问题和困境，需要一个更为广阔和同情之理解的态度，更为客观和理性，非一味地批判与自责，而是以优势视角，以积极的老龄观去看待老年人，发现潜在的可能性，包容老年人因为时间、空间、家庭以及社会福利等结构性因素导致的差异性观念，以适切的态度和积极的行为去影响老年人，从而尽可能地消除老年人遭遇的消费安全风险和现实困境，使得老年人的消费热情和对美好生活的向往得以持续和延续，充分体现学术研究的"人文精神"。老年人消费安全社会支持体系的建构，使得老年人消费安全感更可持续、更有保障，也为完善老年人保障政策体系、优化养老孝老的社会文化环境提供新的思路。

第三章　现状分析：老年人消费安全
与社会支持的交织演化

感性发现，理性分析。在确定老年人消费安全分析框架的基础上，以老年人为研究对象，从老年人消费安全事件入手，对老年人进行问卷调查和个案访谈，并采用 SPSS 软件进行数据分析。本书着力聚焦老年人消费及其消费安全事件发生与社会支持之间的关系，描述老年人消费安全现状及其社会支持对于老年人消费安全的影响。

一　调查设计与执行

（一）问卷与访谈设计

基于老年人消费安全"脆弱性—社会支持"的研究框架，根据课题研究计划与问卷调查编制"老年人消费安全现状调查问卷"，主要内容包括七个方面：（1）老年人日常生活与消费状况，包括社会参与、家庭经济收入与支出、消费信息来源、消费场所、消费支付方式、消费偏好等；（2）老年人消费安全事件：根据消费者协会预警、相关新闻报道以及前期个案访谈，对老年人消费安全事件多发的"高风险"领域，设置了老年人消费安全风险较高的保健品、旅游和金融消费等18个场景，了解受访老年人和周围老年人消费安全事件的发生特点；（3）老年人消费过程中获得的社会支持状况，包括社会支持主体和社会支持内容，特别关注家庭支持的具体方式、老年人期待与评价；（4）老年人遭受消费安全事件的后果、影响；（5）老年人对消费安全事件的认知、归因及对策建议；（6）老年人人口学特征，包括性别、年龄、文化程度、婚姻、职业、身体、居住方式等基本情况。

对发生老年人消费安全事件的老人，选取 14 个个案进行访谈。访谈内容主要包括：（1）老人经历及其受骗过程，家人态度、社会支持网络（亲朋好友，特别是一些正规机构如社区养老服务中心、老年大学、经营场所等）及其影响；（2）消费安全事件：发生、发展以及目前处理的状况，有哪些力量介入事件中，特别是公检法、工商监管、消协，以及个人在维权中动用的人脉关系、主要手段等；（3）老年人受损情况及影响；（4）特别关注老年人在消费安全事件发生及其维权过程中的主动性积极性，以及老年人之间的互助关系，这种互助关系在消费安全事件发生、发展中的影响；（5）老年人在消费安全事件中的担忧与困惑、困难与建议。

对相关政府部门老龄、市场监管、司法以及社区工作人员、养老服务人员等 10 人进行访谈，主要了解政府对于老年人消费、老年人消费问题治理等方面的政策、行动和社区支持，对现有政策措施的评价，实际工作中的问题与困惑，以及老年人消费安全保障的对策建议。对医生、律师、理财专家、社工等专业人士 10 人进行访谈，主要了解对老年人日常生活中的医疗保健、理财相关的知识及其信息的辨识，从专业视角对老年人消费安全问题发生的原因、治理困难分析，提出对策建议。进而挖掘老年人消费安全问题的发生机制与发展趋势，以及应对安全事件的策略、社会支持系统作用发挥机制等深度信息。

在问卷编制和访谈提纲设计过程中，也多次听取老年学、法学、营销学、社会学、管理学等领域研究专家学者、个案访谈员以及部分老年人的意见建议，在正式问卷调查之前开展了试调查，根据试调查反馈意见以及数据分析需要，最终编制完成调查问卷和访谈提纲。

（二）抽样方法

根据一般社会调查样本要求和数据分析需要，确定问卷调查样本总量为 1000 份。为探讨社会支持与老年人消费安全之间的关系，考虑到老年人遭受到消费安全事件相对为小概率事件，问卷调查采用了配额抽样方法。

配额抽样指标为老年人性别分布、年龄分布以及是否遭受消费安全事件。（1）性别配比为男性老年人、女性老年人各为50%；（2）年龄配比按照全国老年人年龄结构分布比例，61—65岁为40%，66—70岁为30%，71—75岁为20%，76—80岁为10%，80岁以上老年人因为交流不便没有涉及。（3）消费安全事件配比方法，在设置的18种消费安全事件中，遭受和没有遭受消费安全事件的老年人各为50%。

（三）调查执行

调查实施过程从2022年5月开始到10月结束，主要调查时间为2022年暑假时间。10名访问员为社会学和社会工作专业硕士研究生，有相关社会调查经验，也开展过老年人群体相关课题研究。在问卷调查之前进行了调查培训，确保访问员对问卷结构、调查内容充分理解，通过试调查掌握了相关调查技巧，对调研过程中可能发生的问题进行预估并形成应对预案。

问卷调查对象为城市老年人，调查地点为西安、福州、银川、北京、郑州、西宁、呼和浩特共7个省会城市。访问员首先根据配额表确定调查对象，再采用一对一访问方式，在此基础上对1—2名具有典型意义的老年人进行深度访谈。课题组在调查过程中及时跟踪调查配额情况，确保调查对象符合研究设计要求。

（四）数据编码与分析

对有效调查样本分析之前，对变量进行编码处理。（1）单变量编码处理。对单变量如年龄、性别等分别进行赋值，按照研究需要对单变量的多个选项进行统一赋值。（2）多选题编码处理。对调查表中多选题的选项分别赋值1、0。（3）生成新的变量。对老年人遭受消费安全事件总数、不同领域消费安全事件总数等生成新的变量，以满足数据分析要求。对调查变量编码处理后对数据进行分析，数据分析软件采用SPSS25

版本。

针对研究任务，重点对影响老年人消费因素，以及影响老年人消费安全的风险因素进行深入讨论，特别是老年人社会支持对老年人消费安全的影响进行深入分析，在此基础上深入探析老年人消费安全事件发生的内在原因，以此为基础建立老年人消费安全支持系统提供理论支持。在对数据分析之前，对重点指标如老年遭受消费安全事件数量等进行分布检验，以此选择适合的数据分析方法。本书主要采用的中高级分析方法有卡方分析、方差分析、二元 Logistic 分析、有序 Logistic 回归分析、泊松回归分析等。

（五）样本情况

调查样本统一回收后进行审核，对有效样本编码处理并录入数据库。调查发放问卷 1000 份，最终回收调查问卷 987 份，有效样本 961 份，有效样本比例为 97.4%。无效样本产生的原因主要是访问员调查地点集中为小区花园、公园、广场等场所，周围人员往来较多，加之访谈时间较长，部分老年人中途不愿意接受访谈，导致少部分问卷数据缺失太多成为无效样本。受访老年人的基本情况如下：

（1）性别分布：男性老年人比例为 49.1%，女性老年人比例为 50.9%。

（2）年龄分布：61—65 岁老年人比例为 41.5%，66—70 岁老年人比例为 28.3%，71—75 岁老年人比例为 21.2%，76—80 岁老年人比例为 9.1%。

（3）文化程度：不识字的老年人比例为 4.7%，小学文化程度的老年人比例为 20.2%，初中文化程度的老年人比例为 27.2%，高中与中专文化程度的老年人比例为 33.0%，大学文化程度的老年人比例为 14.4%。

（4）婚姻状况：已婚有配偶的老年人比例为 80.3%，再婚的老年人比例为 5.5%，离异未婚的老年人比例为 3.3%，丧偶的老年人比例为 10.8%，未结婚的老年人比例为 0.1%。

（5）健康状况：表示非常健康的老年人比例为 9.1%，比较健康的老年人比例为 42.7%，健康状况一般的老年人比例为 20.7%，不太健康的老年人比例为 25.2%，有较严重疾病的老年人比例为 2.3%。

（6）退休前或目前职业状况：机关事业单位管理人员的比例为10.2%，机关事业单位普通员工比例为18.5%，企业管理人员比例为7.6%，企业普通员工的比例为29.1%，私营业主与个体户的比例为17.4%，无业或失业的比例为9.5%，其他职业比例为7.7%。

（7）居住状况：个人独居的老年人比例为8.1%，与配偶居住的老年人比例为80.5%，与子女居住的老年人比例为33.6%，与孙辈居住的老年人比例为13.9%，与保姆居住的老年人比例为3.4%。

（8）调查地点分布：西安老年人比例为52.1%，福州老年人比例为11.0%，银川老年人比例为10.4%，西宁老年人比例为9.8%，呼和浩特老年人比例为7.3%，郑州老年人比例为5.3%，北京老年人比例为4.1%。

（9）遭受消费安全事件分布：没有遭受消费安全事件的老年人比例为59.9%，遭受消费安全事件的老年人比例为40.1%。

从样本结构来看，总体较为符合配额抽样设计要求。从访问员调研交流了解到，大多数老人不承认自己有过"上当受骗"经历，部分遭受消费安全事件老年人也不愿意在公共场所接受调查，所以导致实际调研过程中寻找遭受消费安全事件老年人对象较为困难，后期主要以滚雪球的方式完成配额抽样设计要求，最终完成了385名遭受消费安全事件老年人的问卷访谈。

二　老年人社会参与、消费行为与消费安全感

根据老年人消费安全研究的议题，影响老年消费安全的重要因素包括老年人消费的经济基础、老年人社会参与以及消费行为和消费观念等。

（一）老年人社会参与及其差异的影响因素

社会参与是老年人在社会环境中进行以互动和价值交换为目的的活动。[①]这里主要将老年人社会参与从内容上分为娱乐休闲性参与（主要指参加

---

① 盛亦男、刘远卓：《社会参与对老年人健康的影响》，《中国人口科学》2022年第6期。

文体娱乐活动、朋友聚会聊天、上网聊天/看视频等）、志愿性参与（慈善活动、帮助朋友邻居做事等）、发展性参与（老年大学或学习培训）、社会组织参与（主要指社团活动）、消费参与（购物和金融证券交易）等。社会参与能通过影响认知能力、投资与缓解信贷约束间接影响老年消费，对中老年总消费、日常性消费、发展性消费、享受性消费均有正向影响，其中对享受性消费的促进作用最为明显。①

老年人的日常社会参与既包括传统的聚会聊天和文娱活动等线下活动外，网络社交也成为重要社交方式，老年人社会参与受到性别、年龄、文化程度等不同程度的影响。

1. 老年人的社会参与：兼具传统与现代并存的特点

被访老年人社会参与方式较为广泛，多种参与内容和方式并行。调查显示，朋友聚会聊天（61.5%）、兴趣文娱活动（55.3%）和上网聊天及看视频（41.3%）为受访老年人日常社会参与的主要活动，除此之外，受访老年人会选择购物（21.7%）、参加社团组织活动（21.2%）、帮助朋友或邻居做事（18.5%）、上老年大学或学习培训（12.2%）、参加志愿慈善活动（10.3%）和炒股、基金理财等金融投资（7.2%）等活动。可见，受访老年人日常社会参与多以同伴交流为主，随着抖音、快手等短视频娱乐兴起，一部分受访老年人热衷上网聊天、观看短视频，还有部分受访老年人经常参加有组织的社团活动或志愿慈善活动，较少老年人从事炒股、基金理财等金融消费活动。依业缘建立起来的关系会随着退休而逐渐弱化，依血缘建立起来的联系会随着家庭的空巢化而逐渐减少，对老年人来说，依地缘和趣缘建立起来的人际关系显得十分重要（见表3-1）。

2. 差异：性别、年龄、文化程度的影响

进一步分析发现，性别、年龄、文化程度对老年人社会参与有较大影响。

---

① 傅沂、郑莹颖：《社会参与对中老年消费的影响及作用机制研究》，《调研世界》2022年第5期。

表 3 - 1 　　　　　　　受访老年人日常社会参与的频次分析

	频次（人）	个案百分比（%）
朋友聚会聊天	591	61.5
兴趣文娱活动	531	55.3
上网聊天/看视频	397	41.3
购物	209	21.7
社团组织活动	204	21.2
帮助朋友或邻居做事	178	18.5
老年大学或学习培训	117	12.2
志愿慈善活动	99	10.3
炒股等金融证券交易	69	7.2

注：多项选择题大于100%。

（1）性别影响：不同性别老年人社会参与的内容差异显著。性别对购物、金融交易、志愿活动等影响较大。受访者中购物女性多于男性的1倍，而炒股、基金等金融证券交易的男性多于女性1倍以上，男性参与志愿慈善活动比例也远比女性要高。

以老年人性别为因变量（男性＝1，女性＝0），以老年人日常生活中不同活动类型为自变量，以二元 Logistic 回归建模，通过逐步向前有条件选择自变量，研究发现，男性更愿意参加志愿慈善和金融证券活动（男性13.0%、11.1%；女性7.6%、3.3%），女性更愿意出门购物（男性为14.1%，女性为29.4%）。可见，不同性别老年人日常社会生活参与具有显著差异（见表3-2）。

（2）年龄影响：随着年龄增加老年人的不同社会参与活动都有一定程度减少。数据显示，76—80岁高龄阶段老年人无论哪种活动都会处于较低比例。金融活动、志愿慈善活动、聚会聊天、社团活动等随着年龄增长而减少。60—65岁阶段购物者占比最高。以老年人年龄为因变量（61—65岁＝0，66—70岁＝1，71—75岁＝2，76—80岁＝3），日常生活中不同活动类型为自变量（符合＝1，不符合＝0），有序 Logistic 回归模型平行线检验通过（－2 对数似然＝530.43，卡方＝18.993，P＝0.522），模型拟合度较好（皮尔逊卡方＝457.999，P＝0.026），分析发现，75 岁是老年人与外界联系差异的一个重要节点，75 岁以下老年人日常社会生活没有显著差异，而与 75 岁以上老年人有显著差异，75 岁以上受访老年人很少上网聊天看视频，也很少出门与外界社会交往（见表 3－3）。

表 3－2　　不同性别老年人日常社会生活的二元 Logistic 回归模型

		B	标准误差	wald	自由度	显著性	Exp (B)	Omnibus 检验	－2 对数似然值
模型 1	购物	－0.90	0.25	12.89	1	0.00	0.41	χ＝13.582 P＝0.000	511.06
	常量	0.13	0.12	1.14	1	0.29	1.14		
模型 2	炒股等理财活动	1.32	0.41	10.31	1	0.00	3.74	χ＝25.374 P＝0.000	499.27
	购物	－0.94	0.26	13.36	1	0.00	0.39		
	常量	0.02	0.12	0.03	1	0.86	1.02		
模型 3	志愿慈善活动	0.69	0.33	4.25	1	0.04	1.99	χ＝29.749 P＝0.000	494.89
	炒股等理财活动	1.36	0.41	10.82	1	0.00	3.89		
	购物	－0.90	0.26	12.27	1	0.00	0.41		
	常量	－0.07	0.13	0.30	1	0.58	0.93		

表 3－3　　不同年龄老年人日常社会生活的有序 Logistic 回归

	B	标准误差	wald	自由度	显著性
66—70 岁	－0.133	0.801	0.027	1	0.868
71—75 岁	1.257	0.804	2.446	1	0.118
76—80 岁	2.653	0.816	10.561	1	0.001
兴趣娱乐活动	－0.362	0.215	2.821	1	0.093

续表

	B	标准误差	wald	自由度	显著性
社团组织活动	0.207	0.222	0.871	1	0.351
志愿慈善活动	0.327	0.307	1.135	1	0.287
帮助朋友或邻居做事	0.264	0.244	1.172	1	0.279
老年大学或学习培训	0.223	0.290	0.588	1	0.443
朋友聚会聊天	-0.336	0.222	2.285	1	0.131
炒股等金融理财活动	0.275	0.333	0.679	1	0.410
购物	-0.192	0.222	0.749	1	0.387
上网聊天/看视频	0.419	0.197	4.522	1	0.033
很少出门	-0.726	0.351	4.275	1	0.039

（3）文化程度的影响：教育程度对于社会参与活动影响最大。数据显示，教育程度对老年人线上交流活动、外出（走出家门）活动、金融证券交易、老年大学等学习活动影响较大；不识字的老年人整体社会交流和社会参与较少；小学和不识字的被访者更少线上活动，初中以上的被访者大多数会上网聊天，大学以上程度的更多金融交易活动。以老年人文化程度为因变量（小学及以下 = 0，初中 = 1，高中/中专 = 2，大学 = 3），日常生活中不同活动类型为自变量（符合 = 1，不符合 = 0），有序 Logistic 回归模型平行线检验没有通过（-2 对数似然 = 547.973，卡方 = 48.846，P = 0.00）。选择多元 Logistic 回归模型，以老年人日常生活中不同活动类型为自变量（符合 = 1，不符合 = 0）后，发现老年人兴趣娱乐活动（P = 0.004）、老年大学或学习培训（P = 0.001）、炒股等金融理财活动（P = 0.000）、上网聊天/看视频（P = 0.034）有显著差异，可见，受访老年人文化程度越高，参加兴趣娱乐活动、学习培训、炒股与上网看视频的老年人比例越高；反之越低（见表3 - 4）。

表3-4　　　　　**不同文化程度受访老年人社会参与的比较**　　　　单位:%

	参加兴趣娱乐活动	参加老年大学或学习培训	参加炒股等金融理财活动	上网聊天/看视频
小学及以下	54.1	6.8	4.1	36.5
初中	46.4	8.2	2.7	54.5
高中/中专	65.7	17.1	12.9	46.4
大学	58.5	24.5	22.6	56.6

（二）老年人经济状况：自评、收支及其差异

老年人消费经济基础由老年人基本经济状况、收入与支出状况以及老年人资金管理等组成。收入主要通过经济状况主观评价、经济来源、家庭收入管理及支配等反映，支出状况主要包括个人一年开支情况及支出项目。

1. 老年人自评经济状况及其差异：较好的经济状况

整体上看，受访老年人经济状况自评较好。数据显示，3.2%的受访老年人认为自己经济状况非常宽裕，41.9%表示比较宽裕，50.0%认为基本够用，4.6%表示比较困难，0.3%反映自己经济状况非常困难。这一数据反映，受访老年人相比于城镇老年人总体来讲，经济状况更好。[①] 进一步分析发现，老年人自评经济状况与其文化程度、健康状况呈现显著相关，健康状况越差、文化程度越低的老年人，经济状况自评相对越差，而不同性别（$\chi^2 = 4.72$，$P = 0.317$）、年龄阶段（$\chi^2 = 19.59$，$P = 0.075$）的老年人，经济状况自评程度没有显著差别（见表3-5）。

2. 老年人收入来源及其差异：以养老金为主的多种收入来源

受访老年人经济来源的调查数据显示，74.6%的受访老年人有养老金，此外子女接济（26.2%）、储蓄利息理财性收入（22.1%）、工作或

---

① 数据来源：中国老龄科学研究中心编写《中国老年人生活质量发展报告（2019）》。城镇老年人认为自己经济宽裕的比例为20.3%，而本次调查经济宽裕比例远高于此。

劳动收入（20.5%）也是受访老年人的重要经济来源，相对而言，只有少部分老年人拥有房租、配偶贴补、投资买卖收入、低保金、抚恤金等经济来源。

表3-5　　　　　　　不同类型老年人经济状况自评状况比较　　　　　　单位:%

		宽裕	基本够用	困难	卡方检验
年龄	61—65 岁	49.0	46.7	4.3	$\chi^2 = 19.59$ $P = 0.075$
	66—70 岁	44.4	51.5	4.1	
	71—75 岁	41.3	53.2	5.5	
	76—80 岁	37.9	52.9	9.2	
性别	女	40.8	52.8	6.4	$\chi^2 = 4.72$ $P = 0.317$
	男	49.7	46.9	3.4	
文化程度	小学及以下	26.1	63.9	10.1	$\chi^2 = 44.37$ $P = 0.000$
	初中	37.6	57.0	5.3	
	高中/中专	54.0	43.1	2.9	
	大学	73.7	26.3	—	
健康状况	非常健康	43.7	52.9	3.4	$\chi^2 = 16.33$ $P = 0.038$
	比较健康	50.2	45.8	3.9	
	一般	33.8	62.6	3.5	
	不太健康	48.3	46.3	5.4	
	有较严重疾病	18.2	45.5	36.4	

以老年人性别为因变量（男性 =1，女性 =0），经济来源不同类型为自变量，通过二元 Logistic 回归建模逐步向前有条件选择自变量，建立回归分析模型。研究发现，回归模型 2 解释效力更高，可以看出，不同性别老年人主要在配偶贴补和投资买卖收入两方面有显著差异，女性老年人获得配偶接济（男性 3.0%，女性 10.1%）的比例高出男性 7.1%，但是男性老年人获得投资买卖收入（男性 10.0%、女性 2.5%）的比例高出女性 7.5%（见表 3 -6）。

表3-6 不同性别老年人经济来源的二元 Logistic 回归模型

		B	标准误差	wald	自由度	显著性	Exp（B）	Omnibus检验	-2 对数似然值
模型 1	投资买卖收入	1.190	0.427	7.777	1	0.005	3.286	$\chi^2 = 8.788$ P = 0.003	515.854
	常量	-0.178	0.107	2.746	1	0.097	0.837		
模型 2	配偶补贴	-0.847	0.435	3.797	1	0.051	0.429	$\chi^2 = 12.922$ P = 0.002	511.721
	投资买卖收入	1.162	0.428	7.367	1	0.007	3.196		
	常量	-0.118	0.111	1.111	1	0.292	0.889		

不同年龄老年人经济收入来源有差异。以老年人年龄为因变量，经济收入来源为自变量建立有序回归分析模型（ordinal regression），剔除掉没有通过显著性检验变量后，重新建立新的有序回归分析模型，经检验模型通过了平行线检验（-2 对数似然为 55.599，P = 0.451），Cox-Snell 的 R^2 值为 0.101。分析发现，不同年龄段老年人工作收入来源、低保金、房租收入存在显著差异，数据显示，61—65 岁、65—70 岁、71—75 岁、76—80 岁老年人中，有工作收入的比例分别为 35.5%、21.7%、15.3%、2.9%，有低保金收入的比例分别为 0.6%、2.5%、1.4%、1.8%，有房租收入的比例分别为 20.6%、13.3%、8.3%、2.9%，表明随着老年人年龄不断增加，获得工作收入与房租的比例不断减少，享受最低生活保障政策的老年人不断增加（见表 3-7）。

表3-7 不同年龄老年人经济收入来源的有序 Logistic 回归

	估算	标准误差	wald	自由度	显著性
工作收入	1.049	0.237	19.580	1	0.000
低保金	-1.716	0.626	7.521	1	0.006
房租	1.020	0.293	12.101	1	0.001

不同文化程度老年人经济收入来源差异明显。以老年人文化程度为因变量，经济收入来源为自变量，建立有序回归分析模型（ordinal regression），但是建立的有序回归模型没有通过平行线检验（P＝0.045）。以老年人文化程度为因变量，经济收入来源为自变量，建立无序多分类回归分析模型（Multinomial Logistic Regression），通过似然比检验后删除非显著性变量，重新建立无序多分类回归分析模型，发现不同文化程度老年人在退休金和储蓄利息理财性收入有显著差异，数据显示，小学及以下、初中、高中及中专、大学文化程度老年人中，有退休金的老年人比例分别为59.5%、69.1%、92.1%、83.0%，有储蓄利息理财性收入的老年人比例分别为23.0%、16.4%、26.4%、52.8%，可以看出，老年人文化程度越高，其拥有退休金保障比例越高，储蓄利息理财性收入比例也越高。

3. 老年人生活支出及其差异：较高的娱乐社交、旅游与保健品支出

调查显示，医疗支出与日常消费之外，娱乐社交、旅游与保健品是大部分老年人经济开支最多的项目，也有部分老年人主要经济开支用于养老消费和金融消费。

受访老年人消费支出存在较大差异。除去医疗支出与日常消费外，数据显示，在过去的一年中，有15.0%的受访老年人表示经济开支不到1万元，35.9%在1万—2万元，34.9%在2万—5万元，有11.7%在5万—10万元，只有2.5%的受访老年人经济开支超过10万元。可见，在过去一年中，近半数受访老年人消费支出不超过2万元，只有14.2%的受访老年人消费支出超过5万元（见表3-8）。

表3-8　在过去一年中受访老年人除医疗与日常生活消费外支出总额

金额	频率（人）	百分比（%）
少于1万元	144	15.0
1万—2万元	344	35.9
2万—5万元	335	34.9
5万—10万元	112	11.7
10万元以上	24	2.5
合计	959	100.0

受访老年人除医疗与日常生活消费外，具体经济支出的项目中，娱乐社交（43.6%）、旅游（30.6%）与保健食品和产品（29.8%）是老年人经济开支最多的项目，也有部分老年人主要经济开支在养老消费（19.6%）、投资理财（14.4%）等方面，还有少数开支在诸如家政、商业保险、美容护理、学习培训、收藏品等方面（见表3－9）。

表3－9　　　老年人除日常生活消费与医疗支出外的开支项目

	频率（人）	个案百分比（%）
娱乐社交	409	43.6
旅游	287	30.6
保健食品和产品	280	29.8
养老消费	184	19.6
投资理财	135	14.4
家政	105	11.2
其他	102	10.9
商业保险	101	10.8
美容护理	71	7.6
学习培训	69	7.3
收藏品	31	3.3

不同性别老年人消费支出存在显著差异。通过二元 Logistic 回归模型分析发现（模型5），不同性别老年人在保健食品和产品、美容护理、家政、投资理财、收藏品等方面存在显著差异，女性老年人在保健食品和产品、美容护理、家政等方面支出显著高于男性老年人，男性老年人在投资理财、收藏品等方面支出显著高于女性老年人（见表3－10）。

不同年龄老年人的消费支出存在显著差异。以受访老年人年龄为因变量，消费支出为自变量建立有序 Logistic 回归模型，通过删除非显著性变量后重新建立有序 Logistic 回归模型，经检验模型通过了平行线检验

（P = 0.984），分析发现，随着老年人年龄不断增加，美容护理、旅游、商业保险等消费支出显著减少，而保健食品和产品上的消费支出显著增加（见表 3 - 11）。

表 3 - 10　　　　不同性别老年人经济支出的二元 Logistic 回归模型

		B	标准误差	wald	自由度	显著性	Exp（B）	Omnibus 检验	-2 对数似然值
模型 1	美容护理	-3.637	0.721	25.478	1	0.000	0.026	$\chi^2 = 81.289$ P = 0.000	1242.320
	常量	0.111	0.067	2.710	1	0.100	1.117		
模型 2	美容护理	-3.887	0.728	28.476	1	0.000	0.021	$\chi^2 = 108.277$ P = 0.000	1215.332
	投资理财	1.088	0.221	24.193	1	0.000	2.968		
	常量	-0.021	0.072	0.085	1	0.770	0.979		
模型 3	保健食品和产品	-0.626	0.152	16.883	1	0.000	0.534	$\chi^2 = 125.465$ P = 0.000	1198.144
	美容护理	-3.974	0.731	29.563	1	0.000	0.019		
	投资理财	1.168	0.225	27.071	1	0.000	3.217		
	常量	0.154	0.084	3.371	1	0.066	1.166		
模型 4	保健食品和产品	-0.635	0.153	17.231	1	0.000	0.530	$\chi^2 = 130.463$ P = 0.000	1193.146
	美容护理	-3.977	0.733	29.428	1	0.000	0.019		
	投资理财	1.128	0.225	25.065	1	0.000	3.090		
	收藏品	0.935	0.441	4.491	1	0.034	2.546		
	常量	0.134	0.084	2.501	1	0.114	1.143		
模型 5	保健食品和产品	-0.656	0.154	18.181	1	0.000	0.519	$\chi^2 = 134.455$ P = 0.000	1189.154
	美容护理	-3.970	0.734	29.276	1	0.000	0.019		
	家政	-0.449	0.226	3.947	1	0.047	0.638		
	投资理财	1.124	0.226	24.801	1	0.000	3.077		
	收藏品	0.939	0.441	4.530	1	0.033	2.556		
	常量	0.187	0.089	4.446	1	0.035	1.206		

表 3 – 11　　　　　**不同年龄老年人经济支出的有序 Logistic 回归**

	估算	标准误差	wald	自由度	显著性
保健食品和产品	– 0. 472	0. 132	12. 853	1	0. 000
美容护理	1. 821	0. 308	35. 024	1	0. 000
旅游	0. 439	0. 134	10. 697	1	0. 001
学习培训	0. 505	0. 242	4. 349	1	0. 037

不同文化程度老年人的消费支出存在显著差异。以受访老年人文化程度为因变量，消费支出为自变量建立有序 Logistic 回归模型，通过删除非显著性变量后重新建立有序 Logistic 回归模型，经检验模型通过了平行线检验（P = 0.866），模型效度检验 – 2 对数似然为 149.936（P = 0.000），Cox-Snell 的 R^2 值为 0.143，分析发现，随着老年人文化程度不断增加，其在美容护理、旅游、学习培训、投资理财的消费支出显著增加（见表 3 – 12）。

表 3 – 12　　　　　**不同文化程度老年人经济支出的有序 Logistic 回归**

	估算	标准误差	wald	自由度	显著性
美容护理	– 0. 514	0. 229	5. 033	1	0. 025
旅游	– 1. 016	0. 134	57. 521	1	0. 000
学习培训	– 0. 620	0. 230	7. 276	1	0. 007
投资理财	– 1. 350	0. 179	57. 088	1	0. 000

不同健康状况老年人的消费支出有明显不同，以受访老年人文化程度为因变量，消费支出为自变量建立有序 Logistic 回归模型，通过删除非显著性变量后重新建立有序 Logistic 回归模型，经检验模型通过了平行线检验（P = 0.202），模型效度检验 – 2 对数似然为 52.973（P = 0.000），Cox-Snell 的 R^2 值为 0.044，分析发现，老年人健康状况越差，保健食品和产品消费支出显著增加，而美容护理、收藏品的消费支出显著减少（见表 3 – 13）。

表 3 – 13　　　　　不同健康状况老年人经济支出的有序 Logistic 回归

	估算	标准误差	wald	自由度	显著性
保健食品和产品	− 0. 729	0. 135	28. 992	1	0. 000
美容护理	0. 783	0. 262	8. 928	1	0. 003
收藏品	0. 866	0. 392	4. 884	1	0. 027

4. 老年人收入管理：自我管理为主和显著的性别差异

在收入管理方面，73.5% 的受访老年人由自己管理，18.8% 由配偶管理，7.5% 由子女管理，还有 0.2% 由其他人管理，说明大多数老年人具有收入支配的自主性。进一步分析发现，在有配偶的受访老年人中，男性老年人自我管理收入的比例为 64.1%，由配偶管理收入的比例为 28.9%，而女性老年人自我管理收入的比例为 79.1%，由配偶管理的比例为 15.4%，可见女性支配家庭收入的比例明显高于男性。

调查也发现，52.4% 的受访老年人表示能支配自己的收入，28.8% 表示能支配自己和配偶的收入，13.9% 表示能支配家庭全部收入，只有 3.1% 的受访老年人表示能支配子女部分资金，还有 1.8% 表示能支配其他类型资金。

进一步分析发现，随着受访老年人年龄不断增大，能够支配家庭全部收入的比例不断下降，支配子女部分资金的比例不断增加，说明随着老年人年龄不断增长，对家庭经济事务管理越来越力不从心，有更多的老年人不得不接受子女经济供养。是否能够支配自己和配偶收入情况较为复杂，既与配偶是否健在有关，也与配偶关系是否融洽有关，还与配偶是否再婚有关，同时还与老年人家庭经济支配惯例有关（见表 3 – 14）。

表 3 – 14　　　　　不同年龄段老年人能够支配的资金类别　　　　　单位:%

	61—65 岁	66—70 岁	71—75 岁	76—80 岁
家庭全部收入	18. 2	11. 4	10. 9	9. 3
自己的收入	50. 5	57. 2	48. 5	53. 5

续表

	61—65 岁	66—70 岁	71—75 岁	76—80 岁
自己和老伴收入	27.8	27.3	33.7	27.9
子女部分资金	2.0	3.0	4.5	5.8
其他	1.5	1.1	2.5	3.5

（三）老年人消费行为及其影响因素

消费行为，是指个人或者群体购买商品、获得服务的行为，另外以社会学的视角，消费行为是一个身份的建构手段，消费的目的和过程不仅在于获得商品的使用价值和所有权，还在于一种象征价值，从而获得各种情绪和体验。[①] 这里的老年人消费行为既包括老年人消费信息获得、场所及支付方式，也包括老年人消费动机、消费方式、消费决策等。

1. 老年人消费行为及其差异

老年人消费行为主要从老年人获取信息渠道、消费场所及支付方式进行调查。调查发现，在消费信息获取渠道上，受访老年人消费信息获得主要来源于熟人推荐（58.2%），其次是网络购物平台（33.0%），其他如销售人员宣传讲解（24.5%）、微信朋友圈（22.8%）、电视广播报纸（20.9%）、专业人员推荐（17.6%）、广告宣传册（16.1%）、抖音快手等短视频介绍（15.8%）也是老年人获得消费信息的重要渠道。总体来看，老年人获取消费信息渠道多样，传统熟人社会的信息传播方式即通过口碑式的熟人介绍依然是老年人获取消费信息的主要来源，随着越来越多的老年人使用智能手机和互联网购物浪潮的不断扩展，也有很多老年人消费和服务信息来自网络，包括微信朋友圈、网络购物平台、抖音快手平台等，受访者中共有71.6%的受访者选择了这三项，网络成为老年人获取消费信息不可忽视的重要渠道。

回归分析发现，性别、年龄、文化程度等对于老年人获取信息渠道有较为明显的影响。女性、年龄大的老年人容易受销售人员宣传讲解的

---

① 王菲：《我国城市老年人消费行为的实证研究》，《人口与发展》2015 年第 3 期。

影响；文化程度越高的老年人对微信朋友圈、网络购物平台、专业人员推荐的消费信息识别能力更强。

调查发现，农贸市场和正规营业场所是大多数老年人日常消费场所的选择。受访老年人日常消费主要在农贸市场（71.9%）和药店、银行、旅行社等正规营业场所（70.1%），路边摊（40.1%）、网络平台交易（35.2%）、直营直销店（32.6%）等购物，还有 17.7% 的老年人在营销活动现场购物，旅游购物点（5.9%）、电视电话直销（4.0%）相对比例较低。可见，农贸市场和正规营业场所是大多数老年人的选择。深入分析发现，70 岁以下老年人选择网上购物、农贸市场的比例分别为 42.3%、68.6%，而 70 岁以上老年人比例为 18.6%、78.6%，可见，随着社会不断发展，老年人逐步接受了网上电子购物的消费方式。

老年人消费支付方式调查发现，移动支付成为更多老年人的支付方式。有 41.1% 的受访老年人日常消费主要使用现金，有 53.7% 使用微信、支付宝支付，储蓄卡和信用卡等刷卡消费方式比例仅为 5.2%。进一步分析发现，70 岁以下老年人选择现金、网络支付的比例分别为 30.7%、63.8%，而 70 岁以上老年人比例为 64.7%、30.9%，可见老年人消费支付方式存在世代差异，越年轻的老年人更容易接受并使用网络支付方式。

调查也显示，一般比较有风险的消费促销方式，很多受访者都会使用。有 38.8% 的受访者进行过免费体验，30.6% 的受访者参加过会议营销等方式，还有 7.3% 的人会为其他人凑分返积分、提成。而消费返利、预付储值卡/会员制这些形式会较少使用（见表 3－15）。

表 3－15　　　　　　老年人高风险消费方式情况

消费方式	个案数（人）	百分比（%）	个案百分比（%）
消费返利	98	10.2	13.5
预付储值卡/会员制	115	12.0	15.8
免费体验	282	29.3	38.8
宣传、讲座、会议销售	222	23.1	30.6

消费方式	个案数（人）	百分比（%）	个案百分比（%）
为其他人凑分返积分、提成	53	5.5	7.3
其他	191	19.9	26.3
总计	961	100	132.3

2. 老年人消费决策及其差异：场所正规性与现场体验感的重要性

调查发现，影响老年人消费的主要因素为"对产品或服务了解"（66.8%），其次为"之前的经验"（54.4%），以及经营场所正规性（41.5%）和现场体验或展示效果（41.3%），同时还会关注朋友中的口碑（31.0%）、售后服务（28.2%）、销售人员态度（25.9%）、专家推荐（10.8%）、可能的财产安全风险（10.4%）等因素（见表3-16）。

表3-16　　　　　影响受访老年人消费决策的主要因素

	频率（次）	个案百分比（%）
对产品或服务了解	640	66.8
之前的经验	521	54.4
经营场所正规性	398	41.5
现场体验或展示效果	396	41.3
朋友中的口碑	297	31.0
售后服务	270	28.2
销售人员态度	248	25.9
专家推荐	103	10.8
可能的财产安全风险	100	10.4
其他	11	1.1

深入分析发现，不同性别的老年人消费决策影响因素没有显著性差异，通过有序 Logistic 回归分析，以受访老年人年龄为因变量，消费决策因素为自变量，删除非显著性因素之后建立有序 Logistic 回归模型，经检验模型通过了平行线检验（P = 0.931），模型效度检验 -2 对数似然为 66.01（P = 0.008），Cox-Snell 的 R^2 值为 0.010，分析发现受访老年人年

龄越大,其消费决策越依靠过去的消费经验(系数为 - 0.267),也更容易购买不了解的产品或服务(系数为 0.258),反映出老年人消费决策的复杂性。随着老年人年龄的增长,缺失了部分处理复杂事务的逻辑判断能力,其判断可能更为简单,冲动而非理性的消费决策更有可能造成财产损失。

3. 金融消费和保健品消费特征差异

研究发现,老年人在金融消费和保健品消费方面存在显著差异。更多老年人购买保健品,对其功能的追求多元,部分存在错误的认知;在金融消费领域,大部分老年人通过储蓄追求稳定收入,少部分老年人通过理财、股票、集资、保险、网络平台投资等多样化的金融产品进行增值保值,大多数属于低风险偏好者。

投资理财等金融消费是少部分老年人消费支出的主要项目之一,也受到越来越多老年人关注,成为他们保值增值的主要手段。分析发现,大部分老年人投资理财偏好低风险低收益,数据显示,有 54.6% 的受访老年人参与投资理财,没有投资理财的老年人为 45.4%。在参与投资理财的受访老年人中,只有 18.6% 的老年人进行高风险或中风险投资,42.3% 追求低风险低收益,39.2% 零风险稳定收益。进一步分析发现,大多数老年人理财行为都是稳健型操作方式,数据显示,68.1% 的老年人选择"长期持有,注重长期收益",27.0% 的老年人选择"差不多就卖出",只有 4.9% 的老年人选择"频繁买卖,短期套利"。

随着老年人年龄增长,越来越多老年人也热衷保健品消费。数据分析发现,32.4% 的受访老年人明确表示从来没有购买过保健品,近 2/3 的老年人表示购买过保健品。在购买过保健品的受访老年人中,有 20.8% 的老年人表示经常购买,30.8% 表示不太购买,48.3% 表示很少购买。进一步分析发现,补充营养(59.4%)、疾病养护(41.2%)是老年人购买保健品的最主要原因,还有一些老年人认为保健品可以改善睡眠(25.8%)、内分泌调节(12.1%)、美颜塑形(7.1%)等,一些老年人错误认为可以治疗疾病(26.9%),可以看出老年人对保健品存在的认知偏差(见表 3 - 17)。

表 3 - 17　　　　　　　　　　　**受访老年人购买保健品的原因**

	频率（次）	个案百分比（%）
补充营养	369	59.4
疾病养护	256	41.2
治疗疾病	167	26.9
改善睡眠	160	25.8
内分泌调节	75	12.1
美颜塑形	44	7.1
其他	17	2.7

4. 老年人消费观念、感受及其差异

消费心理是指老年人在消费过程中表现的心理特征，虽然传统认为老年人消费心理会更偏向理性保守，但数据分析发现，在消费偏好上，有两成受访者喜欢消费新颖有趣的东西，反映出部分老年人比较时尚的消费观；有14.9%的受访者具有愿意为增长才能而消费的发展消费观；有部分受访者容易冲动消费，14.3%受访者常买没有计划买的东西，有一成受访者常后悔自己的消费决定。体现在消费选择上，受访老年人更看重价格（63.2%）、功能（47.0%）和经久耐用（46.7%）等要素，还有部分老年人关注品牌（56.9%）、品质（25.6%）、流行时尚（9.7%）等消费要素。整体上，受访老年人具有关注消费价格和质量匹配，追求价廉物美的消费观念，但还有少部分老年人追求流行时尚等消费心理。

在消费体验方面，有将近一半受访者认为消费会给自己带来乐趣，三成以上的受访者认为消费是一种享受，也有26.7%的受访者认为通过消费交到了新朋友。可见，消费对于老年人来说，不仅具有满足自己功能性需求的价值，消费过程中的趣味性、社交性也使得很多老年人享受消费的过程，消费对于老年人同样提供了情绪和社交价值。

（四）老年人消费安全感及其差异

消费安全感是指消费者对消费安全状况的主观感受和评价，是消费者在一定时期内的消费过程中对人身、财产、信息等合法权益受到或可能受到侵害、保护程度的综合心态反应，也表示消费者对消费安全状况的认知，以及对消费的信心水平。消费安全感既体现了老年人对消费安全环境的认知，又是对老年人市场消费环境的综合反馈。大多数老年人认为消费安全感与消费商业环境有关，同时也与老年人的自身心理特征与行为取向直接相关。数据显示，35.8%的受访老年人认为当前消费环境"非常安全"和"比较安全"，有33.4%受访老年人认为当前消费环境"不安全"和"很不安全"，还有30.8%受访者认为当前消费环境安全情况"一般"。可见，只有1/3的老年人对目前消费安全环境持积极正面评价，2/3的老年人持负面和中间态度，整体上老年人对目前消费环境安全感评价不高（见表3-18）。

表3-18　　　　　　　　受访老年人对当前消费安全环境的评价

	频率（次）	百分比（%）
非常安全	32	3.3
比较安全	311	32.5
一般	295	30.8
不安全	263	27.5
很不安全	57	5.9
合计	958	100.0

进一步分析比较不同类型老年人消费安全感发现，性别、文化程度对老年人消费安全感影响没有显著差异，但是年龄越大、身体状况越差（$\chi^2 = 98.88$，$P = 0.02$）、无业、独居的老年人消费安全感相对较低（见表3-19）。

（五）被访老年人主要特征

调查显示，基于老年人消费安全事件研究混合抽样方法的老年人具有以下特征。

表 3 - 19　　　　　　　不同类型受访老年人的消费安全感比较　　　　　单位：%

		十分安全	比较安全	一般	不安全	很不安全
性别	女	4.1%	33.7%	30.6%	25.2%	6.4%
	男	2.6%	31.2%	30.8%	30.1%	5.3%
年龄	61—65 岁	4.5%	29.1%	36.4%	25.6%	4.3%
	66—70 岁	3.3%	33.2%	26.2%	29.5%	7.7%
	71—75 岁	1.5%	39.8%	22.9%	29.4%	6.5%
	76—80 岁	2.3%	27.9%	37.2%	25.6%	7.0%
文化程度	小学及以下	3.4%	37.6%	31.2%	22.8%	5.1%
	初中	3.8%	27.3%	28.4%	34.8%	5.7%
	高中/中专	3.2%	30.7%	32.9%	27.5%	5.8%
	大学	2.9%	38.7%	30.7%	20.4%	7.3%
身体状况	非常健康	18.4%	39.1%	25.3%	16.1%	1.1%
	比较健康	1.7%	36.7%	34.0%	22.7%	4.9%
	一般	2.0%	26.8%	31.3%	33.8%	6.1%
	不太健康	1.5%	28.6%	27.9%	32.8%	9.2%
退休前或目前职业	机关事业单位管理人员	3.1%	42.3%	30.9%	21.6%	2.1%
	机关事业单位普通员工	2.8%	34.8%	36.0%	21.3%	5.1%
	企业管理人员	2.8%	26.4%	37.5%	27.8%	5.6%
	企业普通员工	2.1%	32.9%	27.9%	31.4%	5.7%
	私营业主/个体户	3.0%	20.4%	34.7%	35.3%	6.6%
	无业/失业	1.1%	34.4%	23.3%	27.8%	13.3%
	其他	13.5%	43.2%	23.0%	16.2%	4.1%
是否独居	非独居	3.4%	32.9%	30.9%	27.4%	5.4%
	独居	2.5%	28.8%	28.8%	27.5%	12.5%

1. 较为广泛的社会参与方式。老年人社会参与呈现传统与现代并存的特点，大多数老年人主要以与熟识的朋友聊天、参加兴趣文娱活动、邻里朋友之间互助等初级的社会群体进行交往的休闲娱乐参与为主，这

也成为老人社会资本的主要来源，也有部分老人进行线上的交流活动，社团活动、志愿慈善活动、老年大学学习等正式的组织活动也有部分人参加。购物、理财等消费活动也是老年人的日常活动重要组成部分。年龄显著影响老年人的社会参与，75 岁是老年人与外界联系的一个重要节点，75 岁以上老人明显减少外出活动。

2. 更好的经济状况为开辟老年人消费的新领域提供了足够的经济支持。随着我国基本养老保险实现全覆盖，大部分老年人的主要收入来自每月稳定的养老金，特别是参加城镇职工养老保险的老人，平均每月养老金约为 3500 元，能够满足老年人基本生活需求。还有其他的收入来源，使得更多的老年人获得较高收入。这一方面满足了老年人基本生活消费需求，也使得部分老年人的保健品、旅游、金融消费以及发展自己能力的学习消费得到了足够的经济支持。

因此，在老年人生活开支中，较高的娱乐社交、旅游与保健品支出，反映出老年人满足自我兴趣爱好、自我健康、自我发展的消费增长，而金融消费虽然只是少部分老年人的消费开支，但也给予老年人财富增值保值的希望。

3. 老年人收入自我管理和支配增强了老年人消费自主性。大部分老年人自己管理和支配自己的收入。被访老年人中，只有不到三成老人与子女居住，大多数与配偶共同居住，独居老年人也有 8% 的数量。子女数减少导致的家庭规模小型化，与子女居住离散等使得夫妻关系成为老年人最为重要的关系，成为影响老年人生活质量和幸福感的最重要因素。配偶在老年人消费及其消费安全中处于更为重要的位置。

4. 性别、文化程度影响老年人收支状况，使其呈现不同的样态。文化程度高的老人更着力于自我的发展，提升自我发展能力，使用网络的比例更高，文化程度越高，经济越宽裕。性别的差异主要体现老年人的收入管理和支配上，女性更多地管理家庭和配偶的收入。

在支出方面，文化程度高的男性更多用于金融消费支出，还有收藏品等增值保值的支出，女性则更多偏重日常消费支出，对自身身体保养、家庭替代劳动的家政服务支出较高。

5. 老年人消费信息获得方式和消费场所多样。熟人推荐等初级社会网络依然是将近六成老人获得信息的渠道，但也有相当部分老年人消费信息是从网络购物平台、社交平台等线上获得，因应老年人更为"见人"的现场性的情感性需求而产生的营销宣传以及广告等影响到很多老年人。大多数老年人主要在社区购买生活必需品，1/3 老年人网络消费，容易发生消费安全事件的直营直销店和营销活动场所也有很多人选择。而支付特别是移动支付更成为过半以上老年人的选择。

6. 老年人的消费决策表现出场所正规性与现场体验感同样重要的特征。大多数老年人主要依赖熟人口碑、专家推荐、经营场所合规合法等经验性、习惯性进行消费决策，销售人员营销态度的现场体验感也影响了很多老人的消费决策。

同样，这些决策影响因素，在现代社会都有潜在的风险，我们关注到营销的套路，但同样专家也有"伪""假"与真正的专家之分，有利益关联者与纯粹第三方之分，现场体验感也会体现出为了共情营造的"假"的共情。

7. 金融消费和保健品消费无论是人群、目的还是损失方面差异较大。金融消费的老年人占比较少，但一般收入较高，消费目的一致，都是为了财产的保值增值；但如果发生消费安全事件往往造成的损失较大，有些老年人因投资而借贷，因还债而陷入更大的财务困境，他们往往难以承受这些后果。虽然大部分金融消费老年人都偏好低风险低或无风险低收益，但也有将近20%的老年人偏好高风险或中风险投资。

大多数老年人都会进行保健品消费，只是频次和深度不同，经常购买者也只有不到两成。而购买目的差异较大，养生保健是多数人的消费目的，但美颜塑形也占有一定比例，还有在错误认知下以治疗疾病为目的消费。往往保健品的这些功效衡量标准不够具体，也成为保健品消费纠纷的主要原因。

8. 老年人消费观念多元。虽然大部分老年人依然持有中国传统的节俭耐用消费观，也有部分老年人追求自我发展而消费，更有部分老年人追求时尚新颖的消费品，享受消费的过程。大部分老年人消费保守而理性，也有部分老年人因为从众、营销等原因购买没有计划的东西，也常后悔消费决定。更有部分老年人通过消费结交新的朋友，获得新的社会关系。

9. 老年人消费安全感总体不容乐观，消费安全感和不安全感的比例大体相当，超过 1/3 的被访者缺乏消费安全感。年龄、身体状况、社会支持等是影响老年人消费安全感的主要因素。

综上所述，被访老年人在人口学特征上与我国老年人总体状况相比较，表现为较高的收入、文化程度以及较为多样的社会参与形式，这部分老年人消费观念和风格的多元性，消费决策的社交性影响，消费的有限理性特征较为明显，反映出老年人消费安全风险的基本人群特征。

三　老年人消费安全事件及其相关分析

对于老年人消费安全事件，问卷整理相关部门的警示和提醒以及老年人消费支出主要项目，分别设置了保健品、旅游、金融消费三大领域，结果主要为纠纷、未兑现承诺、合同受骗、强迫消费、年龄歧视、公司倒闭等而造成老年人经济损失，以客观判断消费安全事件的发生和影响。

（一）老年人消费安全事件

1. 老年人消费安全事件的主要类型

调查显示，从数量和占比看，在三大领域的 18 类消费安全事件中，受访老年人遭受最多的消费安全事件为购买了高价保健品无法退货、保健品没有效果但不给退货、参加旅游时遭遇强迫消费三大类，这也是受访老年人了解最多的周围老年人遭受的消费安全事件，而金融消费领域遭受消费安全事件的老年人比例相对较低。之所以如此，主要与保健品消费的老年人数量较大，金融消费的老年人本身在人群中较少直接相关（见表 3 - 20）。

表 3 - 20　　　　**受访老年人及其周围老年人遭受消费安全事件比例**　　　单位：%

	受访老年人	周围老年人
1. 购买了高价保健品无法退货	11.7	21.3
2. 预付养生保健服务项目未能达成效果无法退款	8.8	12.5
3. 保健品没有效果但不给退货	14.6	20.4
4. 参加旅游时遭遇强迫消费	15.2	15.2
5. 预交旅游套餐、旅游押金等未能履约没能退款	2.5	4.3
6. 旅游被收取年龄附加费、出游保证金与会员预付等	3.6	5.0
7. 销售人员以存款名义推荐理财产品造成纠纷	2.3	4.4
8. 参与承诺的本金及利息的集资（放贷）没有兑现	2.6	5.8
9. 通过微信朋友圈等加入炒股、基金群被扣会费	1.1	3.6
10. 商业保险投资期限太长想退保造成钱财损失	2.5	4.1
11. 商业保险承诺赠送礼品、返还佣金没有兑现	1.5	4.6
12. 投资石油、贵重金属遭遇平台纠纷无法收回成本	1.9	2.6
13. 高额返利的理财、投资类产品承诺没有兑现	2.3	7.1
14. "以房养老"签署合同被骗	0.6	3.3
15. 投资养老公寓或养老服务项目没有收回成本	1.1	2.8
16. 预交养老院服务费用未能履约没能退款	1.2	2.1
17. "高价回购""溢价回购"收藏品但没有回购	1.7	5.9
18. 购买高价回收的收藏品到期公司倒闭	0.7	1.6

　　统计发现，在三大领域的 18 类消费安全事件中，受访老年人遭受最多的消费安全事件为 9 件，平均为 0.76 件，其中保健品领域遭受消费安全事件的受访老年人比例为 22.4%，旅游领域为 17.3%，金融消费领域为 12.6%。在受访老年人的周围老年人中，遭受最多的消费安全事件为 18 件，平均为 1.27 件，其中保健品领域遭受消费安全事件的受访老年人比例为 29.6%，旅游领域为 18.0%，金融消费领域为 19.4%。调查也显示，家人对老年人发生消费安全事件采取消极甚至指责的态度，有 18.6% 的会对受访老人遭遇的消费安全事件漠不关心，有 13.0% 的采取

忍受的态度，更有38.3%的会指责老人的冲动非理性消费行为。可见，很多老年人、子女包括社会对于发生消费安全事件的评价往往是负面的，更多将问题归因于老年人自身的弱点和缺点，会对老年人抱怨或指责，导致大多数老年人不愿意向他人暴露安全事件的发生。

对"遭受过消费安全事件的老年人"的数据进行分析发现，这一群体消费安全事件中，有84.2%发生在保健品领域，有51%的发生在旅游领域，也有50.2%发生在包括理财、商业保险、投资等金融消费领域，有5.8%的人在收藏品领域。平均每人遭受过1.9次，最高9次的消费安全事件，可见这一群体的大部分老年人都遭受过诸多领域不止一次的消费安全事件，有的分布在不同领域，有的在同一领域重复遭遇。

值得注意的是，在消协和相关部门提醒、警示的相关老年人消费诈骗之外，还有6.5%发生在其他领域。进一步调查也发现，在学习培训领域也有更多的消费者因为费用问题与商家产生纠纷和经济损失，这些事件一般都发生在网络平台上，特别是集聚自媒体发布的快手、抖音平台上，以免费课程体验等诱导老人缴费购买高额课程后产生纠纷，不能得到退费等问题在一些追求学习乐趣和发展能力提升的老年人中大量存在。老人们会因为自身兴趣而激发的内生动力巨大，而且学习被赋予的正义性更会增强这种动力，商家敏感地意识到这一点，出现大量的"0元学"线上课程。个案访谈显示，"我老爸现在退休在家，因为高血压就不经常和老友出去喝酒，平时可能也蛮无聊的。最近不知道上网的时候点了什么小广告，稀里糊涂就花了万把块报了一个班（我老爸那么抠的一个人，连买把菜都斤斤计较，居然花了那么多钱，刚开始我都不敢相信）。授课内容大概是中国传统文化领域的玄学。他自从上了网课之后就沉迷于各种大师授课，学习真的快到废寝忘食的地步，晚上不去锻炼，饭也不按时吃。整天上课写作业复习预习，感觉比他当年高考冲刺一百天还紧张。我叫他别上瘾了，要学会分辨，人家这是在做你生意呢，他还狡辩说是学习中华传统文化，不会有啥的。那个老师还热衷于卖各种'法器'，每个都是大几百，实际上花了多少钱我爸不敢说，但是他的快递明显增多了。我爸这种固执的老头谁也管不了他，希望他不要被骗了"。中消协2022年投诉热点分析也显示，"各类在线培训服务多以预付费形式进行销售，具有消费群体广、销售金额大、服务次数多等特点，存在较大的违约和跑路风险"。①

相比较发现，老年人在保健品领域遭受消费安全风险较高，其次为旅游领域，而随着近年来理财投资乱象，金融消费领域发生的消费安全事件也有增加的趋势。

2. 老年人对消费安全事件发生的归因：营销套路多、自身弱点是首要原因

问及遭受消费安全事件的原因，调查显示，大多数受访者（71.3%）会将消费安全事件发生的原因归于营销套路太多。对此，老年人自身的便宜侥幸心理（55.7%）、防范意识弱（49.4%）、防范能力差（36.6%）、听信朋友不负责任的介绍（21.1%）等成为老年人的前五位选择，而不能熟练应用现代技术（20.6%）、喜欢尝试新东西/新事物（20.7%）、情感需求（19.2%）、从众心理（10.8%）等自身能力和心理因素也是很多老年人消费安全事件的归因。比较发现，遭受到和未遇到消费安全事件的归因基本相同，但是遭受消费安全事件的老年人更认为是"营销套路""情感""面子""尝鲜"等因素，而未遭受消费安全事件的老年人则认为消费安全事件是因为"爱占便宜"的心理导致的。可见在老年人内部也存在对遭受消费安全事件负面评价的分歧（见表3-21）。

表3-21　　　　　受访老年人遭受消费安全事件的原因分析　　　单位:%

	总体	未遭受消费安全事件老年人	遭受到消费安全事件老年人
针对老年人营销套路太多	71.3	69.2	74.0
侥幸以为自己可以得便宜	55.7	61.3	48.6
防范意识弱	49.4	51.3	47.0
防范能力较差	36.6	39.1	33.2

① 中国消费者协会：《2022年全国消协组织受理投诉情况分析》，https：//www.cca.org.cn/tsdh/detail/30582.html，2023年2月15日。

续表

	总体	未遭受消费安全事件老年人	遭受到消费安全事件老年人
听信朋友不负责任的介绍	21.1	19.7	22.9
喜欢尝试新东西/新事物	20.7	15.4	27.5
不能熟练应用现代技术	20.6	21.3	19.7
情感需求	19.2	16.8	22.3
从众心理	10.8	8.7	13.5
其他	1.9	0.6	3.6

3. 发生消费安全事件的人群特征

哪些老年人容易遭受消费安全事件? 以是否遭受消费安全事件为因变量,受访老年人性别、年龄、文化程度、健康状况、居住状况为自变量,通过二元 Logistic 回归分析发现,老年人文化状况与健康状况显著影响消费安全事件的发生。进一步分析发现,小学及以下、初中、高中与中专、大学文化程度遭受消费安全事件的老年人比例分别为 19.9%、28.9%、37.3%、13.9%,而未遭受消费安全事件的老年人比例分别为 28.3%、26.9%、30.2%、14.7%,比较发现,大学文化程度以下的老年人,文化程度越高越容易遭受消费安全事件。同时,身体非常健康、比较健康、一般与不太健康的未遭受消费安全事件的老年人比例为 9.8%、44.8%、20.6%、24.8%,而遭受消费安全事件的老年人比例分别为 8.1%、39.6%、20.8%、31.5%,表明身体不太健康的老年人更容易遭受消费安全事件 (见表 3-22)。

表 3-22　　　　遭受消费安全事件的老年人群体特征分析

	系数	标准误差	瓦尔德	自由度	显著性
性别	-0.162	0.138	1.369	1	0.242
年龄	-0.008	0.071	0.013	1	0.910
文化程度	0.144	0.069	4.324	1	0.038

续表

	系数	标准误差	瓦尔德	自由度	显著性
健康状况	0.196	0.071	7.553	1	0.006
与配偶居住	0.403	0.248	2.656	1	0.103
与子女居住	−0.203	0.158	1.667	1	0.197
与保姆居住	−0.078	0.393	0.040	1	0.842
与孙辈居住	0.163	0.201	0.661	1	0.416
个人独居	0.329	0.345	0.908	1	0.341
常量	−1.624	0.413	15.443	1	—

进一步分析发现，受访老年人遭受保健品消费安全事件，与老年人经济来源渠道没有差异，而与老年人经济支出有较大关系，经常购买保健食品和产品的老年人中，遭受消费安全事件的比例为41.1%；在较少购买保健品的老年人中，遭受消费安全事件的比例为23.1%；而在很少购买保健品的老年人中，遭受消费安全事件的比例为22.6%，交叉分析发现，购买保健品频次越高，遭受保健品消费安全的风险越大。老年人对保健品的错误认知，是遭受消费安全事件的重要原因（见表3-23）。

表3-23　　　　**受访老年人遭受保健品消费安全事件与消费行为**　　　单位:%

	没有遭受保健品消费安全事件	遭受过保健品消费安全事件
经常购买	58.9	41.1
较少购买	76.9	23.1
很少购买	77.4	22.6

4. 消费安全事件后果：经济损失与其他伤害

消费安全事件给老年人造成难以承受的损失。数据显示，只有16.0%的受访老年人认为发生的消费安全事件"无关紧要"，68.5%认为虽然有损失但是"能够承受"，还有15.5%的受访老年人认为"不能承受"。

经济损失是老年人消费安全事件发生后最为直接的表现。在对发生

过消费安全事件的受访者分析后发现，约 20% 的受访者经济损失在 1000
元以下，约 40% 在 2000 元以下，约 60% 在 5000 元以下，约 70% 在 1 万
元以下，约 16.3% 的老年人损失在 1 万—5 万元，有 6.8% 的老人损失了
5 万—10 万元，10 万元以上的受访者也有 6%（见表 3 - 24）。

表 3 - 24　　　　　　　　老年人消费安全事件经济损失

经济损失	个案数（人）	比例（%）
999 元以下	72	18.1
1000—1999 元	85	21.4
2000—4999 元	73	18.3
5000—10000 元	52	13.1
1 万—4.9 万元	65	16.3
5 万—10 万元	27	6.8
10 万—20 万元	12	3.0
20 万元以上	12	3.0
总计	398	100

有 4.2% 的受访老年人因消费安全事件而借贷，交叉分析发现，这
部分老年人一般具有轻龄、初高中文化程度、不太健康、私营业主、男
性等特征。

消费安全事件不仅给老年人带来了直接经济损失，而且影响了老年
人的身心健康与社会市场的信任信心，调查显示，影响最大的首先是消
费信心，超过六成的受访者消费信心被打击，超过 1/4 的受访者认为对
人际信任、心理健康、品牌信任、家庭关系、身体健康等都有影响，其
比例依次为 39.9%、35.9%、29.6%、21.9%、25.1%，可见，消费安
全事件损害的主要是老年人自己的人际、家庭关系和身心健康，以及对
市场环境的负面评价，相对而言对政府和法律信任的影响较为微弱（见
表 3 -25）。

表 3 – 25　　　　　　　　　　消费安全事件的其他影响

影响	个案数（人）	比例（%）
心理健康	143	15.3
身体健康	87	9.3
家庭关系	118	12.6
人际信任	159	17.0
政府信任	32	3.4
法律信任	21	2.3
品牌信任	100	10.7
消费信心	258	27.7
其他	15	1.6

5. 老年人消费安全事件应对：积极应对与消极应对

在老年人遭遇消费安全事件后，有积极应对和消极应对两种方式，积极应对是指向消协等维权组织、媒体、网络等进行投诉反映、与商家交涉、寻求法律支持等，以切实解决问题，减轻损失，减弱影响的行为，而消极应对则是采取忍受、自我消解等不寻求任何外界支持的应对行为。

调研显示，老年人寻求帮助的主要方式首先是与商家直接交涉，超过四成受访者会与商家直接交涉；其次是超过半数受访者会选择各种方式进行投诉，依次为向消协12315投诉，占比23.9%，向政府部门提起仲裁或向法院提起诉讼的有14.6%，向消费者公益网络平台（如黑猫）投诉的有7.5%，有67.7%的受访老年人的各种投诉都会被受理。也有4.8%的受访者会向报纸媒体投诉曝光；还有3.5%的受访者会通过互联网媒体发表自己遭遇以获取同情与支持，4.8%的受访者会寻求法律的帮助。

不同的应对方式实际效果有较大差异，调查发现与商家直接交涉的满意率最高，所占比例为43.1%，其次为消协投诉36.4%，向政府部门的仲裁或法院起诉的满意率22.1%，律师咨询、报纸媒体投诉和公益平台投诉的满意率依次为8.2%、7.7%和7.2%。但同时还有超过四成的老人遭受消费安全事件后，不会采取任何应对措施，调查发现，主观上有41.2%的受访者因为麻烦而采取退缩忍耐的做法，其次有一成多的受访者认为损失不大没有必要，也有 3.5% 的受访者自认倒霉而不采取措施。究其原因，16.9% 的受访者感觉投诉也解决不了问题，只有一成多的受访者不了解任何投诉渠道；还有一成受访者自身能力不足又求助无门；也有 4.3% 的受访者是想维权但没有证据投诉。可见，主观上的信心不足、能力缺乏以及客观上的社会支持不足共同导致了老年人消费安全事件的不断发生。

（二）老年人消费安全事件发生的相关性分析

受访老年人遭受消费安全事件数量为离散型概率分布，通过单样本柯尔莫戈洛夫—斯米诺夫检验（K—S检验）发现，老年人遭受消费安全事件数量符合泊松分布（Z = 4.08，P = 0.00）。

1. 消费安全事件与个体特征：年龄、健康状况的显著影响

以 913 位受访老年人遭受消费安全事件数量为因变量，以性别、年龄、身体状况、有无配偶、是否独居、有无工作、文化水平等自变量，通过泊松回归分析发现（Omnibus 检验似然比 $\chi^2 = 32.23$，P = 0.00），老年人遭受消费安全事件与老年人的年龄、健康状况有显著关系，特别是身体健康状况关系最为直接，由此表明老年人年龄越大、身体健康状况越差，遭受消费安全事件的可能性越高（见表 3 - 26）。

表 3 - 26　　　　受访老年人遭受消费安全事件与基本特征

	B	标准误差	卡方值	自由度	显著性
（截距）	- 0.051	0.077	41.626	1.000	0.000
性别	0.237	0.089	1.381	1.000	0.240
年龄	0.023	0.110	4.505	1.000	0.034
文化程度	0.208	0.143	0.017	1.000	0.896
配偶状况	0.208	0.143	0.022	1.000	0.883
有无工作	- 0.024	0.131	1.237	1.000	0.266
健康状况	- 0.400	0.081	24.701	1.000	0.000
是否独居	0.292	0.162	3.255	1.000	0.071

2. 消费安全事件与社会参与：金融消费、社团活动、网络活动显著影响

以受访老年人遭受消费安全事件数量为因变量，老年人日常生活与社会交往活动为自变量，通过泊松回归分析发现（Omnibus 检验似然比 $\chi^2 = 145.73$，P = 0.00），老年人遭受消费安全事件与社会生活交往都有显著相关，表明消费安全风险已经渗透到老年人生活的各个方面，其中炒股等金融理财活动、社团组织活动、上网聊天/看视频等消费安全风险更高（见表 3 - 27）。

表 3 - 27　　　　受访老年人遭受消费安全事件与社会参与

	B	标准误差	卡方值	自由度	显著性
（截距）	- 1.296	0.125	107.810	1.000	0.000
炒股等金融理财活动	0.569	0.118	23.456	1.000	0.000
社团组织活动	0.555	0.085	42.859	1.000	0.000
上网聊天/看视频	0.475	0.077	37.951	1.000	0.000
朋友聚会聊天	0.362	0.085	18.082	1.000	0.000
老年大学或学习培训	0.327	0.102	10.343	1.000	0.001
志愿慈善活动	0.301	0.111	7.344	1.000	0.007
很少出门	0.291	0.135	4.638	1.000	0.031
兴趣娱乐活动	0.261	0.082	10.171	1.000	0.001
购物	0.229	0.086	7.162	1.000	0.007
帮助朋友或邻居做事	0.219	0.094	5.431	1.000	0.020

3. 消费安全事件与收支状况：较多收入来源和较高收支显著影响

以受访老年人遭受消费安全事件数量为因变量，老年人经济收入来源为自变量，其中由于抚恤金、低保金、其他等选项样本数量太少故排除，通过泊松回归分析发现（Omnibus 检验似然比 $\chi^2 = 100.17$，P = 0.00），老年人遭受消费安全事件与老年人不同经济收入来源有差异，其中老年人的房租、工作或劳动收入、退休金、投资买卖收入、子女接

济等经济收入，与老年人遭受消费安全事件数量存在显著差异，与老年人配偶收入、储蓄利息理财性收入等不存在显著相关。进一步分析发现，老年人的房租、工作或劳动收入、退休金、投资买卖收入四大项经济来源，是其遭受消费安全事件的最主要影响因素（见表3-28）。

表3-28　　　　受访老年人遭受消费安全事件与经济来源渠道

	B	标准误差	卡方值	自由度	显著性
（截距）	-0.986	0.106	5.866	1	0.015
房租	0.593	0.095	39.272	1	0.000
工作或劳动收入	0.558	0.088	40.271	1	0.000
退休金	0.510	0.098	27.140	1	0.000
投资买卖收入	0.435	0.125	12.130	1	0.000
子女接济	0.222	0.085	6.793	1	0.009
储蓄利息理财性收入	0.161	0.088	3.360	1	0.067
配偶贴补	0.204	0.146	1.939	1	0.164

受访老年人年度经济支出水平越高，遭受消费安全事件数量越大。数据显示，年度经济开支在1万元以下的受访老年人遭受消费安全事件数量为0.5次，1万—2万元为0.59次，2万—5万元为0.83次，5万—10万元为1.25次，10万元以上为1.54次，克鲁斯卡尔—沃利斯检验发现，老年人年度经济开支水平与遭受消费安全事件数量存在显著相关（统计量=21.19，P=0.00），也说明老年人消费金额越大其消费安全风险越大。

以受访老年人遭受消费安全事件数量为因变量，以老年人经济开支项目为自变量，通过泊松回归分析发现（Omnibus检验似然比χ^2=177.92，P=0.00），老年人开支项目不同其消费安全风险也不同，具体来看，娱乐社交、保健品、家政、旅游、学习培训、投资理财、养老消费七大项目，与遭受消费安全事件数量存在显著差异，而美容护理、商业保险、收藏品等项目没有差异。这表明，老年人更容易在学习培训、保健品、旅游、养老消费、投资理财等方面遭受消费安全事件，其中学习培训、保健品等两大领域消费安全风险更高（见表 3 - 29）。

表 3 - 29　　　　**受访老年人遭受消费安全事件与消费支出渠道**

	B	标准误差	卡方值	自由度	显著性
（截距）	- 1.003	0.086	137.300	1	0.000
学习培训	0.547	0.111	24.312	1	0.000
保健品	0.524	0.078	45.608	1	0.000
娱乐社交	0.405	0.079	26.341	1	0.000
旅游	0.390	0.078	25.245	1	0.000
养老消费	0.374	0.088	18.167	1	0.000
投资理财	0.333	0.103	10.539	1	0.001
家政	0.331	0.112	8.658	1	0.003
其他	- 0.380	0.192	3.938	1	0.047
美容护理	0.221	0.124	3.158	1	0.076
收藏品	0.291	0.184	2.518	1	0.113
商业保险	- 0.169	0.123	1.899	1	0.168

4. 消费安全事件与消费观念：时尚、发展追求与冲动心理的影响

消费意识与心理倾向是导致老年人遭受消费安全事件的重要因素。以受访老年人遭受消费安全事件数量为因变量，老年人消费体验感受、优先考虑因素、重点消费因素等 24 个变量为自变量，通过泊松回归分析发现部分变量没有显著差异，之后剔除没有显著差异的自变量，再通过泊松回归分析发现（Omnibus 检验似然比 χ^2 = 124.38，P = 0.00），老年人消费意识与心理倾向是导致消费安全事件的显著影响因素，具体来看，老年人爱好流行时尚、喜欢新颖有趣、愿意继续学习，但缺乏消费计划、盲从他人建议等容易遭受消费安全事件，从影响系数来看，求新消费心理是导致老年人遭受消费安全事件的最主要心理因素（见表 3 - 30）。

表 3 - 30　　　　　受访老年人遭受消费安全事件与消费意识

	B	标准误差	卡方值	自由度	显著性
（截距）	-0.882	0.076	133.119	1	0.000
喜欢消费新颖有趣的东西	0.483	0.083	33.669	1	0.000
愿意为能力增长才能而消费	0.437	0.095	20.946	1	0.000
优先考虑流行时尚	0.421	0.105	15.977	1	0.000
常后悔我的消费决定	0.348	0.115	9.172	1	0.002
销售人员态度	0.327	0.081	16.412	1	0.000
现场体验或展示效果	0.256	0.075	11.607	1	0.001
常买没有计划买的东西	0.224	0.101	4.954	1	0.026
朋友中的口碑	0.217	0.078	7.727	1	0.005

5. 消费安全事件与消费行为

不同消费行为的消费安全风险也有很大差异。以受访老年人遭受消费安全事件数量为因变量，老年人消费信息来源、消费场所、支付方式等 19 个变量为自变量，通过泊松回归分析发现部分变量没有显著差异，剔除没有显著差异自变量后通过泊松回归分析发现（Omnibus 检验似然比 χ^2 = 132.81，P = 0.00），可见通过旅游购物店、直营直销店、网络平台交易等最容易引发消费安全风险。容易导致消费安全事件的消费信息来源主要包括广告宣传册、微信朋友圈以及销售人员宣传讲解等（见表 3 - 31）。

表 3 - 31　　　　　受访老年人遭受消费安全事件与消费意识

	B	标准误差	卡方值	自由度	显著性
（截距）	-0.995	0.093	12.343	1	0.000
旅游购物店	0.455	0.125	13.228	1	0.000
电视电话直销	0.406	0.148	7.466	1	0.006
直营直销店	0.332	0.080	17.396	1	0.000
网络平台交易	0.314	0.076	16.923	1	0.000
广告宣传册	0.311	0.092	11.439	1	0.001
药店、银行等营业场所	0.290	0.090	10.497	1	0.001
微信朋友圈	0.284	0.086	10.759	1	0.001
销售人员宣传讲解	0.247	0.087	8.110	1	0.004

（三）不同领域老年人消费安全事件发生的相关性分析

分析发现，在保健品消费、旅游消费和金融消费三个领域，老年人消费安全的影响因素差异较大。在 961 份调查样本中，有 119 位受访老年人在保健品领域遭受过消费安全事件，有 86 位受访老年人在旅游领域遭受过消费安全事件，有 50 位受访老年人在金融消费领域遇到过消费安全事件，还有 576 位受访老年人没有遭受过保健品、旅游和金融消费领域的消费安全事件。为避免其他因素干扰，选择遭受该领域消费安全事件的老年人为观察组，没有遭受过保健品、旅游和金融消费领域消费安全事件的老年人为对照组，依次通过对比发现老年人在不同领域消费安全风险及其影响因素。

1. 不同领域消费安全事件发生的老年人基本特征

通过分析发现，老年人性别、文化程度是其遭受消费安全事件的显著因素，相对而言，女性老年人更容易在保健品领域遭受消费安全事件，而男性老年人更容易在金融消费领域遭受消费安全事件。此外，文化程度越高在保健品领域遭受消费安全事件的比例越低，但是在旅游领域遭受消费安全事件的比例越高（见表 3 - 32）。

表 3 - 32　　　**不同类型老年人遭受保健品消费安全事件的比较**　　　单位:%

		保健品	旅游	金融消费	卡方检验
性别	女	53.2	33.1	13.7	$\chi^2 = 8.33$ $P = 0.016$
	男	39.1	33.9	27.0	
年龄	61—65 岁	45.0	33.0	22.0	$\chi^2 = 4.013$ $P = 0.675$
	66—70 岁	41.0	37.2	21.8	
	71—75 岁	53.1	30.6	16.3	
	76—80 岁	57.1	32.1	10.7	

续表

		保健品	旅游	金融消费	卡方检验
文化程度	小学及以下	61.5	21.2	17.3	$\chi^2 = 12.82$ P = 0.046
	初中	52.1	26.0	21.9	
	高中/中专	37.9	44.2	17.9	
	大学	38.2	41.2	20.6	
身体状况	健康	45.6	36.0	18.4	$\chi^2 = 8.95$ P = 0.062
	一般	32.0	42.0	26.0	
	不太健康	58.2	25.3	16.5	
退休前或目前职业	机关事业单位管理人员	45.8	45.8	8.3	$\chi^2 = 17.919$ P = 0.118
	机关事业单位普通员工	45.5	40.9	13.6	
	企业管理者	34.8	47.8	17.4	
	企业员工	42.0	35.8	22.2	
	私营业主/个体户	46.7	26.7	26.7	
	无业/失业	61.5	19.2	19.2	
是否独居	非独居	46.6	34.6	18.8	$\chi^2 = 1.609$ P = 0.447
	独居	47.6	23.8	28.6	
配偶状况	无配偶	65.6	21.9	12.5	$\chi^2 = 4.999$ P = 0.082
	有配偶	44.5	35.3	20.2	

2. 不同领域消费安全事件的老年人社会参与差异

比较分析发现，在保健品与旅游领域遭遇消费安全事件的老年人，其日常生活与社会交往较为相似，喜欢参加兴趣娱乐活动、购物、朋友聚会聊天，但是在金融消费领域遭遇消费安全事件的老年人，日常生活与社会交往更喜欢参加志愿慈善活动、炒股等金融理财活动。此外，在旅游和金融消费领域遭受消费安全事件的老年人中，老年大学或学习培训、上网聊天/看视频占比更高。由此可以看出，遭受保健品与旅游领域消费安全事件的老年人，更多与同伴群体社会交往有关，而遭受金融消费领域消费安全事件的老年人，更多与有组织的社会交往有关（见表3-33）。

表3-33　　　　　不同领域消费安全风险与社会参与的比较　　　　单位:%

	保健品领域	旅游领域	金融消费领域
兴趣娱乐活动	57.1	58.1	44.0
社团组织活动	20.2	24.4	26.0
志愿慈善活动	5.9	8.1	24.0
帮助朋友邻居做事	20.2	20.9	20.0
老年大学学习培训	7.6	16.3	16.0
朋友聚会聊天	70.6	66.3	58.0
金融理财活动	5.0	7.0	22.0
购物	26.9	26.7	16.0
上网聊天/看视频	37.0	54.7	54.0
很少出门	12.6	9.3	10.0

3. 不同领域消费安全事件发生的老年人经济收支比较

通过比较发现，在保健品和旅游领域遭受消费安全事件的老年人经济支出相差不大，而在金融消费领域遭受消费安全事件的老年人经济开支显著较高，数据显示，在金融消费领域遭受消费安全事件的受访老年人中，年度经济支出在5万元以上比例为32.0%，而在保健品和旅游领域遭受消费安全事件的老年人比例仅分别为11.7%、9.4%。通过二元Logistic分析发现，遭受保健品领域消费安全事件的老年人经济来源均无显著差异，而有退休金的老年人更容易遭受旅游领域消费安全事件，有投资买卖收入的老年人更容易遭受金融消费领域消费安全风险。进一步分析发现，除日常生活消费、医疗支出外，经济支出较多于保健品、美容护理且不理财的老年人容易遭受保健品领域消费安全事件，经济开支较多于家政、旅游的老年人容易遭受旅游领域消费安全事件，而经济开支较多于学习培训、投资理财的老年人容易遭受金融消费领域消费安全事件（见表3-34）。

表 3 - 34　　　　　　不同领域消费安全风险与日常生活习惯的比较　　　　单位:%

	保健品	旅游	金融消费	未遭受消费安全事件
少于 1 万元	13.4	20.0	12.0	16.5
1 万—2 万元	30.3	30.6	30.0	38.4
2 万—5 万元	44.5	40.0	26.0	33.0
5 万—10 万元	10.9	8.2	26.0	9.9
10 万元以上	0.8	1.2	6.0	2.1

4. 不同领域消费安全事件发生的老年人消费观念与行为比较

不同老年人的消费体验、关注重点和消费影响因素有很大差异。通过二元 Logistic 分析发现,无计划消费、注重现场体验或展示效果,优先考虑产品功能以及喜欢在消费过程中交新朋友的老年人,容易在保健品领域遭受消费安全事件。不关注消费物品价格、喜欢在消费过程中交新朋友、愿意为增长才能而消费且经常后悔消费决定的老年人,容易在金融消费领域遭受消费安全事件。关注产品功能,容易受到现场体验、展示效果、朋友中的口碑、可能的财产安全风险和销售人员态度的影响,容易在旅游领域遭受消费安全事件。

对比发现,保健品和旅游领域遭受消费安全风险的老年人,都关注消费品的功能,容易受到现场体验或展示效果的影响,相对而言,保健品领域遭受消费安全事件的老年人更侧重于消费型社交,而旅游领域遭受消费安全事件的老年人容易受到外界信息的影响,金融消费领域遭受消费安全事件的老年人与保健品、旅游领域有显著不同,他们更多出现在后悔型消费、社交型消费、知识型消费等类型中。

不同的消费行为如信息获取途径、主要消费场所、网上支付等对消费安全事件的影响程度有较大差异。通过二元 Logistic 分析发现,使用微信、支付宝支付的老年人,遭受金融消费领域消费安全风险更大;听从销售人员讲解的老年人,遭受保健品领域消费安全风险更大;使用微信支付宝支付、在旅游购物店购物、听从抖音快手等短视频介绍、在正规营业场所购物的老年人遭受旅游消费安全风险更大。由此可见，喜欢传统支付方法的老年人容易在保健品领域遭受消费安全事件，喜欢微信、支付宝的移动支付的老年人容易在旅游、金融消费领域遭受消费安全事件，相对而言，在旅游领域遭受消费安全事件的老年人触网程度更深。

5. 不同领域消费安全事件的损失比较

比较发现，受访老年人遭受不同领域消费安全事件的经济损失有显著差异，数据显示，遭受旅游领域消费安全事件经济损失在 2000 元以下的比例为 71.4%，保健品领域为 43.2%，金融消费领域为 14.0%，而旅游领域经济损失在 1 万元以上的比例为 1.2%，保健品领域为 19.4%，金融消费领域为 60.0%。进一步来看，遭受消费安全事件后的经济损失的承受力，保健品领域中有 9.3% 的老年人表示不能承受，旅游领域中有 2.4% 的老年人表示不能承受，金融消费领域中有 22.0% 的老年人表示不能承受。调查也发现老年人遭受旅游领域消费安全事件后造成的经济损失相对较低，其次是保健品领域，而金融消费领域消费安全事件造成的经济损失相对较高（见表 3 - 35）。

表 3 - 35　　　　**不同领域消费安全事件的老年人经济损失比较**　　　　单位:%

	保健品	旅游	金融消费
999 元以下	17.8	33.3	2.0
1000—1999 元	25.4	38.1	12.0
2000—4999 元	22.0	21.4	14.0
5000—10000 元	15.3	6.0	12.0
1 万—2 万元	6.8	1.2	10.0
2 万—5 万元	7.6	—	14.0
5 万—10 万元	4.2	—	18.0
10 万—20 万元	—	—	10.0
20 万元以上	0.8	—	8.0

除了经济损失外，不同领域造成的消费风险影响有较大差异。比较发现，旅游领域消费安全事件造成的负面影响相对较小，保健品领域造

成的消费安全事件容易引发身体健康、家庭关系等负面影响，而金融消费领域造成的消费安全事件负面影响要比保健品、旅游领域大得多，特别容易引发老年人心理健康、人际关系、政府信任、法律信任等问题（见表3-36）。

表3-36　　不同领域消费安全事件对老年人经济损失外的影响比较　　单位:%

	保健品	旅游	金融消费
心理健康	25.4	21.4	40.0
身体健康	19.5	9.5	22.0
家庭关系	37.3	14.3	34.0
人际信任	39.0	34.5	54.0
政府信任	3.4	2.4	10.0
法律信任	3.4	3.6	14.0
品牌信任	26.3	19.0	22.0
消费信心	66.9	67.9	58.0
其他	1.7	10.7	—

6. 不同领域消费安全事件发生的老年人应对比较

相比保健品、旅游等领域的老年人应对措施，老年人应对金融消费领域消费安全事件渠道更多的是"向政府部门提起仲裁或向法院提起诉讼""找律师咨询"等正规法律程序，也反映出老年人应对受到损失程度的影响，较高损失的老年人会采取积极应对措施。而老年人在保健品、旅游领域更多"什么也没有做"。整体来看，由于金融消费领域对老年人造成的经济损失较大，愿意采取正规的法律渠道应对解决，但是在保健品、旅游领域，老年人遭受消费安全事件后更多的是"自认倒霉"，有些老年人甚至不愿意和家人朋友提起消费安全事件遭遇。实地调查过程中也发现，有些老年人回答是否投资理财及购买保健品时态度闪烁其词，一会儿说经常买，一会儿又改口说偶尔购买或从不购买，甚至破口大骂投资理财、保健品都是骗人的东西（见表3-37）。

表 3 - 37　　　　**不同领域消费安全事件的老年人应对措施比较**　　　单位：%

	保健品	旅游	金融消费
向政府部门提起仲裁或向法院提起诉讼	5.1	1.2	30.0
向消协 12315 投诉	20.3	8.3	20.0
向消费者公益网络平台（如黑猫）投诉	4.2	6.0	8.0
向报纸媒体投诉曝光	4.2	2.4	6.0
通过互联网媒体发表自己遭遇	1.7	4.8	2.0
与商家直接交涉	38.1	42.9	32.0
找律师咨询	1.7	1.2	16.0
什么也没做	53.4	53.6	36.0

（四）易于发生消费安全事件的老年人画像

通过调查数据分析发现，老年人个体状况与消费安全事件发生的关系具体体现在以下方面。

1. 年龄、健康导致老年人易于暴露消费安全风险场域，是引发老年人消费安全事件的主要因素。由于老年人年龄增长，身体机能不断下降，消费识别、防范与应对能力随着年龄增加不断降低，遭遇消费安全风险增加。

2. 消费安全事件发生给老年人造成不同程度的损失。大部分老年人损失在 1 万元以下，基本可承受。也有老年人经济损失超过 10 万元，甚至超过 20 万元，这些一般是金融消费者。消费安全事件给部分老年人造成了不能承受的经济损失，也损害了老年人自己的人际、家庭关系和身心健康，对消费信心、品牌等造成了较大负面影响，因此说老年人消费安全问题无论是对老年人还是市场造成了"双输"的结果，虽然一些不良的营销造成了老年人损失，得到短期的利益，但长远看来，却失去了老年人的信任。有四成老年人发生消费安全事件后消极应对消费安全事件，对维权效果的信心不足、能力缺乏和社会支持不足是其中的主要原因。

3. 老年人社会参与也即社会交往过程充满了消费安全风险。其中炒股理财、社团活动、上网聊天看视频等消费安全风险更大。随着老年人脱离了工作岗位，老年人的社会关系网更为简单，消费型社交一定程度上满足了老年人的情感需求，但也伴随着更多消费潜在风险，老年人容易在社会交往中因群体同伴压力而消费，造成老年人消费安全事件发生的"群体性"特征。

4. 房租、工作劳动收入、退休金、投资买卖等收入来源的多样性为老年人消费提供了足够的资金来源，同时老年人收入管理的自我支配，增加了老年人经济的自主性，而老年人消费支出金额越大，消费安全风险越大，成为诱发老年人消费安全的显著因素。随着家庭结构变化，家庭规模小型化愈趋明显，老年人更多与子女经济相互独立，但伴随着老年人支配资产能力下降，资产安全风险尤其突出。

5. 保健品、旅游、投资理财（包括养老项目投资）、学习培训等是老年人消费安全事件发生的主要领域，其中保健品、学习培训领域消费安全风险最高，投资理财损失巨大。同时由于老年人养生与健康需求不断提升，保健品领域比较集中于"退货"的要求不能满足，健康产品市场不规范，特别是营销过程中的组织性及营销过程的虚假性，与老年人应对的个体性特征，使老年人防不胜防；"强迫消费"是旅游消费中最主要的消费安全事件，对老年人的经济、身心健康造成了极大的损害；金融消费领域的消费安全问题除了一般的夸大虚假宣传，不能兑现承诺外，更大部分涉嫌金融诈骗。

6. 爱好流行时尚、喜欢新颖有趣并且愿意继续学习的老年人容易遭受消费安全事件，通过旅游购物店、直营直销方式、网络平台交易等方式的消费安全风险显著增加。求新求变的消费方式本身充满风险挑战，特别是对于识别、防范、应对消费风险能力下降的老年人，面对社交性消费、互联网消费等新型消费形态，其中的消费安全风险尤其突出。

7. 老年人对自我遭遇消费安全事件与他人遭受安全事件的数量差异较大，反映出老年人消费安全事件发生远比调研数据更为严重，主要原因在于家人指责、漠不关心、容忍的态度，使老年人不愿意自己的消费安全事件公之于众。

四　老年人消费与社会支持

社会支持是老年人消费安全的重要中介变量，也是本书的重点内容。研究对于老年人消费支持来源划分为家庭支持、亲友支持、消费同伴支持、营销人员支持以及社区人员支持五种类型，其中家庭支持区分为配偶和子女的支持，消费伙伴指仅仅因消费而结识并建立一定关系的人。社会支持的具体内容分为物质性支持、工具性支持和情感性支持三种类型，其中物质性支持主要指资金支持以及提供建议、经验分享、信息提供等信息支持，工具性支持主要指消费计划拟订、帮助解决遭遇问题等，情感性支持主要指消费过程中理解、肯定、陪伴与安慰等。本书分别从老年人消费过程及社会支持主体两个方面，深入阐释老年人消费的社会支持情况及不同主体的社会支持形态。

（一）老年人消费社会支持内容及其差异

在消费过程中，老年人从配偶、子女等家庭成员中获得物质性、情感性和工具性等全面支持，从亲戚朋友、消费伙伴主要获取信息性支持，而社区支持基本缺乏。老年人消费的社会支持网络存在诸多缺陷与不足，成为消费安全事件得以发生的重要原因。

1. 老年人消费信息社会支持

调查显示，受访老年人分享消费经验的社会关系主要来源于配偶、子女、亲戚朋友，所占比例分别为51.8%、45.8%和45.6%，而老年人从营销人员和社区人员获得消费经验的比例很低，分别仅为7.1%、1.6%，还有9.2%的受访者没有获得经验分享的途径。另外，从受访老年人获得商品信息渠道来看，主要来源包括配偶、子女、亲戚朋友、消费同伴、营销人员等，还有9.1%的受访者没有商品信息获取渠道，可见受访者老年人获得商品信息渠道总体较为广泛，家庭关系网、社会关系网和市场关系网，组成了受访老年人消费知识获得的社会支持网（见表3-38）。

表3－38 　　　　　　　　受访老年人消费知识获得阶段的社会支持　　　　　　　单位:%

	关心消费状况	分享消费经验	提供商品信息
配偶	57.6	51.8	32.2
子女	60.0	45.8	35.8
亲戚朋友	11.4	45.6	35.6
消费同伴	5.0	26.6	26.7
营销人员	1.2	7.1	33.3
社区人员	0.4	1.6	4.9
无人	12.7	9.2	9.1

研究发现，受访老年人中配偶、子女最关心其消费状况。数据显示，在子女不关心老年人消费状况的调查样本中，身体不太健康的老年人比例为22.8%，而在子女关心老年人消费状况的调查样本中，身体不太健康的老年人比例为30.7%，卡方检验发现老年人身体状况越差，子女关心其消费状况比例越高（$\chi^2 = 20.03$，P = 0.00）。但是，大多数老年人很少与子女交流消费方面的话题，数据显示只有24.9%的受访老年人表示会经常与子女交流消费方面的话题，偶尔或基本不与子女交流消费方面话题的受访老年人比例为70.5%，还有4.5%的受访老年人与子女联系少或自己独自一人。

不同类型老年人获取消费经验的社会关系结构有所不同。卡方检验发现，女性更愿意与配偶分享消费经验（$\chi^2 = 4.52$，P = 0.03），子女更愿意与母亲分享消费经验（$\chi^2 = 4.38$，P = 0.036）；父母年龄越大，子女更愿意与其分享消费经验（$\chi^2 = 10.3$，P = 0.02）；老年人文化程度越低，亲戚朋友更愿意与其分享消费经验（$\chi^2 = 8.92$，P = 0.03）；老年人身体状况越差，消费伙伴更愿意与其分享消费经验（$\chi^2 = 12.9$，P = 0.00）。可见，老年人消费经验获得具有"代际反哺"的特征，随着老年人年龄增大，越来越依靠子女的代际补偿，而文化程度低、身体状况差的老年人更倾向于同伴群体交流分享。

不同老年人消费信息获取渠道主要与其文化程度与健康状况有关，与年龄和性别因素差别不大。调查发现，不愿意接受营销人员提供商品相关信息的老年人中，小学及以下受访者比例为 27.4%、初中为 29.3%、高中为 29.6%，而愿意接受营销人员提供商品相关信息的老年人中，分别为 19.9%、24.4%、39.9%，而接受大学教育的老年人中，愿意与不愿意接受营销人员提供商品相关信息的老年人比例相差不大，比例分别为 15.8%、13.6%，可见大学文化程度以下的老年人，文化程度越高越容易接受营销人员提供的商品信息，呈现出倒 U 形的状态。此外，数据显示，愿意接受营销人员提供的商品信息的老年人中，身体健康的老年人所占比例为 39.9%，身体基本健康的比例为 21.1%，身体不太健康的比例为 39.0%，而不愿意接受营销人员提供的商品信息的老年人中，所占比例分别为 57.6%、20.5%、21.8%，卡方检验发现两者呈显著相关（$\chi^2 = 40.12$，P = 0.00），可见身体健康越差的老年人越容易接受营销人员提供的商品信息。

2. 老年人消费行为社会支持

受访老年人的消费行为社会支持主要来源于家庭内部。数据显示，配偶、子女在关心受访老年人的消费状况、拟订消费计划、提供资金支持、顺从消费决策的比例最高，其次为亲戚朋友，而消费同伴、营销人员、社区人员所占比例非常小，值得注意的是，还有部分受访老年人无人关心其消费状况（12.7%）、拟订消费计划（34.1%）、提供资金支持（19.4%）（见表 3 – 39）。

表 3 – 39　　　　受访老年人消费行为发生阶段的社会支持　　　　单位:%

	拟订消费计划	提供资金支持	顺从消费决策
配偶	49.1	39.2	39.2
子女	29.2	63.3	34.2
亲戚朋友	6.1	9.2	4.1
消费同伴	3.5	1.9	—
营销人员	1.0	—	—
社区人员	0.1	—	—
无人	34.1	19.4	—

消费计划是指一个家庭在较长的时间内，统一管理家庭收入，并对日常消费和长期性消费支出做出具体的计划安排。① 消费计划是基于家庭经济基础与需求关于个人或家庭的支持、购买以及消费的重要安排。分析发现，和配偶共同制订消费计划的受访老年人中，男性比例为53.1%、女性为46.9%；不和配偶共同制订消费计划的受访老年人中，男性比例为45.2%、女性为54.8%，比较发现男性老年人和配偶共同制订消费计划的比例更高，卡方检验发现两者存在显著差异（$\chi^2 = 5.86$，P = 0.02）；和子女共同制订消费计划的受访老年人中，女性比例为56.6%，男性比例为43.4%；不和子女共同制订消费计划的受访老年人中，女性比例为48.5%，男性比例为51.5%，比较发现女性老年人更愿意和子女共同制订消费计划（$\chi^2 = 5.16$，P = 0.02）。可以看出，大多数女性主导了老年人家庭的消费计划，女性老年人制订消费计划过程中也会征询子女的意见。同时，大学文化程度以下的老年人中，文化程度越高，与配偶、子女共同制订消费计划的比例越高，身体状况越差的老年人与配偶、子女共同制订消费计划的比例越高。

　　3. 老年人消费安全事件应对的社会支持

　　子女是应对老年人消费安全事件的核心主体。数据显示，老年人遭遇消费安全事件后，子女陪伴安慰（54.8%）、提供建议（56.2%）、协助解决（52.7%）的比例最高，其次为配偶，所占比例为54.2%、34.2%、28.5%，亲戚朋友也是老年人应对消费安全事件的重要力量，所占比例分别为19.6%、20.5%、15.6%，而消费同伴、营销人员、社区人员在应对老年人消费安全事件时作用总体不大，但还有超过20%的受访者无人陪伴安慰、提供建议与协助解决（见表3-40）。

　　家庭支持直接影响着老年人的消费安全，这和老年人家庭关系及处理消费问题的态度和方法有关。调查显示，有过半受访者（53.8%）家庭处理消费相关问题时会共同商量再做决定，有36%的自己单独做决定，也有7.8%会需要其他关系的介入，主要包括亲戚说和（6.0%）和

　　① 罗子明：《消费者心理学》（第二版），清华大学出版社2002年版，第205页。

向专业人士求助（1.8%），也有1.8%的受访者家庭会因消费问题争吵，无法达成共识。可见，约半数受访老年人会共同商量解决家庭消费问题，但是还有超过1/3需要老年人单独做决定，这极大可能造成消费安全风险隐患。

表3-40　　　　　受访老年人消费安全应对阶段的社会支持　　　　单位：%

	陪伴安慰	提供建议	协助解决
配偶	54.2	34.2	28.5
子女	54.8	56.2	52.7
亲戚朋友	19.6	20.5	15.6
消费同伴	8.5	11.8	9.1
营销人员	0.8	1.6	3.7
社区人员	1.2	3.0	3.2
无人	20.1	22.9	28.9

（二）老年人消费社会支持主体及其差异

为更清楚地发现老年人消费过程中不同支持主体发挥的作用，分别观察老年人的配偶、子女、亲戚朋友、消费伙伴、营销人员、社会人员等消费支持主体。

1. 老年人消费的配偶支持及其差异

分析发现，受访老年人的配偶对其消费支持作用不够充分，只有57.6%的受访老年人的配偶会关心其消费状况，54.2%的受访老年人遇到消费问题时配偶会给予陪伴和安慰，51.8%的受访老年人表示其配偶会分享消费经验，但是只有34.2%的受访老年人表示出现消费问题和困扰时配偶会给予建议，28.5%的受访老年人表示其配偶会帮助投诉或与商家协商解决问题。从受访老年人的性别差异来看，与配偶分享消费经验、一起拟订消费计划、遇到消费问题时给予陪伴安慰具有显著差异，也表明女性在家庭消费过程中更具有支配地位（见表3-41）。

表 3-41 配偶对老年人消费的支持情况 单位:%

	总体百分比	受访男性老年人	受访女性老年人	卡方检验
分享消费经验	51.8	55.4	48.6	$\chi^2 = 4.522$, P = 0.033
提供商品相关信息	32.2	34.5	30.2	$\chi^2 = 2.012$, P = 0.156
一起拟订消费计划	49.1	53.3	45.5	$\chi^2 = 5.863$, P = 0.016
关心消费状况	57.6	61.0	54.9	$\chi^2 = 3.575$, P = 0.059
顺从消费决定	39.2	41.8	37.0	$\chi^2 = 2.260$, P = 0.133
遇到消费问题时给予陪伴和安慰	54.2	58.0	50.2	$\chi^2 = 5.831$, P = 0.016
帮您投诉或与商家协商解决问题	28.5	30.7	26.5	$\chi^2 = 2.024$, P = 0.155
出现消费问题和困扰时给您建议	34.2	35.2	33.5	$\chi^2 = 0.285$, P = 0.593
提供消费的资金支持	39.2	38.6	39.9	$\chi^2 = 0.176$, P = 0.675

不同性别老年人其配偶的消费支持存在显著差异。以老年人性别为因变量,以九类老年人子女消费支持为自变量,通过二元 Logistic 回归模型逐步向前有条件选择自变量,分析发现,配偶仅与老年人共同拟订消费计划存在显著差异,数据显示,在与配偶共同拟订消费计划的受访老年人中,受访女性老年人比例为 46.9%,受访男性老年人比例为 53.1%,可见,男性老年人更愿意与其配偶共同制订消费计划,而女性老年人更多单独拟订消费计划,也表明女性老年人在与其配偶的消费过程中占据更多的支配权(见表 3-42)。

表 3-42 不同性别老年人配偶消费支持的二元 Logistic 回归模型

		B	标准误差	wald	自由度	显著性	Exp(B)	Omnibus检验	-2 对数似然值
模型 1	共同拟订消费计划	0.314	0.130	5.845	1	0.016	1.369	$\chi^2 = 5.863$ P = 0.015	1317.746
	常量	-0.191	0.091	4.359	1	0.037	0.826		

不同年龄老年人其配偶的消费支持也存在差异。以老年人年龄为因变量,以九类老年人配偶的消费支持为自变量,通过有序 Logistic 回归模型发现,模型通过了平行线检验(-2 对数似然 $=1002.326$, $\chi^2 = 17.506$, $P = 0.489$),但是模型拟合没有呈现显著性检验(-2 对数似然 $=1019.832$, $\chi^2 = 13.964$, $P = 0.124$)。为此,卡方检验发现,只有配偶为老年人提供消费资金支持无显著差异($\chi^2 = 8.339$, $P = 0.040$),深入分析发现,只有配偶为女性老年人提供消费资金支持存在显著性差异($\chi^2 = 7.786$, $P = 0.05$),而配偶为男性老年人提供消费资金支持无显著性差异($\chi^2 = 4.799$, $P = 0.187$),从而表明女性老年人获得配偶提供的消费资金,要显著多于男性老年人获得配偶提供的消费资金。

2. 老年人消费的子女支持及其差异

子女在老年人消费过程中发挥较大支持作用。数据显示,超过半数的受访老年人表示,子女关心其消费状况(60.0%),遇到消费问题时给予陪伴安慰(54.8%),出现消费问题和困扰时给予建议(56.2%),以及提供消费资金支持(63.3%)。比较发现,女性老年人更愿意与子女分享消费经验,共同制订消费计划。相对而言,子女在老年人消费之前、中间两个阶段作用不够突出,而在消费问题发生之后其子女发挥作用尤其明显(见表3-43)。

表3-43 **子女对老年人消费安全的支持情况** 单位:%

	总体百分比	受访男性老年人	受访女性老年人	卡方检验
分享消费经验	45.8	42.4	49.2	$\chi^2 = 4.375$, $P = 0.036$
提供商品相关信息	35.8	32.8	38.5	$\chi^2 = 3.309$, $P = 0.069$
一起拟订消费计划	29.2	26.0	32.7	$\chi^2 = 5.164$, $P = 0.023$
关心消费状况	60.0	60.1	60.3	$\chi^2 = 0.003$, $P = 0.960$
顺从消费决定	34.2	34.3	34.2	$\chi^2 = 0.003$, $P = 0.955$
遇到消费问题时陪伴和安慰	54.8	53.1	56.6	$\chi^2 = 1.176$, $P = 0.278$
帮您投诉或与商家协商解决问题	52.7	51.4	53.9	$\chi^2 = 0.610$, $P = 0.435$
出现消费问题和困扰时给您建议	56.2	54.6	57.4	$\chi^2 = 0.772$, $P = 0.380$
提供消费的资金支持	63.3	63.1	63.2	$\chi^2 = 0.001$, $P = 0.986$

不同性别老年人其子女消费支持存在显著差异。以老年人性别为因变量，以九类老年人子女消费支持为自变量，通过二元 Logistic 回归模型逐步向前有条件选择自变量，分析发现，子女仅与老年人共同拟订消费计划存在显著差异，数据显示，在女性受访老年人中，子女与其共同拟订消费计划的比例为 32.7%，而男性老年人的比例仅为 26.0%，表明更多子女会与其母亲共同拟订消费计划（见表 3 - 44）。

表 3 - 44　　不同性别老年人子女消费支持的二元 Logistic 回归模型

		B	标准误差	wald	自由度	显著性	Exp（B）	Omnibus 检验	- 2 对数似然值
模型 1	共同拟订消费计划	- 0.324	0.143	5.147	1	0.023	0.723	$\chi^2 = 5.177$ $P = 0.023$	1318.431
	常量	0.059	0.077	0.593	1	0.441	1.061		

不同年龄老年人的子女消费支持有所不同。以老年人年龄为因变量，以九类老年人子女消费支持为自变量，有序 Logistic 回归模型平行线检验通过（- 2 对数似然 = 1013.736，$\chi^2 = 15.077$，P = 0.657），模型拟合度较好（Cox-Snell 的 $R^2 = 0.028$），分析发现子女为老年人提供消费资金支持存在显著差异，数据显示，61—65 岁老年人中子女提供消费资金支持比例为 57.3%，66—70 岁的比例为 60.1%，71—75 岁的比例为 73.9%，76—80 岁的比例为 75.9%，表明随着老年人年龄增加，其子女提供消费资金支持比例也不断增多（见表 3 - 45）。

表 3 - 45　　不同年龄老年人日常社会生活的有序 Logistic 回归

	B	标准误差	wald	自由度	显著性
分享消费经验	- 0.204	0.145	1.973	1	0.160
提供商品相关信息	- 0.031	0.144	0.047	1	0.828
共同拟订消费计划	- 0.043	0.151	0.080	1	0.777
关心消费状况	- 0.107	0.148	0.527	1	0.468

续表

	B	标准误差	wald	自由度	显著性
顺从消费决策	-0.015	0.139	0.011	1	0.915
遇到消费问题时给予陪伴安慰	0.140	0.161	0.758	1	0.384
帮助投诉或与商家协商解决问题	0.218	0.176	1.527	1	0.217
出现消费问题和困扰时给予建议	-0.055	0.174	0.100	1	0.751
提供消费资金支持	-0.586	0.153	14.709	1	0.000

3. 老年人消费的亲戚朋友支持及其差异

数据显示，45.6%的亲戚朋友为老年人分享消费经验，35.6%提供商品相关信息，表明亲戚朋友在老年人消费之前发挥了重要作用，但是在共同拟订消费计划、提供消费资金支持、顺从消费决策等方面提供支持比例较低，而消费之后的陪伴安慰（19.6%）、帮助投诉与解决（15.6%）、给予应对建议（20.5%），亲戚朋友提供了一定程度的消费支持。整体来看，亲戚朋友在老年人消费之前阶段支持作用明显，其次是消费之后社会支持作用较为明显，消费中间的社会支持作用总体偏弱（见表3-46）。

表3-46   受访老年人消费过程中的亲戚朋友支持

	频率（人）	百分比（%）
分享消费经验	438	45.6
提供商品相关信息	342	35.6
共同拟订消费计划	59	6.1
关心消费状况	110	11.4
顺从消费决策	39	4.1
遇到消费问题时给予陪伴安慰	188	19.6
帮助投诉或与商家协商解决问题	150	15.6
出现消费问题和困扰时给予建议	197	20.5
提供消费资金支持	88	9.2

以老年人性别为因变量，以九类老年人消费伙伴的支持为自变量，通过二元 Logistic 回归模型逐步向前有条件选择自变量，发现没有自变量进入回归模型，表明不同性别的老年人其亲戚朋友的消费支持没有显著差异。以老年人年龄为因变量，以九类老年人亲戚朋友消费支持为自变量，有序 Logistic 回归模型拟合没有通过显著性检验（ -2 对数似然 = 624.811，$\chi^2 = 6.003$，自由度 = 9，P = 0.740），表明不同年龄的老年人其亲戚朋友的消费支持没有显著差异。综合来看，不同性别、年龄的老年人其亲戚朋友的消费支持都不存在显著差异。

4. 老年人消费同伴支持及其差异

数据显示，消费伙伴对老年人消费支持主要体现在消费之前分享消费经验（26.6%）、提供商品相关信息（26.7%）等方面，以及消费之后给予建议、陪伴和解决问题，而消费伙伴在老年人消费中间阶段没有发挥更大作用（见表3 - 47）。

表3 - 47　　　　　　受访老年人消费过程中的消费伙伴支持

	频率（人）	百分比（%）
分享消费经验	256	26.6
提供商品相关信息	257	26.7
共同拟订消费计划	34	3.5
关心消费状况	48	5.0
顺从消费决策	7	0.7
遇到消费问题时给予陪伴安慰	82	8.5
帮助投诉或与商家协商解决问题	87	9.1
出现消费问题和困扰时给予建议	113	11.8
提供消费资金支持	18	1.9

以老年人性别为因变量，以九类老年人消费伙伴的支持为自变量，通过建立二元 Logistic 回归模型，逐步向前有条件选择自变量，发现没有自变量进入回归模型，也表明不同性别的老年人消费伙伴的社会支持没

有显著差异。通过有序 Logistic 回归分析发现，不同年龄老年人消费伙伴的社会支持也没有明显差异。以老年人文化程度为因变量，以八类老年人消费伙伴社会支持为自变量（排除顺从消费决策的社会支持），通过建立有序 Logistic 回归模型，平行线检验没有显著差异（-2 对数似然 $=381.017$，$\chi^2 = 25.248$，$P = 0.066$），模型拟合度较好（-2 对数似然 $=406.265$，$\chi^2 = 28.978$，$df = 8$，$P = 0.000$，Cox-Snell 统计值 $R^2 = 0.030$），分析发现不同文化程度老年人消费伙伴提供的社会支持有很大差异，数据显示，21.4% 的小学及以下老年人可以获得消费伙伴分享的消费经验，初中文化程度的老年人比例为 28.4%，高中/中专文化程度的老年人比例为 30.8%，大学文化程度的老年人比例为 22.6%，可以看出文化程度小学及以下、大学以上的老年人难以获得消费伙伴分享的消费经验，但是初中、高中及中专文化程度老年人获得消费伙伴分享经验的比例更高，在老年人出现消费问题和困扰时给予建议时也是同理，也说明初中、高中及中专文化程度的老年人更容易"扎堆"消费（见表 3-48）。

表 3-48　　　不同年龄老年人日常社会生活的有序 Logistic 回归

	B	标准误差	wald	自由度	显著性
分享消费经验	-0.004	0.158	0.001	1	0.982
提供商品相关信息	-0.195	0.158	1.528	1	0.216
共同拟订消费计划	0.378	0.334	1.275	1	0.259
关心消费状况	-0.201	0.284	0.502	1	0.479
遇到消费问题时给予陪伴安慰	-1.219	0.257	22.473	1	0.000
帮助投诉或与商家协商解决问题	0.418	0.249	2.820	1	0.093
出现消费问题和困扰时给予建议	-0.045	0.220	0.042	1	0.837
提供消费资金支持	1.136	0.480	5.603	1	0.018

5. 老年人消费的营销人员支持及其差异

数据显示，老年人获得市场营销人员的消费支持主要为其提供的商品相关信息，所占比例为 33.3%，而老年人能够从营销人员获得的其他消费支持很少。交叉分析发现，不同性别老年人获得营销人员消费信息没有显著差异，不同年龄老年人获得营销人员消费信息也没有显著差异，但是不同文化程度老年人获得营销人员消费信息有明显差异，其中小学及以下的老年人比例为 26.5%，初中为 29.2%，高中及中专为 40.0%，大学为 36.5%，卡方检验发现两者呈现显著相关（$\chi^2 = 14.049$，P = 0.003）。此外，身体健康状况不同老年人获得营销人员提供的消费信息也有显著差异，其中身体非常健康老年人的比例为 16.1%，比较健康的老年人比例为 27.7%，身体状况一般的老年人比例为 33.8%，身体不太健康的老年人比例为 47.1%，卡方检验发现两者呈现显著相关（$\chi^2 = 40.123$，P = 0.000），可见身体健康状况越差、文化程度越高的老年人，越容易接受营销人员提供的商品信息（见表 3-49）。

表 3-49　　　　　　　受访老年人消费过程中的营销人员支持

	频率（人）	百分比（%）
分享消费经验	68	7.1
提供商品相关信息	320	33.3
共同拟订消费计划	10	1.0
关心消费状况	12	1.2
顺从消费决策	3	0.3
遇到消费问题时给予陪伴安慰	8	0.8
帮助投诉或与商家协商解决问题	36	3.7
出现消费问题和困扰时给予建议	15	1.6
提供消费资金支持	—	—

6. 老年人消费的社区人员支持及其差异

老年人很难从社区人员获得相关的消费支持服务。社区对老年人消费整体支持作用有限，数据显示，社区人员与老年人分享消费经验（1.6%）、提供商品信息（0.1%）、协助解决问题（3.2%）、给予应对建议（3.0%）等比例总体较低，表明社区提供的消费安全公共服务基本上还是空白，社区中也没有能够为老年人提供消费安全支持的服务主体，老年人也难以从社区中获得消费安全支持力量（见表3－50）。

表3－50　　　　　受访老年人消费过程中的社区人员支持

	频率（人）	百分比（%）
分享消费经验	15	1.6
提供商品相关信息	47	4.9
共同拟订消费计划	1	0.1
关心消费状况	4	0.4
顺从消费决策	—	—
遇到消费问题时给予陪伴安慰	12	1.2
帮助投诉或与商家协商解决问题	31	3.2
出现消费问题和困扰时给予建议	29	3.0
提供消费资金支持	—	—

7. 无法获得消费支持的老年人及其差异

数据显示，在消费之前，有9.2%的老年人无法获得他人消费经验，有9.1%的老年人无法获得商品信息，还有12.7%的老年人无人关注其消费状况。在消费中间阶段，有34.1%的老年人无人协助制订消费计划，在消费之后，有20.1%的老年人在遇到消费事件时无法给予陪伴安慰，有28.9%的老年人无法帮忙协助解决问题，有22.9%的老年人出现消费问题和困扰时无人给予建议，可见有部分老年人在消费之前、中间及之后阶段都无法获得消费支持（见表3－51）。

以老年人性别为因变量，以老年人无法获得的消费支持为自变量，通过建立二元Logistic回归模型，逐步向前有条件选择自变量，发现没有自变量进入回归模型，也表明无法获得消费支持的不同性别老年人没有显著差异。交叉分析发现，老年人年龄越大其获得消费资金支持的可能性越低，数据显示，61—65岁老年人中无法获得消费资金支持的老年人比例为 21.4%，66—70 岁为 22.5%，71—75 岁为 14.8%，76—80 岁为 11.5%，卡方检验发现存在显著差异（$\chi^2 = 8.902$，P $= 0.031$）。

表 3 – 51　　　　　　　　无法获得消费支持的受访老年人

	频率（人）	百分比（%）
分享消费经验	88	9.2
提供商品相关信息	87	9.1
共同拟订消费计划	328	34.1
关心消费状况	122	12.7
顺从消费决策	—	—
遇到消费问题时给予陪伴安慰	193	20.1
帮助投诉或与商家协商解决问题	278	28.9
出现消费问题和困扰时给予建议	220	22.9
提供消费资金支持	186	19.4

（三）老年人消费社会支持特征：对家庭支持的主要依赖

1. 老年人消费行为决策主要依赖其配偶与子女。数据显示，老年人购买保健品、投资理财和养老投资等时，首先是与配偶、子女商量。对老年人消费决策影响较大的也是其配偶和子女。不同类型老年人购买保健品、投资理财和养老投资等时，提供社会支持的对象存在显著差异。男性老年人更愿意与配偶商量；老年人年龄越大越愿意与子女商量消费相关话题，也更容易听从营销人员建议；老年人文化程度越高，越愿意与配偶共同商议消费问题，较少听从营销人员建议；身体健康状况越差，越会听从子女和营销人员建议。总体来看，老年人年龄越大、文化程度越低、身体状况越差，越不会听从配偶消费建议，更多采纳子女、营销人员的消费建议。

2. 老年人消费安全应对主要依赖其配偶与子女。家庭是老年人消费安全应对的重要支持力量。一方面，家庭支持体现在情绪安慰与安全陪伴上，当面临消费安全事件之后，受访老年人主要向自己子女、老伴倾诉自己的遭遇。另一方面，家庭支持体现在消费安全应对上，家人会帮助老年人维权，提供资金支持以弥补损失，会联系专业人士以帮助解决问题，但是也有家人劝说老年人忍受或置之不理，更有一些家人会指责老人乱买东西，这些负向消极的家庭支持态度往往导致老年人伤害更大。而老年人面临消费安全事件之后，更希望家庭给予有力的正面支持，大部分老人希望家人能够帮助自己维权，能联系专业人士帮助自己，更希望家人不要有指责的态度，也有老人希望不要再提这些事情。

3. 家庭之外的老年人消费支持整体较为薄弱。老年人购买保健品、投资理财和养老投资时，只有少数老年人会受到营销人员、消费伙伴、亲朋好友的支持。消费安全事件发生之后，只有少数老年人会向亲朋好友、消费伙伴、营销人员寻求支持。也有部分老年人在消费过程难以获得任何情感、陪伴以及有效有用的实际支持。特别是老年人很难从社区获得消费支持服务，老年人消费安全服务进入社区的制度体系还没有建立。

五　老年人消费安全风险与社会支持分析

为进一步探索老年人消费安全事件的发生与各种社会支持的关系，研究以老年人消费安全事件为因变量，对各种社会支持主体为自变量进行分析，探讨老年人消费风险、安全与社会支持的关系。

（一）家庭支持与老年人消费安全风险

通过配偶和子女支持，考察老年人消费风险与安全的家庭支持的关系。

1. 配偶支持与老年人消费安全风险

进一步分析发现配偶在老年人消费支持中的作用，以受访老年人遭受消费安全事件为因变量，老年人配偶不同的消费支持为自变量，通过

Poisson 回归分析发现，老年人配偶与其分享消费经验、提供商品信息、关心消费状况，会显著降低老年人遭受消费安全事件数量，而其与配偶一起拟订消费计划、提供消费资金支持会显著增加其遭受消费安全事件数量（见表 3-52）。

表 3-52　　　　配偶对老年人消费支持的 Poisson 回归分析

	系数	标准误差	wald 卡方	自由度	P 值
分享消费经验	-0.501	0.1126	19.792	1	0.000
提供商品相关信息	-0.426	0.1004	18.042	1	0.000
一起拟订消费计划	0.231	0.0894	6.690	1	0.010
关心消费状况	-0.295	0.0897	10.787	1	0.001
顺从消费决定	0.434	0.0877	24.475	1	0.000
遇到消费问题时陪伴和安慰	0.168	0.0974	2.957	1	0.086
帮您投诉或与商家协商解决问题	0.035	0.1104	0.100	1	0.752
出现消费问题和困扰时给您建议	-0.176	0.1064	2.743	1	0.098
提供消费的资金支持	0.255	0.0908	7.894	1	0.005
拟合优度：离差值 = 1538.231，df = 951，统计值 = 1.617					
Omnibus 检验：似然比卡方 χ^2 = 155.361，df = 10，P = 0.000					

以受访老年人遭受消费安全事件为因变量，老年人配偶消费支持为自变量，通过不同性别老年人的 Poisson 回归分析发现，配偶与男性老年人分享消费经验、提供商品信息、关心消费状况有助于减少其遭受消费安全事件数量，而与男性老年人一起拟订消费计划、顺从消费决定时会增加其遭受消费安全事件数量（见表 3-53）。

而对女性老年人而言，配偶分享消费经验会减少其遭受消费安全事件数量，而顺从消费决定，遇到消费问题时给予陪伴安慰反而会增加消费安全事件数量（见表 3-54）。

表 3 – 53 　　　　**配偶对男性老年人消费支持的 Poisson 回归分析**

	系数	标准误差	wald 卡方	自由度	P 值	模型检验
分享消费经验	− 0. 518	0. 1615	10. 286	1	0. 001	
提供商品相关信息	− 0. 656	0. 1431	21. 018	1	0. 000	
一起拟订消费计划	0. 448	0. 1281	12. 218	1	0. 000	
关心消费状况	− 0. 344	0. 1269	7. 364	1	0. 007	拟合优度：离差值 = 745. 264 df = 459 统计值 = 1. 624
顺从消费决定	0. 452	0. 1254	13. 004	1	0. 000	
遇到消费问题时陪伴和安慰	0. 034	0. 1405	0. 059	1	0. 808	Omnibus 检验：似然比卡方 χ^2 = 104. 734, df = 10 P = 0. 000
帮您投诉或与商家协商解决问题	0. 058	0. 1536	0. 143	1	0. 705	
出现消费问题和困扰时给您建议	− 0. 089	0. 1519	0. 341	1	0. 559	
提供消费的资金支持	0. 238	0. 1345	3. 139	1	0. 076	

表 3 – 54 　　　　**配偶对女性老年人消费支持的 Poisson 回归分析**

	系数	标准误差	wald 卡方	自由度	P 值	模型检验
分享消费经验	− 0. 481	0. 1623	8. 803	1	0. 003	
提供商品相关信息	− 0. 195	0. 1440	1. 836	1	0. 175	
一起拟订消费计划	0. 011	0. 1283	0. 008	1	0. 929	
关心消费状况	− 0. 252	0. 1303	3. 752	1	0. 053	拟合优度：离差值 = 773. 698 df = 476 统计值 = 1. 625
顺从消费决定	0. 376	0. 1245	9. 115	1	0. 003	
遇到消费问题时陪伴和安慰	0. 349	0. 1373	6. 466	1	0. 011	Omnibus 检验：似然比卡方 χ^2 = 61. 124, df = 10 P = 0. 000
帮您投诉或与商家协商解决问题	− 0. 005	0. 1591	0. 001	1	0. 975	
出现消费问题和困扰时给您建议	− 0. 251	0. 1525	2. 713	1	0. 100	
提供消费的资金支持	0. 240	0. 1247	3. 708	1	0. 054	

可见，老年人配偶的消费支持分为两个方面，共同分享消费经验将有助于降低消费安全风险，而顺从消费决定将增加其消费安全风险，同时由于家庭消费更多由女性主导，所以女性对男性老年人消费状况的关心、消费信息分享将显著降低老年人消费安全风险。

2. 子女支持与老年人消费安全风险

以受访老年人遭受消费安全事件为因变量，老年人子女消费支持为自变量，通过 Poisson 回归分析发现，子女与其父母分享消费经验、提供商品信息，会显著降低老年人消费安全风险，但是顺从老年人消费决定，出现消费问题和困扰时给予建议显著扩大其消费安全风险。从数据结果可见，老年人子女的消费支持分为两个方面，一方面为其分享消费经验和提供消费信息，正向支持老年人免遭受消费安全事件；另一方面顺从老年人消费决定，以及遇到消费安全事件后积极善后，则是反向支持老年人遭受消费安全风险，反而会导致老年人遭受更多消费安全事件（见表 3 - 55）。

表 3 - 55　　　　　　子女对老年人消费支持的 Poisson 回归分析

	系数	标准误差	wald 卡方	自由度	P 值
分享消费经验	- 0.397	0.1093	13.149	1	0.000
提供商品相关信息	- 0.359	0.0914	15.401	1	0.000
一起拟订消费计划	- 0.080	0.0933	0.741	1	0.389
关心消费状况	- 0.136	0.0907	2.259	1	0.133
顺从消费决定	0.209	0.0844	6.113	1	0.013
遇到消费问题时陪伴和安慰	0.060	0.1016	0.351	1	0.554
帮您投诉或与商家协商解决问题	0.192	0.1114	2.969	1	0.085
出现消费问题和困扰时给您建议	0.221	0.1115	3.926	1	0.048
提供消费的资金支持	0.050	0.0973	0.262	1	0.608

拟合优度：离差值 = 1582.654，df = 951，统计值 = 1.664

Omnibus 检验：似然比卡方 χ^2 = 110.939，df = 10，P = 0.000

以受访老年人遭受消费安全事件为因变量，不同年龄段老年人子女消费支持为自变量，通过 Poisson 回归分析发现，对于 61—65 岁老年人消费，子女提供商品相关信息，关心其消费状况将显著降低消费安全风险，但是出现消费问题和困扰时给予建议会增加消费安全风险；对于 66—70 岁老年人消费，子女与其分享消费经验，显著降低老年人消费安全风险；对于 71—75 岁老年人，子女与其分享消费经验、拟订消费计划、遇到消费问题时陪伴安慰显著降低消费安全风险，但是顺从消费其消费决定显著增加消费安全风险；对于 76—80 岁老年人，子女提供商品信息、拟订消费计划显著降低消费安全风险，但是遇到消费问题时陪伴安慰显著增加消费安全风险。可见，子女与其父母分享消费经验、提供商品信息、拟订消费计划、关心消费状况都有助于降低老年人消费安全风险，对于低龄老年人需要消费再适应，而对于高龄老年人需要消费再学习。同时，顺从消费决定、帮助解决问题、给予建议等都增加老年人消费安全风险，而遇到消费问题给予陪伴安慰，对 61—65 岁老年人消费安全风险没有显著影响，对于 71—75 岁老年人有助于降低消费安全风险，对于 76—80 岁老年人则增加消费安全风险（见表 3-56）。

表 3-56　　子女对不同年龄老年人消费支持的 Poisson 回归分析

	61—65 岁	66—70 岁	71—75 岁	76—80 岁
分享消费经验	-0.100	-0.520 ***	-1.151 ***	-0.470
提供商品相关信息	-0.359 **	-0.228	-0.313	-0.748 **
一起拟订消费计划	0.169	0.241	-0.675 **	-0.863 *
关心消费状况	-0.355 **	-0.078	0.221	0.239
顺从消费决定	-0.103	0.136	0.706 ***	-0.039
遇到消费问题时陪伴和安慰	0.152	0.160	-0.594 **	0.816 *
帮您投诉或与商家协商解决问题	0.036	0.042	0.587 *	0.064
出现消费问题和困扰时为您建议	0.354 *	0.049	0.307	0.563
提供消费的资金支持	-0.107	0.306	0.328	-0.538

续表

	61—65 岁	66—70 岁	71—75 岁	76—80 岁
Omnibus 检验	48.304	25.271	79.605	40.653
自由度	10	10	10	10
显著性	0.000	0.005	0.000	0.000

注：＊P＜0.05，＊＊P＜0.01，＊＊＊P＜0.001。

3. 配偶与子女支持对老年人消费风险影响比较

以受访老年人遭受消费安全事件为因变量，老年人配偶及子女消费支持为自变量，通过 Poisson 回归分析，老年人配偶与子女的消费支持因素分析发现，正向显著因素包括配偶与受访老年人分析消费经验、提供商品信息、关心消费状况以及子女提供商品信息，负向显著因素包括配偶与受访老年人共同拟订消费计划、顺从消费决定、提供资金支持以及子女顺从消费决定等方面。配偶与子女消费支持作用比较发现，配偶对老年人消费支持作用更大，不仅包括正向效果如分享消费经验（－0.459）、提供消费信息（－0.400）、关心消费状况（－0.313），而且还有负向效果如顺从老年人消费决定（0.469），提供消费资金支持（0.210），而子女对老年人消费支持相对有限，无论是正面效果如提供商品信息（－0.221），还是负向效果如顺从消费决定（0.248），通过系数比较发现，影响老年人消费安全的配偶因素要远大于子女作用，无论是正向支持还是负向支持作用（见表3－57）。

表3－57　　　配偶与子女对老年人消费支持的 Poisson 回归分析

	系数	标准误差	wald 卡方	自由度	P值
配偶跟受访老年人分享消费经验	－0.459	0.1129	16.537	1	0.000
配偶跟受访老年人提供商品相关信息	－0.400	0.1011	15.637	1	0.000
配偶和受访老年人一起拟订消费计划	0.243	0.0875	7.746	1	0.005
配偶关心受访老年人消费状况	－0.313	0.0896	12.179	1	0.000
配偶不同意受访老年人消费决定也会听从	0.469	0.0849	30.593	1	0.000

续表

	系数	标准误差	wald 卡方	自由度	P 值
配偶给受访老年人提供消费的资金支持	0.210	0.0878	5.711	1	0.017
子女跟受访老年人提供商品相关信息	−0.221	0.0858	6.638	1	0.010
子女不同意受访老年人的消费决定也会听从	0.248	0.0790	9.871	1	0.002
拟合优度：离差值=1530.265，df=952，统计值=1.607					
Omnibus 检验：似然比卡方χ^2=163.328，df=9，P=0.000					

（二）家庭外部支持与老年人消费风险

老年人消费安全保障主要是来自家庭成员的支持，而家庭外的支持既可以消减老年人消费安全风险，更是老年人消费安全风险的主要来源。

1. 亲戚朋友支持与老年人消费安全风险

以受访老年人遭受消费安全事件为因变量，老年人亲戚朋友消费支持为自变量，通过 Poisson 回归分析发现，亲戚朋友与老年人分享消费经验、提供商品信息等显著降低其消费安全风险，但是共同拟订消费计划、遇到消费问题给予建议及陪伴安慰，显著增加老年人消费安全风险（见表3-58）。

表3-58　　　**亲戚朋友对老年人消费支持的 Poisson 回归分析**

	系数	标准误差	wald 卡方	自由度	P 值
分享消费经验	−0.293	0.0797	13.521	1	0.000
提供商品相关信息	−0.170	0.0849	4.029	1	0.045
一起拟订消费计划	0.326	0.1373	5.639	1	0.018
关心消费状况	0.032	0.1167	0.075	1	0.784
顺从消费决定	−0.376	0.1976	3.613	1	0.057
遇到消费问题时陪伴和安慰	0.194	0.1006	3.699	1	0.054
帮您投诉或与商家协商解决问题	0.264	0.1135	5.424	1	0.020
出现消费问题和困扰时给您建议	0.323	0.1012	10.191	1	0.001
提供消费的资金支持	−0.084	0.1323	0.403	1	0.525
拟合优度：离差值=1556.020，df=951，统计值=1.636					
Omnibus 检验：似然比卡方χ^2=137.573，df=10，P=0.000					

以受访老年人遭受消费安全事件为因变量，老年人配偶、子女及亲戚朋友消费支持为自变量，通过 Poisson 回归分析保留了模型中的显著性因素，观察变量系数发现，老年人配偶及子女对老年人消费安全有正向支持与负向支持，而亲戚朋友对老年人消费安全都是负向支持。从正向影响程度来看，老年人配偶的消费支持影响最大，其次是子女；而从负向支持影响程度来看，子女负向支持影响程度最低，其次为亲戚朋友，其配偶负向支持影响程度最大（见表 3 –59）。

表 3 –59　　　配偶、子女与亲戚朋友对老年人消费支持的 Poisson 回归分析

	系数	标准误差	wald 卡方	自由度	P 值
配偶跟您提供商品相关信息	– 0.945	0.1172	65.092	1	0.000
配偶关心您的消费状况	– 0.310	0.0852	13.253	1	0.000
子女关心您的消费状况	– 0.215	0.0818	6.912	1	0.009
子女不同意您的消费决定也会听从您	0.175	0.0799	4.787	1	0.029
亲戚朋友在您遇到消费问题时陪伴和安慰	0.231	0.0923	6.288	1	0.012
亲戚朋友和您一起拟订消费计划	0.315	0.1323	5.686	1	0.017
配偶和您一起拟订消费计划	0.320	0.0867	13.627	1	0.000
亲戚朋友消费出现问题和困扰时给您建议	0.375	0.0919	16.679	1	0.000
配偶不同意您的消费决定也会听从您	0.506	0.0831	37.062	1	0.000

拟合优度：离差值 = 149.431，df = 951，统计值 = 1.567

Omnibus 检验：似然比卡方 χ^2 = 203.162，df = 9，P = 0.000

2. 消费伙伴支持与老年人消费安全风险

以受访老年人遭受消费安全事件为因变量，老年人消费伙伴的支持为自变量，通过 Poisson 回归分析发现，老年人遇到消费问题时，消费伙伴给予建议以及陪伴安慰，都将显著增加老年人消费安全风险（见表 3 –60）。

表 3 - 60　　　　消费伙伴对老年人消费支持的 Poisson 回归分析

	系数	标准误差	wald 卡方	自由度	P 值
遇到消费问题时陪伴和安慰	0.459	0.1236	13.816	1	0.000
出现消费问题和困扰时给您建议	0.332	0.1136	8.540	1	0.003
提供商品相关信息	- 0.153	0.0924	2.743	1	0.098
关心消费状况	0.153	0.1454	1.102	1	0.294
一起拟订消费计划	0.131	0.1649	0.636	1	0.425
分享消费经验	- 0.049	0.0892	0.299	1	0.584
帮您投诉或与商家协商解决问题	- 0.047	0.1325	0.124	1	0.724
拟合优度：离差值 = 1542.831，df = 951，统计值 = 1.619					
Omnibus 检验：似然比卡方 χ^2 = 150.761，df = 10，P = 0.000					

3. 营销人员支持与老年人消费安全风险

以受访老年人遭受消费安全事件为因变量，营销人员消费支持为自变量，通过 Poisson 回归分析发现，营销人员与老年人分析消费经验显著降低了老年人消费安全风险，但是接受营销人员提供的商品相关信息显著增加了老年人消费安全风险，也表明营销人员推荐的商品信息是老年人消费安全的风险因素之一（见表 3 - 61）。

表 3 - 61　　　　营销人员对老年人消费支持的 Poisson 回归分析

	系数	标准误差	wald 卡方	自由度	P 值
分享消费经验	- 0.323	0.1340	5.822	1	0.016
提供商品相关信息	0.515	0.0782	43.424	1	0.000
拟合优度：离差值 = 1578.372，df = 958，统计值 = 1.648					
Omnibus 检验：似然比卡方 χ^2 = 115.221，df = 10，P = 0.000					

整体来看，老年人消费安全的家庭外支持主要有亲戚朋友、消费伙伴、营销人员三大类群体，而社区能够提供的消费安全支持总体不足。为更清楚地发现老年人消费安全的家庭外社会支持，以受访老年人遭受

消费安全事件为因变量，以老年人消费家庭外社会支持为自变量，通过建立 Poisson 回归模型并保留显著因素后发现，亲戚朋友分享消费经验，消费伙伴提供商品信息都有助降低老年人消费安全风险，但是消费伙伴、亲戚朋友在老年人出现消费问题时给予建议，消费伙伴分享消费信息、给予陪伴安慰，与亲戚朋友一起制订消费计划，接受营销人员提供的商品信息等，都对增加老年人消费安全事件有显著影响（见表 3 - 62）。

表 3 - 62　　　　老年人消费安全家庭外社会支持 Poisson 回归分析

	系数	标准误差	wald 卡方	自由度	P 值
亲戚朋友跟您分享消费经验	- 0.570	0.0802	50.407	1	0.000
消费伙伴跟您提供商品相关信息	- 0.198	0.0928	4.540	1	0.033
消费伙伴消费出现问题和困扰时给您建议	0.240	0.1109	4.679	1	0.031
亲戚朋友消费出现问题和困扰时给您建议	0.267	0.0909	8.647	1	0.003
消费伙伴跟您分享消费经验	0.282	0.0965	8.548	1	0.003
亲戚朋友和您一起拟订消费计划	0.291	0.1304	4.980	1	0.026
消费伙伴在您遇到消费问题时陪伴和安慰	0.296	0.1176	6.322	1	0.012
营销人员向您提供商品相关信息	0.322	0.0883	13.330	1	0.000

拟合优度：离差值 = 1512.796，df = 952，统计值 = 1.589

Omnibus 检验：似然比卡方 χ^2 = 180.797，df = 9，P = 0.000

以受访老年人遭受消费安全事件数量为因变量，老年人消费支持为自变量，剔除没有显著差异的自变量后，通过泊松回归分析发现（Omnibus 检验似然比 χ^2 = 135.68，P = 0.00），配偶是保障老年人消费安全最主要的支持力量，老年人配偶与其分享消费经验、关心消费状况都有助于降低老年人消费安全风险，但是配偶与子女顺从、亲戚朋友给予消费应对建议、营销人员提供商品相关信息等都是增加老年人消费安全风险的显著因素（见表 3 - 63）。

表 3 - 63 　　　　　　　**受访老年人遭受消费安全事件与社会支持**

	B	标准误差	卡方值	自由度	显著性
配偶跟您分享消费经验	- 0.696	0.0934	55.564	1	0.000
配偶关心您的消费状况	- 0.351	0.0885	15.725	1	0.000
配偶顺从您的消费决定	0.487	0.0814	35.737	1	0.000
子女顺从您的消费决定	0.187	0.0775	5.820	1	0.016
亲戚朋友给予消费应对建议	0.447	0.0826	29.268	1	0.000
营销人员提供商品相关信息	0.468	0.0778	36.111	1	0.000
拟合优度：离差值 = 1498.446，df = 954，统计值 = 1.571					
Omnibus 检验：似然比卡方 χ^2 = 195.146，df = 7，P = 0.000					

进一步分析发现，老年人购买保健品、投资理财和养老投资的消费支持，通过泊松回归分析发现与遭受消费安全事件呈现显著相关（Omnibus 检验似然比 χ^2 = 103.28，P = 0.00），数据分析发现，老年人"不和谁商量"购买保健品、投资理财和养老投资时最容易导致消费安全事件发生，其次是听从消费伙伴、亲朋好友以及配偶的消费建议，而子女的消费建议对老年人消费安全事件发生没有显著影响，也可以看出子女并不能对降低消费安全风险产生显著积极作用（见表 3 - 64）。

表 3 - 64 　　　　　　**受访老年人遭受消费安全事件与消费支持**

	B	标准误差	卡方值	自由度	显著性
（截距）	- 0.888	0.0857	15.130	1	0.000
配偶	0.492	0.0886	30.820	1	0.000
子女	0.159	0.0862	3.397	1	0.065
亲朋好友	0.345	0.1013	0.147	1	0.001
消费伙伴	0.631	0.0986	40.977	1	0.000
不和谁商量	0.659	0.1084	0.447	1	0.000

由此可见，建立老年人消费安全支持系统，首先不能把老年人消费行为认定为老年人个体性活动，要把老年人消费活动纳入家庭事务当中。

其次要发挥老年人配偶、子女尤其是配偶的积极正面作用，降低老年人配偶、子女尤其是配偶的消极负面作用，减少盲目顺从消费决定以及不关心消费状况等情况。再次要建立老年人社会交往的屏蔽墙，特别是因消费关系而形成的消费伙伴和营销人员的负面支持。最后要发挥政府性公共服务作用，增强老年人消费安全的正式社会支持力量，用公共服务的专业力量保障老年人消费安全。

（三）老年人社会支持对不同消费领域的消费安全事件发生的影响

对保健品、旅游以及投资理财等三个消费领域的消费安全事件与老年人社会支持分析显示，不同领域老年人消费社会支持对消费安全的影响存在较大差异。

1. 保健品领域消费安全事件发生与社会支持

以老年人是否遭受保健品消费安全事件为因变量，消费支持为自变量，通过二元 Logistic 回归逐步向前有条件选择自变量，研究发现配偶（-0.431）及子女（-0.608）关心老年人消费状况能显著降低老年人遭受保健品消费安全事件，尤其是老年人子女关心其消费状况，能极大降低老年人遭受保健品消费安全事件，而配偶、子女顺从老年人保健品消费决定，子女协助解决保健品消费纠纷，以及老年人听信营销人员的保健品广告宣传，将显著增大老年人保健品消费安全事件的发生（见表 3-65）。

表 3-65　　　受访老年人遭受保健品消费安全事件与社会支持

	模型 1	模型 2	模型 3	模型 4	模型 5	模型 6	模型 7	模型 8
常量	-1.520	-1.621	-1.780	-1.907	-1.704	-1.837	-1.553	-1.462
营销人员向您提供商品相关信息	0.732 **	0.808 **	0.841 **	0.809 ***	0.885 ***	0.869 ***	0.895 ***	0.891 ***
无人关心您的消费状况		0.523 **	0.602 ***	0.686 ***	0.453	0.495	0.178	

续表

	模型1	模型2	模型3	模型4	模型5	模型6	模型7	模型8
子女不同意您的消费决定也会听从您			0.377*	0.347*	0.430**	0.358*	0.373*	0.376**
配偶不同意您的消费决定也会听从您				0.335*	0.337*	0.315	0.437*	0.439**
子女关心您的消费状况					-0.390*	-0.488*	-0.608**	-0.665***
子女消费出现问题和困扰时给您建议						0.381*	0.397*	0.392*
配偶关心您的消费状况							-0.431*	-0.486**
Omnibus检验	21.034**	26.007**	31.165**	35.304**	39.297**	43.887**	48.576**	48.222**
Cox-Snell的R^2值	0.022	0.027	0.032	0.036	0.040	0.045	0.049	0.049

注：*为 P < 0.05，* *为 P < 0.01，* * *为 P < 0.001。

2. 旅游领域消费安全事件发生与社会支持

以老年人是否遭受旅游消费安全事件为因变量，消费支持为自变量，通过二元 Logistic 回归逐步向前有条件选择自变量，分析发现，亲戚朋友提供的商品信息以及子女顺从老年人消费决定，显著增大老年人旅游消费安全风险，但是老年人遭受消费安全事件后无人给予陪伴安慰以及亲戚朋友提供的消费资金支持两方面，将显著降低老年人旅游消费安全风险（见表 3 - 66）。

表 3 - 66　　　　　　　受访老年人遭受旅游消费安全事件与社会支持

	模型 1	模型 2	模型 3	模型 4
常量	- 1.908	- 2.191	- 2.025	- 1.971
亲戚朋友向您提供商品相关信息	0.817 ***	0.769 ***	0.755 ***	0.791 ***
子女不同意您的消费决定也会听从您		0.753 ***	0.649 ***	0.697 ***
无人在您遇到消费问题时陪伴和安慰			- 0.777 ***	- 0.855 ***
亲戚朋友给您提供消费的资金支持				- 1.020 ***
Omnibus 检验	22.214 ***	40.487 ***	49.147 ***	58.394 ***
Cox-Snell 的 R^2 值	0.023	0.041	0.050	0.059

注：＊为 P＜0.05，＊＊为 P＜0.01，＊＊＊为 P＜0.001。

3. 金融领域消费安全事件发生与社会支持

以老年人遭受金融消费安全事件数量为因变量，消费支持为自变量，建立 Poisson 回归模型并删除非显著因素后，研究发现，老年人获得配偶、子女提供商品信息能显著降低老年人金融消费风险，而配偶顺从老年人消费决定、与亲戚朋友共同拟订消费计划、获得消费伙伴分享的消费经验、无人提供消费资金等，都将显著增加老年人金融消费风险（见表 3 - 67）。

表 3 - 67　　受访老年人遭受金融消费领域消费安全事件与社会支持

	B	标准误差	卡方值	自由度	显著性
（截距）	- 2.187	0.1582	191.261	1	0.000
配偶跟您提供商品相关信息	- 0.805	0.2112	14.535	1	0.000
配偶不同意您的消费决定也会听从	0.834	0.1532	29.631	1	0.000
子女向您提供商品相关信息	- 0.529	0.1878	7.942	1	0.005
亲戚朋友和您一起拟订消费计划	1.049	0.2023	26.897	1	0.000
消费伙伴跟您分享消费经验	0.775	0.1541	25.299	1	0.000
无人给您提供消费的资金支持	0.444	0.1917	5.362	1	0.021

（四）老年人消费安全风险的社会支持影响

调查数据分析发现，影响老年人消费安全事件发生的社会支持影响因素主要包括以下方面。

1. 增加老年人消费安全风险的影响因素主要为四个方面：（1）老年人能够自由支配自己财富，不受家庭成员的约束与提醒；（2）配偶、子女顺从老年人消费决策，不同意其消费决定也会顺从其意见；（3）听信营销人员、亲朋好友、消费伙伴提供的商品信息或消费建议。（4）子女在老年人遭受消费安全事件后能够妥善处置。

2. 降低老年人消费安全风险的影响因素主要为：（1）配偶及子女关心老年人消费状况，（2）听从配偶及子女提供的商品信息，（3）老年人遭受消费安全事件后无人能够妥善处置。

3. 老年人不和他人商量的消费行为习惯，或听信消费伙伴与营销人员消费建议，导致发生消费安全事件的可能性显著增加，配偶与子女是降低老年人消费安全风险的最主要力量。随着老年人年龄增大与精力不济，消费计划与行动需要依靠他人协助，而老年人家庭成员尤其是配偶及其子女是防范消费风险的有力屏障，但是一些老年人由于多种原因，更愿意听从消费伙伴与营销人员的消费建议，还有一些老年人独立决定消费计划，导致消费安全风险不断增加。

对比发现，影响老年人消费安全的主要因素包括老年人消费状况是否得到关注，其消费信息与经验获得渠道来自家庭内部还是外部，其消费决定家庭成员是否容易顺从，子女是否能够善后处置老年人消费安全事件等方面。

可见，随着经济社会的发展，保健品、旅游、金融消费以及网络消费是老年人消费新的领域，在这些领域的消费过程中，大部分老年人消费的自主性难以保证老年人的消费安全，家庭关系中的顺从与帮助也难以减少老年人消费安全风险，亲戚朋友等初级社会关系因为信息和知识、行为等的同质性难以降低老年人消费安全风险，因为市场建立起的社会关系网络只能增加老年人消费安全风险。但另外，家庭

的情感支持和信息支持也能有效地降低老年人消费安全风险。积极而
有效的家庭支持依然是老年人消费安全的真正堡垒（见表3-68）。

表3-68　　　　　　老年人消费安全的社会支持影响因素分析

	增加消费安全的风险因素	降低消费安全的风险因素
保健品领域	营销人员跟您提供商品相关信息 子女不同意您的消费决定也会听从您 配偶不同意您的消费决定也会听从您 子女消费出现问题和困扰时给您建议	子女关心您的消费状况 配偶关心您的消费状况
旅游领域	亲戚朋友向您提供商品相关信息 子女不同意您的消费决定也会听从您	无人在您遇到消费问题时陪伴和安慰 亲戚朋友给您提供消费的资金支持
金融消费领域	配偶不同意您的消费决定也会听从您 亲戚朋友和您一起拟订消费计划 消费伙伴跟您分享消费经验 无人给您提供消费的资金支持	配偶跟您提供商品相关信息 子女跟您提供商品相关信息

第四章　问题阐释：老年人消费安全保护的困境分析

在分析老年人消费安全及其影响因素的基础上，以老年人消费安全脆弱性—社会支持—能力为分析框架，深入剖析老年人消费安全保护存在的问题和困境。

一　脆弱性—社会支持—能力分析框架建构

为了更好地认知和阐述老年人消费安全，研究基于脆弱性和社会支持理论建构老年人消费安全保护的分析框架。

（一）脆弱性理论及其分析概念

最先提出脆弱性概念的是地球科学家彼得·提莫曼（P. Timmerman），主要用于对气候变化和灾害的研究，"脆弱性"一词原指"受到伤害的可能性"，脆弱性最先是对于自然灾害的描述，更多关注风险或灾难的本身的特征及其结构属性，对其结果则主要从生物物理损失方面进行分析。

1. 脆弱性理论

在学术研究的推进中，脆弱性概念被运用到很多领域和学科研究中，也没有完全形成统一的脆弱性定义。因为各自关注的问题和学科不同，基于形成原因、后果等形成了"风险论""能力论""损害程度论""属性论"等多种定义。学者们从生态、社会、经济等视角进行脆弱性概念界定和阐释。[1]

对于脆弱性分析，罗伯特·钱伯斯（Robert Chambers）在对贫困和生计的研究中，认为以往的脆弱性研究偏重外部因素分析，也应对其内部因素进行分析，因而提出了脆弱性的"外部—内部"分析框架，外部因素主要强调可能遇到的风险、冲击和压力等，而内部因素主要指应对的能力，并强调两者之间互为因果的关系。[2] BBC框架则主要从环境、社会和经济三个层面来分析脆弱性。[3] 暴露于脆弱性状态下的不同层面时，由于应对能力有限，相应的环境、社会和经济风险将会发生。该框架将风险应对和脆弱性降低分为两种情况，一是风险或灾难发生前，通过预警和准备对环境、社会和经济进行系统干预，从而避免灾害事件的发生；二是风险或灾难发生后，通过灾难响应和突发事件管理降低脆弱性后果。

随着脆弱性分析框架应用领域的不断扩展，国外的研究者先后从不同的角度提出了敏感—恢复力框架、[4] 暴露—能力—潜力框架、[5] 暴露—脆弱性—恶化分析框架[6]等，在此基础上，Martin Prowse 在 2003 年整合前人的成果，形成了更加具有可操作性的暴露、能力和后果三维框架。

在脆弱性分析框架中，"脆弱性"是由风险和易感性与"能力"两者之间的差距共同构成，高风险—高易感—低能力往往会形成较高脆弱性，低风险——低易感—高能力则脆弱性较低，脆弱性分析不仅关注分析对象对风险敏感性，更希望能从应对能力分析中减少、减弱破坏或损伤程度。[7]

---

[1] 王国敏、张宁、杨永清：《贫困脆弱性解构与精准脱贫制度重构——基于西部农村地区》，《社会科学研究》2017年第5期。

[2] Robert Chambers, "Poverty and Livelihoods: Whose Reality Counts?", *Environment and Urbanization*, Vol. 7, No. 4, 1995, pp. 173 – 204.

[3] Bogardi J., Birkmann J., "Vulnerability Assessment: The First Step towards Sustainable Risk Reduction", *Disasters*, No. 3, 2004, pp. 75 – 82.

[4] Moser, C., "The Asset Vulnerability Framework: Reassessing Urban Poverty Reduction Strategies", *World Development*, Vol. 26, No. 1, 1998.

[5] Watts M. J., Bohle H. G., "The Space of Vulnerability: The Causal Structure of Hunger and Famine", *Progress in Human Geography*, Vol. 17, No. 1, 1993, pp. 43 – 67.

[6] Sinha Saurabh, et al., "Damaging Fluctuations, Risk and Poverty: A Review", *Background Paper for the World Development Report 2000/2001*, 1999.

[7] Martin Prowse, "Towards a Clearer Understanding of 'Vulnerability' In Relation Tochronic Poverty", *CPRC Working Paper*, No. 24, 2003.

2. 分析概念

脆弱性分析框架中的社会脆弱性、能力及应对策略等相关概念对本研究具有更重要的意义。

（1）社会脆弱性

得益于人类学和社会学对脆弱性的研究，社会脆弱性得到学术界广泛的关注，人类学对于人类内在的脆弱性条件进行重点考察，社会学则提出脆弱性空间和脆弱性群体的概念。[①] 不仅在传统的自然灾害、气候变化、环境污染、土地利用等领域更加关注个人或者群体的反应及影响，在对贫困、老年人、儿童以及残障人群的研究中，社会脆弱性成为主要的分析概念。研究认为，社会系统的内在结构特征是社会脆弱性产生的主要原因，推动脆弱性变化的主要原因是外部因素的扰动。社会脆弱性是一个动态变化的过程，通过改变自身因素，增加其抵抗风险能力，并改善社会结构以及人为因素等，降低脆弱性，增加社会系统的稳定性，促进脆弱群体的改变。[②] 但总体来说，社会脆弱性基本观点认为，暴露在风险区域内的所有人都具有脆弱性，但由于有些群体，如穷人、儿童、老年人、少数族裔和残疾人等可以动员资源的有限性，制约了他们应对风险的能力，因此他们往往成为社会风险的主要承担者，承担着比其他群体更大的风险，也更多地暴露在风险中，自然和社会灾害对他们会造成最大的影响。这些人被称为社会的"脆弱群体"。

（2）脆弱群体

所谓"脆弱群体"是指遇到各种问题冲击而面对困境的挑战时，自身的抗风险能力较低或承受能力较差，因而极易受挫或不堪一击的社会成员，客观原因或主观原因造成他们自身的危机或困难。[③] 脆弱群体与弱势群体的概念往往被互用，弱势群体一般是指现实中的弱势人群，而脆弱群体更强调出现问题的可能性而非现实性，现实性是脆弱群体与社

---

① 李花、赵雪雁、王伟军：《社会脆弱性研究综述》，《灾害学》2021 年第 2 期。

② 于长永、何剑：《脆弱性概念、分析框架与农民养老脆弱性分析》，《农村经济》2011 年第 8 期。

③ 吕美男：《新时期我国"脆弱群体"问题研究》，《社会与公益》2019 年第 11 期。

会结构或环境系统互动的结果，因而更为强调系统潜能激发。脆弱群体一般具有敏感性高、抵抗能力差和恢复能力低等显著特征。老年群体无论从生理性还是社会性上都具有较强脆弱性。对于脆弱群体应对突发事件的能力，主要根据自身条件（性别、年龄、健康、收入水平等），结合其拥有的社会权利和资源进行评估。

（3）脆弱性应对能力

随着"脆弱性"分析框架被更多学科作为分析的概念和框架，"应对能力"概念从"脆弱性"分析框架中逐渐分化出来，成为一个独立的概念。系统"应对能力的不足"被视为脆弱性的一个因素。[①] 关于应对能力，学术界有诸多表达，如"适应能力""回应能力""抗逆力"等，本书认为，这种能力指个体和社会系统在个体受到伤害性事件发生的不同阶段应该具备的能力，至少包含对伤害性事件回应能力即能够积极有效地解决问题能力，也包含对风险的感知敏感性和识别的预防伤害能力以及在事件发生后的恢复能力等。

（二）社会支持理论

社会支持是与脆弱群体的存在相伴随的社会行为，脆弱群体一般社会支持比较缺乏，或者某些社会支持缺乏应对风险的有效性。通过有效的社会支持建构应对老年人消费安全脆弱性是一条可行的路径。

1. 社会支持的定义

社会支持是一种连接社会不同主体系统，从政策、物质、精神等多种层面对陷入困境的社会群体进行支援的网络形式，其特点在于各系统之间紧密联系配合，兼具互动性和交叉性。一般认为，社会支持作为学术概念，最早是由 20 世纪 70 年代的社会心理学家 Raschke 提出，并将其定义为人们主观感知到的来自他人的关心和支持，[②] 是个体通过社会互动以获得减轻心理应激反应、缓解精神紧张状态、提高社会适应能力

---

① 朱正威、蔡李、段栋栋：《基于"脆弱性—能力"综合视角的公共安全评价框架：形成与范式》，《中国行政管理》2011 年第 8 期。

② Diener E. ，"Subjective Well-Being"，*Psychological Bulletin*，Vol. 95，No. 3，1984，p. 542.

的支持与帮助。① 之后各国学者更多从人与人之间的关系拓展这一概念，社会学、心理学以及管理学等从功能情感、信息、物质等方面的支持以及资源的角度，对社会支持的功能作用、来源、类型等进行阐述，综合不同学科和领域的研究，社会支持被定义为由社区、社会网络和亲密伙伴所提供的感知的和实际的工具性或表达性支持。② Barrera 在梳理以往对于社会支持的概念基础上，认为社会支持具有帮助他人应对情感压力、分担责任、提供建议、传授技能、给予物质援助等作用，③ 从 20 世纪 80 年代开始，我国学者对社会支持进行了中国化的研究。一般认为，社会支持普遍具有中性或正面的作用，即非负性作用。

2. 社会支持的分类

梳理社会支持的研究发展，主要从以下维度进行分类：根据社会支持的来源，可以分为两类，一是实际的、有形的帮助或可见的支持，如提供直接援助的物质（包括经济和生活用品）支持和个体社会网络的建构，即所谓工具性支持；二是主观的，体验到的或情绪上的支持。④ 也有将社会支持划分为情感性支持、信息性支持和有形支持等三种类型，信息性支持是指提供以推荐、建议或知识的形式呈现的、有助于解决问题的信息；情感性支持是指提供涉及情感方面的信息，如关心、理解或移情。⑤ 是抽象的无形的帮助，通常指的是亲密的人给予的支持，如鼓励、安慰、勇气等。在进一步的研究中，也有研究者认为社会支持也可分为鼓励性社会支持和控制性社会支持两种类型，鼓励性社会支持能更好地抑制风险寻求行为，而控制性的社会支持会促进风险寻求行为，鼓励性社会支持的影响受到关系性关注的调节作用和自尊的中介作用。⑥

---

① 李强：《社会支持与个体心理健康》，《天津社会科学》1998 年第 1 期。

② Lin Nan, *Social Support*, *Life Events and Depression*, FL：Academic Press, 1986, p. 28.

③ Barrera M., Ainlay S. L., "The Structure of Social Support: A Conceptual and Empirical Analysis", *Journal of Community Psychology*, No. 7, 1983, p. 11.

④ 肖水源、杨德森：《社会支持对身心健康的影响》，《中国心理卫生杂志》1987 年第 4 期。

⑤ Schaefer, Catherine and C. R. S. Lazarus., "The Health-Related Functions of Social Support", *Journal of Behavioral Medicine*, 1981.

⑥ 王丽丽：《社会支持对消费者自我控制行为的影响研究》，https：//www. nsfc. gov. cn，2021 年 5 月 29 日。

　　根据提供主体性质不同，也将社会支持分为正式社会支持和非正式社会支持。正式社会支持（formal social support）是指来自正式组织的各种支持，如各级政府、各级组织、机构、企业、社区等的支持，非正式社会支持（informal social support）主要来自非组织的社会支持，包括家庭成员（配偶、子女及其他亲属）、邻居、朋友、志愿者等。① 正式支持是一种制度性、政府性行为，参与者受法律的约束。非正式支持则是一种自愿行为，主要受社会道德、舆论、习惯等规范的约束。② 正式支持与非正式支持的关系，一般认为并不是替代关系，而是互补关系。在非正式支持中，主要由血缘、地缘、业缘及其他以关系原则和情感原则推动的关系，也即一般所讲的初级群体关系。其中，以血缘关系为首属关系，配偶和家庭成员处于核心位置，是第一重要的社会支持资源，是个体直接接触最多并最大可能发挥持续影响作用的支持关系，它深刻地沉淀在中国人的文化基因中，也是中国传统文化最看重和依赖的关系，是最重要的非实用的和持续的关系，在这个层面上人们往往能获得支持而不需要提出要求。而其他的地缘、业缘等关系等围绕家庭这一核心，就像费孝通先生所讲的"涟漪效应"，因为位置和层次不同，关系的远近，所提供的支持在轻重缓急上有所不同。

　　社会支持的测量是分析社会支持相关性的基础，关于社会支持问卷和量表的研究也有大量的研究成果。20 世纪 70 年代开始，比较常用的有1981 年 Hendeson 等分析使用的社会交往调查表（interview schedule for social interaction，ISSI）和 Sarason 分析采用的社会支持问卷（SSQ），他们采用多轴评价方法，主要从客观和主观感受两个方面对社会支持进行评价，ISSI 将社会支持分为两个维度，即可利用度和自我感觉适合程度，SSQ 将以人们拥有的社会支持数量来量度客观社会支持，用对所获得的支持的满意程度来衡量主观社会支持。我国的社会支持量表最为广泛应用的是肖水源本着有效和简洁的原则，在参考国外有关资料的基础上，自行设计了只

① 徐勤：《我国老年人口的正式与非正式社会支持》，《人口研究》1995 年第 5 期。
② 世界银行：《防止老龄危机：保护老年人及促进增长的政策》，中国财政经济出版社1996 年版，第 42 页。

有十个条目的《社会支持评定量表》，主要通过 3 个、4 个、3 个问题来衡量客观支持、主观支持和对社会支持的利用度等三个维度。① 这一量表被大量用于我国心理学、社会学、管理学等多学科的研究中。

3. 消费社会支持

对于消费社会支持，目前还没有明确的定义，国内研究成果较少，但社会支持的营销价值已引起国际学者们的关注。研究认为，消费者支持系统包括生产支持、商业支持系统及消费者社会支持等，基于社会支持提供主体的不同，与消费行为相关的社会支持可分为亲友社会支持、顾客间社会支持及企业社会支持②。特别是商业领域的社会支持，不仅包含一般的社会支持主体，更有营销领域的社会支持主体。

与一般社会支持被认为具有非负性作用不同，对于消费者的社会支持可能导致不同的作用与后果。老年人消费社会支持所带来的影响可能是多重的，如果高社会支持能够提高老年人获得信息的渠道和知识储备的能力，则会降低其受骗风险；而如果高社会支持只是提高了对他人的信任水平，则可能会增加老年人上当受骗的可能性。③ 多元的社会支持会提升消费者的身心健康水平，会影响消费者的态度和服务体验，也对消费者的购买决策过程与实际购买行为产生积极影响。消费者会因为社会支持的缺失而产生补偿性消费、强迫性消费等不健康的消费行为；足够的社会支持能有效缓解消费者的压力、紧张与沮丧状态④。在消费过程中的情感性和工具性社会支持，能有效修复一些负面情绪，如寂寞、孤独等。⑤

---

① 肖水源：《〈社会支持评定量表〉的理论基础与研究应用》，《临床精神医学杂志》1994年第 2 期。

② 骆紫薇、陈斯允：《营销领域的社会支持研究述评与展望》，《外国经济与管理》2018年第 1 期。

③ 张林、牟忠琛、刘燊等：《社会支持与老年人受骗倾向的关系：一个有中介的调节模型》，《心理与行为研究》2017 年第 6 期。

④ Rosenbaum M. S., Massiah C. A., "When Customers Receive Support From Other Customers: Exploring the Influence of Intercustomer Social Support on Customer Voluntary Performance", *Journal of Service Research*, Vol. 9, No. 3, 2007, pp. 257 – 270.

⑤ Rosenbaum M. S., "Exploring the Social Supportive Role of Third Places in Consumers' Lives", *Journal of Service Research*, Vol. 9, No. 1, 2006, pp. 59 – 72.

但另外，也可能导致消费者非理性消费，如亲友社会支持在消费行为方面可能导致消费频率、物品的变化等，顾客间的消费支持则可能导致从众消费，[1] 也可能会增加消费者归属感，而企业积极有效的客观和情感支持可以帮助消费者获得完善的产品或服务信息，消费者也会对其服务进行更积极的评价，从而提升消费者福利。[2] 研究也认为，消费具有一定的社会支持替代性，缺少来自家庭成员、朋友等的社会支持的消费者更倾向于进行频繁的购物活动。

二　老年人消费安全脆弱性—社会支持—能力分析框架

社会支持是人类普遍存在的社会现象，社会支持的不足及缺乏是造成个人与社会问题的基本情境，也可以通过社会支持的构建及其能力的提升，来应对个体和社会存在的诸多问题。

（一）脆弱性应对和社会支持的解释理论

对脆弱性的分析认为，反馈和干预系统尤为重要，风险和灾难发生的不同阶段要对应不同的降低脆弱性措施，以降低不同层面的脆弱性，提高系统的应对能力。世界银行对于降低贫困脆弱性的行动措施，主要从安全事件对于个体、群体或社区、地区或国家的影响对风险进行分类，并提出了从应对风险、保险、减轻风险多样化、消除风险等化解风险的四个层次，并对不同层次提出了不同的行动措施，这些行动措施主要包括非正规机制和正规机制两个维度。[3]

---

① Lee J., Shrum L. J., "Conspicuous Consumption versus Charitable Behavior in Response to Social Rxclusion: A Differential Needs Explanation", *Journal of Consumer Research*, Vol. 39, No. 3, 2012, pp. 530 –544.

② Chiu C. M., Huang H. Y., Cheng H. L., et al., "Understanding Online Community Citizenship Behaviors through Social Support and Social Identity", *International Journal of Information Management*, Vol. 35, No. 4, 2015, pp. 504 –519.

③ 唐丽霞、李小云、左停：《社会排斥、脆弱性和可持续生计：贫困的三种分析框架及比较》，《贵州社会科学》2010 年第 12 期。

社会支持在应对脆弱性方面，主要包括主效应模式、[①] 缓冲器模式[②] 和动态效应模型。其中动态效应模型从身心健康的角度，认为个体通过社会互动以获得减轻心理应激反应、缓解精神紧张状态、提高社会适应能力的支持与帮助。压力事件与社会支持之间是相互影响和相互作用的，这种作用关系会随着时间的变化而发生变化。而且，压力事件、社会支持与个体的身心健康并不是直线关系，而是复杂的曲线关系。[③]

以社会支持的理论，我们可以通过非正规的社会支持与正规的社会制度支持来应对老年人消费安全的脆弱性。

（二）老年人消费安全脆弱性—社会支持—能力分析框架

基于脆弱性和社会支持的理论阐释，建构老年人消费安全脆弱性—社会支持—能力分析框架，这一框架中，首先从社会支持的角度来理解老年人消费安全脆弱性，认为社会支持的有效性不足是造成老年人消费安全的重要原因。具体来说，消费作为老年人日常生活重要组成部分，具有不可替代的生活价值和意义。老年人消费行为是与市场、社会及政府决策相联系的人类行为。随着我国消费社会特征日趋明显，消费意义的多样性、丰富性决定消费与社会关系的建立，特别是信息社会对人们交流和沟通的方式的重塑，虚拟社区的发展和线上消费形式的多样化，消费场所越来越成为消费者获取社会支持的重要来源之一。

作为社会脆弱群体的老年人，身处快速发展的风险社会、信息社会以及家庭小型化、社会流动性增强的社会变迁过程中，因为老化本身的脆弱性，以及家庭、亲友等非正式社会支持的有效性不足，在消费过程中，受到自身消费心理、消费行为的影响，以及技术导致信息障碍、不道德营销等扰动因素导致其暴露在消费安全的风险不断增强，在这种风

---

① 李强：《社会支持与个体心理健康》，《天津社会科学》1998 年第 1 期。

② Cobb S. , "Social Support as a Moderator of Life Stress", *Psychosomatic Medicine*, Vol. 38, No. 5, 1976, pp. 300 – 314.

③ Caplan G. , "The Family as a Support System", in Caplan G. , Killilea M. , *Support System and Mutual Help*: *Multidisciplinary Explorations*, New York: Grune & Stratton, 1974, p. 19.

险不断增强的过程中，其自身适应能力、反应能力和恢复能力的不足，使其成为最难以承受风险和伤害的社会成员。另外，作为正式制度支持的保护和守卫老年人消费安全的法律法规等的不完善、组织化应对的不足等最终导致了老年人消费安全事件的发生，直接造成其经济损失乃至身心健康、社会信任与消费信心等的损害。可见，对于老年人来说，受老化影响，消费的行为、心理脆弱性的限制，其自身应对消费安全风险的能力较弱，在同样风险的冲击下，那些抵御这些风险能力不足的个人或老年群体陷入消费安全的可能性更高。

再者，预防和减轻老年人消费安全事件发生及其影响，可以通过老年人消费社会支持的完整性和有效性提升老年人应对消费安全问题的能力。消费社会支持包括正式的社会支持和非正式的社会支持，正式社会支持主要包括法律法规、政府及其各职能部门、消协等正式的制度支持体系，非正式支持主要包括家庭、亲友与邻居以及消费伙伴、营销人员等市场主体的支持等，社区的消费支持作用也在我国社区养老服务发展过程中日益凸显。在消费过程中，社会资源的调动与正式社会支持与非正式的社会支持的表现形式更加多样。

为进一步分析和研究老年人消费安全与社会支持的关系，本书建构老年人消费安全的脆弱性—社会支持—能力分析框架（见图 4-1）。

在这一分析框架中，降低老年人消费安全脆弱性的根本要义在于提升老年人消费安全保护的体系能力，以降低脆弱性为导向，聚焦导致脆弱性的社会支持因素，以社区支持平台建设为重点，将支持老年人消费安全保护的正式和非正规力量链接起来，通过能力建设，降低老年人消费安全脆弱性，是减少个体和社会因素对老年人消费安全的路径设计和策略选择。

老年人消费安全保护的主体主要包括正式的社会支持体系，即法律保护的公检法、政策机制的政府及其职能部门以及以消协为主体的社会组织体系等，另外是非正式的社会支持体系，即家庭、亲邻、朋友、消费伙伴等，而社区通过平台建设，将正式和非正式的社会支持链接、聚合起来，通过促进两种支持的互动，提升社区老年人消费安全的预防、救济能力，并持续赋能老年人，改变老年人消费风险意识和风险行为，消除老年人消费安全脆弱性。

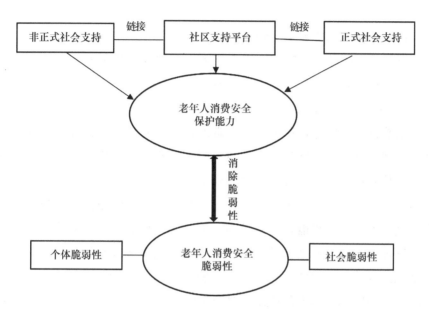

图 4 - 1 老年人消费安全脆弱性—社会支持—能力分析框架

基于脆弱性—社会支持—能力的老年人消费安全研究，以老年人消费为分析对象，不仅研究老年人在消费过程中的困境与问题，通过老年人的视角呈现社会、制度等方面的问题。更重视以优势视角，提升老年人自身和保护系统的能力，以减少老年人消费事件发生的风险和可能性。

三 老年人消费安全的脆弱性及其形成机制

消费的脆弱性是现代消费生活的基本特点之一，这主要因为绝大部分消费品的生产者不是消费者自己，因而消费过程中存在各种潜在的、难以预测的不确定风险。[①] 同样，消费安全的脆弱性是普遍存在的，只

---

① 王宁：《从"消费自主性"到"消费嵌入性"——消费社会学研究范式的转型》，《学术研究》2013 年第 10 期。

是在社会变迁过程中，面对社会风险的不确定性、科学技术的迭代发展以及社会正式制度中存在的漏洞，老年人面临更大的安全风险。

（一）老年人消费安全的个体脆弱性

老年人个体的本身特质决定老年人在消费安全中具有难以克服的弱点和敏感性。具体分析，老年人在消费安全方面主要有以下脆弱性。

1. 消费行为脆弱性

消费行为脆弱性是指老年人日常的消费信息获取、消费场所及消费领域等风险性较高的特征。相关研究显示，相对于年轻人，老年人消费决策前信息搜索的数量较低，由于消费信息加工能力下降，将信息变成决策的过程要花费更多时间。[①] 只有 10% 的受访老年人在消费过程中，考虑到消费过程中可能存在的风险，而且实地调研中了解到很少有老年人去网上搜索消费安全预警提示，有些老年人由于文化程度不高，识别消费风险能力有较大缺失。在消费场所方面，很多老年人过度相信去"银行、药店等正规场所消费"的安全性而对其中可能存在的人员、信息宣传等方面的风险不进行辨识，很多老年人不学习不理解不了解网络消费的特征，对于资金安全无法进行客观准确评估，就扎进了充满各种"陷阱"的网络进行消费。此外，研究发现，老年人通过直营直销店消费场所的价格优势弱化了其对各种警示（如消协、市场监管部门经常发布的"警示"）的处理。老年人日常生活之外的健康和财富保值的需求使老年人消费安全易发于保健品和理财消费领域。普遍身体健康问题也易于使老年人过度依赖保健品的消费，而保健品消费一直是老年人消费陷阱最多发生的领域。对于老年人投资理财领域的研究认为，随着年龄的增长，年龄与受骗率呈倒 U 形关系，60 岁以上的老年人受骗率增加；经济来源多、收入较高的老年人损失更大。[②] 老化过程对于个体来说需

---

①　张力元、毕研玲、张宝山等：《老年人行为决策：领域现状与挑战》，《心理科学进展》2015 年第 5 期。

②　李媛媛、单承芸：《我国中老年人金融受骗影响因素研究——基于 CHARLS2015 的实证分析》，《南方人口》2020 年第 1 期。

要更高的能力应对，才能实现积极地应对老化，老年人自身的心理和行为脆弱性导致其消费过程充满风险，成为消费安全事件发生的根本原因。

老年人消费行为特征使其消费安全面临更多风险。老年人金融消费行为分析认为，老年人主要目的是财产或收入的保值增值，另外，部分老人的小额投资理财是为了消磨时间，有的老人因为想和同伴保持一致；而利率、专家或名人的推荐，投资机构的声誉等也是老年人选择投资机构的主要考量，而老年人获取投资信息来源主要是来自自己熟识的朋友圈，也有一些因其他如养生、体检等健康消费而结识的朋友，还有就是广告等。[①] 金融消费对消费专业素养有更高的要求，这些投资行为的非专业性和从众性导致老年人在投资理财方面的脆弱性。研究也认为，有些遭受到消费损害的老年人主要因为接陌生电话和在网上购物。很多老年人发生诈骗的案件与在网络购物类案件与对网络使用安全缺乏防备心理相关，这使得在大数据时代老年人在消费行为上更具安全脆弱性。此外有 30.6% 老年人因为"宣传、讲座、会议销售"的营销方式遭受消费安全事件。

2. 消费决策脆弱性

老年人生理老化导致的基础认知能力下降，会影响其消费决策及消费风格。人们的消费决策通常主要基于经验推理、逻辑推理和概率推理，其中经验推理更多基于以往日常经验获得。一般认为，随着年龄增大而更多采用缜密思维，恰恰相反，老年人随着年龄增长更偏向模糊思维。[②] 这一决策思维模式面对市场的营销套路和错综复杂的诈骗术显示出较强的脆弱性。加之外界纷繁的刺激如广告的夸大效果和广告销售人员的虚假推论，以及情感营销等方式会使老年人做出非理性的消费选择。数据显示，有 54.4% 的受访老年人会依据"之前的经验"进行消费，但是随着消费形态的变化、消费方式的革新，老年人原有消费经验不适应市场变化，导致老年人消费过程中，经常出现"本以为这样，但实际不是这

---

① 陆岷峰、徐阳洋：《老年投资行为轨迹特点及健康投资对策》，《湖北经济学院学报》2019 年第 3 期。

② 蒋燕、顾曰国：《老人上当受骗案：调查、语用和决策推理分析》，载顾曰国、黄立鹤编著《老年语言学与多模态研究》，同济大学出版社 2020 年版，第 181—190 页。

样"的消费安全事件。同时，老年人在学习过程中，学习内容不系统、学习培训市场不规范，导致老年人的新知识学习也容易出现消费安全事件，调查显示，老年人学习培训过程中遭受消费安全风险要远超于普通消费领域。另外，老年人消费风格的新特征也更多导致老年人陷于消费风险，较为保守和更具效用功能导向的老年人较少发生消费安全事件，而追求新颖有趣、增长才能、享受消费过程的购物决策风格的老年人更易于发生消费安全事件。

3. 消费情感脆弱性

老年人消费情感脆弱性主要是指在老年人消费过程中，容易受到情感性因素的影响，导致消费过程中的非理性决策、从众性消费和社交性消费。在社会转型和家庭发展过程中，老年群体因为业缘、血缘关系的淡化，特别是核心家庭的大量增加，导致老年人家庭情感边缘化，消费也成为老年人获得归属感、修复社会关系的替补性办法。老年人受骗的主要原因是晚年各种需求尤其是精神需求得不到满足。[①] 老年人存在较高的社会孤独感，中国城乡老年人口追踪调查显示，16.5% 的城镇和28.6% 的农村老年人常常感到孤独。较高社会孤独感与较高的欺诈风险相关性较强。中老年人较强的幸福感往往会使老年人免于受骗风险，[②] 而身体健康也与消费欺诈风险相关，帮助他人、信任权威等健康正常的心理特征也容易被犯罪嫌疑人利用。数据分析发现，经常跟朋友聚会聊天、上网看视频、参加志愿者活动等满足老年人情感性需求的社会活动容易引发老年人消费安全事件。通过消费伙伴分享消费经验、营销人员提供消费信息也显著增加老年人遭受消费安全事件数量。实地调研也了解到，老年人特别是女性老年人喜欢"聚堆"，一些不法商家据此通过消费共情的方式，迫使老年人由于群体压力而非理性消费，从而遭受到消费安全事件。老年人消费的社交性也成为引发消费安全事件的显著因素。

---

① 张真真、班晓娜：《需求层次理论视角下老年人受骗问题分析》，《辽宁经济》2018 年第 6 期。

② 饶育蕾等：《幸福感能降低中老年人受骗风险吗？——基于 CHARLS 数据的实证研究》，《计量经济学报》2021 年第 2 期。

4. 消费维权力脆弱性

老年人维权力是指老年消费者个体与群体维护自身权益的能力以及各种组织维护老年消费者权益的能力。[1]调研发现，有超过四成的老人遭受消费安全事件后不会采取任何应对措施，多数因为麻烦、无法挽回损失而采取退缩忍耐的做法。之所以如此，固然有诸多外在的原因以及老年人自身的知识、技能等消费素养问题以及社会支持的不足，但更多老年人将消费安全事件发生归因于自我的错误阻止了积极维权的意愿，数据显示，防范老年人消费安全危险的应对措施中，63.0%的受访老年人"提醒自己不要贪图小便宜"，在实地调研也了解到，问及"为什么没有上当受骗"，一些没有遭受消费安全事件的老年人表示"不会去贪图小便宜"，在老年人消费相关舆论中也经常把"贪图小便宜"与"上当受骗"联系起来，所以在消费维权过程中，一些老年人不愿意维权、不愿意寻找其他帮忙，担心被指责为"贪图小便宜""人品不好"等。

（二）老年人消费安全的社会脆弱性

使脆弱的老年消费者暴露于风险境地的主要在于外部的社会结构性因素，主要包括老年人消费保护制度、组织的效能不足和老年人对科技发展的不适性等。

1. 老年人消费特殊保护制度的不够完善有力

对于老年人消费安全权的保护，虽然我国《消费者权益保护法》及《老年人权益保障法》对于老年人权益保护都有相关的原则性规定，但未能明确细化具体的权利和义务。未能根据老年人消费活动特点，制定更进一步的法律法规，未能明确老年人消费的主要领域的服务主体提供产品和服务时的明确目标和原则，为老年人提供消费安全的法律保障。以老年人最多发生消费安全事件的保健品领域为例，虽然我国出台了《食品安全法》，但对于保健食品的安全保障依然缺乏有效的监管，相关的配套法规极为不完善，对一些保健品相关的违规、违法行为缺乏相应

---

[1]　雷丁：《我国老年消费者维权力探讨》，《消费经济》2013 年第 6 期。

的细化的可操作性的制度和措施，常常因为处罚多少、量刑轻重争议造成保健品执法监管困境，对不法行为的警示、威慑效果有限。而作为老年人消费保护的消费者协会等总是提醒所谓"老年人消费陷阱"，对于老年人消费教育、遭遇到的侵害后的维权以及心理等支持缺乏具体的服务主体及责任，对于老年人消费的高发领域，未设置特别的风险防控措施。对相关主体的老年人消费服务标准不够明确，管理粗放，难以满足老年人的消费安全保障需求，也使得老年人的消费安全权难以有效保障。

随着老年人消费营销策略不断迭代变化，政策措施远远落后于市场监管的需求。调查发现，只有三分之一的老年人消费市场持积极正面评价，有近60%的老年人反映需要完善老年人消费特殊保护的法律法规，近40%的老年人认为需要建立老年人消费的专门管理部门。目前，针对老年人消费市场监管多头管理难以形成合力，市场风险无法得到有效管控与治理。调查发现，消费安全事件发生后，有部分老年人会向相关部门、消协或媒体投诉，但是只有约三分之二的投诉会被受理，还有约10%的受访老年人表示求助无门。消费维权机制与老年人维权认知和能力的不相适应，在老年人发生消费安全事件时无法获得有效的消费维权支持，导致老年人消费市场主体"肆无忌惮"，进一步激发老年人消费市场的"野蛮生长"。

2. 老年人消费安全保护的组织脆弱性

组织脆弱性主要是相对于老年人的消费的个体性，老年人服务市场往往都是有组织性的，这包括专门的诈骗套路，营销的组织化等。老年人消费安全事件的发生，受到较为复杂的社会性因素影响，往往会与老年人养老服务体系管理和漏洞相关，如保健品销售打着老年人健康服务的"幌子"，老年旅游会遭遇投资养老项目推销等。老年人保健品诈骗犯罪的研究认为，这类犯罪的具有形式组织化特征，手段也更加专业、多样，网络犯罪也日趋增加，受害老年人较多，损失较大且不仅是经济损失，也可能造成老年人身心损伤，而且具有大量欺诈犯罪难以立案受到有效惩罚；[①]

① 黄攀：《涉老年人保健品诈骗犯罪的特性与治理路径》，《江西警察学院学报》2020年第2期。

老年人金融消费领域的诈骗案件呈多发态势。① 现实中我们也可以经常发现，围绕老年人消费的营销策略层出不穷，比如老年人比较深受其害的"免费体验""宣传、讲座、会议销售""消费返利""预付储值卡/会员制"等，以免费、优惠之名组建老年人消费伙伴群，通过消费伙伴的群体压力和共情，激发老年人消费冲动已经成为成熟的销售套路。在向老年人营销的场景中，往往会是专门的营销公司，组织了包括专家、营销人员按照专业的老年人推销脚本，掌控着现场的节奏，对老年人推销产品，有效地影响老年人的消费决策，这种场景会促使部分老年人做出非理性的决定，从而造成了老年人的消费损害。老年人消费安全中的组织性和某些专门针对老年人的营销套路，增加了老年人个体应对的脆弱性，增加了老年人消费安全司法治理和日常应对的复杂性和难度。

另外，相对于市场营销的严密组织性和具有基于社会学、心理学基础的缜密逻辑的营销策略，老年人的组织性即社团组织、休闲兴趣的文体组织由于其非消费的目的，同时因为其组成的同质性即具有相似特征的老年人群体的松散组合，成为很多具有"群体性"老年人消费安全事件发生的基础。随着市场营销策略的不断演化升级，新的针对老年人营销策略还将不断涌现，老年群体的认知识别能力、情景决策能力以及灵活应对能力，很难抵抗营销策略升级带来的消费安全风险。

3. 科学技术发展与老年人适应的障碍性

科学技术的发展特别是信息技术的迅速迭代升级带来的消费方式、消费场景的变革同样挑战着人们的消费安全。作为蕴含安全属性的人工物，技术在为人类个体安全提供至关重要支撑作用的同时，又因利益关涉、知识整体性特征和技术自主性等因素成为挑战人类个体安全的最活跃因素。② 面对技术的发展与变革，老年人在消费过程中的安全面临更为巨大的挑战。

随着我国互联网技术的发展，我国老年网民数字迅速上升，特别是在

---

① 陈婧、马奇炎：《老年金融消费趋势、问题及公共管理对策建议》，《现代管理科学》2019 年第 3 期。

② 李斌、施光玮：《技术、信任与制度：我们会更安全吗?》，《自然辩证法通讯》2022 年第 1 期。

我国消除老年人"数字鸿沟"的政策推动下，数字技术应用适老化得到高度重视，老年人使用数字技术的能力日趋增强，老年人互联网应用日趋普及。2021 年末，我国老年人使用互联网的比例达到 43.2%，网民数量达到1.19 亿。老年网民购买生活用品比例达到 52.1%[1]。但老年人互联网消费的素养依然较低，对互联网的了解和理解能力较差，消费安全意识模糊而不确定，对巨大而丰富的互联网信息缺乏主动搜索、甄别意识，对信息的有效性、真实性、准确性往往会产生误判。[2] 对新科技产品的无条件信任，科技保健品宣传的媒介及图片的迷惑性，以及某些伪科技权威的宣传，也是老年人科技产品受骗的主要影响因素[3]。

　　进入 21 世纪，信息技术的快速发展，促进消费的智慧化水平不断提高，"以消费者为中心"的智慧变革，为消费者提供足够的便利，也提升了顾客的体验感。但技术资本市场忽视和漠视老年群体需求，受老年人对年轻人所塑造的互联网价值、规则、文化以及语义的理解困难等影响，[4]老年人在智能技术使用、信息素养养成及角色转化等方面存在着生理性、文化性和社会性弱势等方面困境，[5] 中国综合社会调查 2017 年的家户调查数据分析认为，以 3 分为及格线，相对于达不到及格线的交易支付能力和信息获取能力，老年人在基本的操作和社交娱乐方面能力较强，但也仅仅及格，而安全防范能力仅为 1.82 分，维权能力水平最低，仅为1.51 分，数字化生存能力平均得分仅为 2.54 分，还不到及格的程度。而且在老年人内部，数字化生存能力存在较大差异。[6] 由于消费智慧技

　　① 中国互联网络信息中心：第 49 次《中国互联网络发展状况统计报告》，https：//baijia-hao. baidu. com/s？id = 1725724734936829092&wfr = spider&for = pc，2023 年 9 月 6 日。

　　② 端文慧、赵媛：《老年人信息意识状况与提升对策——以老年人上当受骗为视角》，《图书馆》2016 年第 5 期。

　　③ 谢炳君、廖光继、周佳：《老年人对科技保健品信任的影响因素探究》，《人类工效学》2016 年第 5 期。

　　④ 陈晨：《探析代际数字鸿沟的形成路径与弥合之道》，《新闻传播》2022 年第 9 期。

　　⑤ 赵华、陈洁菲：《老年人智能技术提升的现实困境与突破路径》，《当代职业教育》2022年第 2 期。

　　⑥ 高焰、戴建兵：《多维度视角下中国老年人数字化生存能力的影响因素分析——基于老年人数字融入的实证研究》，《长沙航空职业技术学院学报》2022 年第 2 期。

术的革命造成的消费习惯的线上化、消费形式多样化、场景的无人化以及运营的社群化对于老年人来说更加复杂无助。老年人的智慧化消费能力不足阻碍着老年人共享现代信息技术红利。

（三）老年人消费安全脆弱性的形成机制

老年人消费安全脆弱性由于个体老化影响、消费嵌入性在营销场景的激活中呈现出来（见图4-2）。

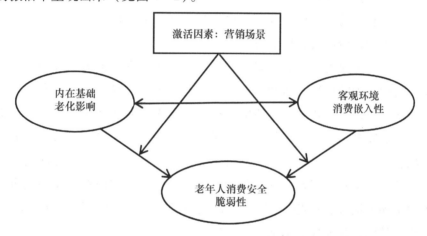

图4-2　"老年人消费安全"脆弱性的形成机制

1. 个体消费脆弱性是"老年消费安全"问题发生的内在基础

老年人认知能力下降、信息加工处理速度较慢、风险决策水平会随着年龄的不断增长而下降，这是老化的基本规律。老年人的生理、自我效能感、老化恐惧增加了消费动机的复杂性和非理性，增强老年人消费安全的脆弱性，老年人的消费行为、心理、决策以及维权力较差等导致老年人消费安全问题产生和安全事件的发生。研究认为，如果消费者年龄较大、贫穷、受教育程度较低和/或没有配偶，他们更容易受到欺诈。[1]容易导致老年人外在可见性和辨识度的增强、特别关注身体健康、

---

[1]　Lee Jinkook, H. Soberon-Ferrer, "Consumer Vulnerability to Fraud: Influencing Factors", *The Journal of Consumer Affairs*, Vol. 31, No. 1, 1997, pp. 70 – 89.

学习和分析能力下降以及社会脱离也容易成为一些不良经营者的欺诈对象；在一些方面的知识缺乏、轻信、老化及其带来的健康、经济等方面的焦虑以及贪利心理等，容易被诈骗犯罪分子所利用。[1] 心理比较脆弱的老年人更容易发生欺诈性案件。其次，老年人网络消费研究认为，他们更有可能遭受网络诈骗，受骗后具有更强烈消极态度，社会和市场信任更难以恢复。[2] 特别是在老化过程中老年人掌控感减弱，安全感降低，对老化的恐惧使得老年人更容易认为自己成为受骗者。[3] 对美国老年人金融欺诈和骗局的流行情况研究也发现，老年人在医疗、消费、金融等特定情境中，会比较容易受骗。[4]

老年人对营销情景的辨识度不足、诈骗防范意识能力弱等问题，以及其消费决策的特征、消费习惯导致了老年人更容易遭受消费安全风险的冲击。与青年人相比，在消费过程中老年人的外在特征和心理特征更容易引发安全事件。总体来说，老年人在消费过程中也会追求满足消费功能和自我需求的最大化，也具有理性消费的特征，但这种理性往往是有限理性，会随着消费情景的不同有不同的呈现，在消费的风格上也表现为不同的偏好，这些表现在认知和能力的差异下有多种复杂的变化，这成为其消费脆弱性的基础。

2. 消费嵌入性是老年人消费安全脆弱性产生的客观环境

消费不是独立的个体活动，而是嵌入在日常的社会生活和社会场景中，在现代社会，老年人的消费过程存在诸多风险。使脆弱的老年消费者暴露于风险境地的主要在于外部的结构性因素，主要包括制度、组织的脆弱性和科技发展的不适性等。老年人的消费决策更多可能嵌入家庭

---

① 彭玉伟：《论老年诈骗犯罪被害人的被害性》，《安徽警官职业学院学报》2013 年第 1 期。

② 刁春婷、曾美娜：《老年人网络自我效能感与网络诈骗应对的关系》，《中国老年学杂志》2020 年第 10 期。

③ 杨航、邵景进、张乾寒等：《老化恐惧与老年人受骗易感性：安全感和掌控感的中介作用》，《中国临床心理学杂志》2019 年第 5 期。

④ Burnes David, et al., "Prevalence of Financial Fraud and Scams Among Older Adults in the United States: A Systematic Review and Meta-Analysis", *American Journal of Public Health*, Vol. 107, No. 8, 2017, pp. e13 - e21；张力元、毕研玲、张宝山等：《老年人行为决策：领域现状与挑战》，《心理科学进展》2015 年第 5 期。

关系之中，空巢老年人、家庭支持弱化的老年人可能更容易被消费欺诈；而面对信息化和数字化社会的急剧发展，在技术赋能的过程中，数字技术通过创造新型消费工具、构建新型消费场景和培育新型消费文化等方式引发了新一轮消费革命。在技术垄断的过程中，它不仅暴露了消费者的隐私，还在很大程度上限制了消费者的自由，[①] 这也是老年人不得不面对的消费环境。在老年人本身适应力和应对力逐步下降的过程中，老年人消费安全问题的发生频次和损害、伤害程度加大。

3. 市场环境的不友好激活老年人消费安全系统脆弱性

所谓市场环境的不友好主要指在老年人在消费过程面对的适老供给不足导致的选择性有限，假冒伪劣商品较多，针对老年人的不当营销等问题而造成老年人的消费需求不能满足、消费安全不能保障等问题，老年人消费法律法规不够健全、市场监管漏洞等制度性因素而导致市场环境对老年人消费不够友好。

老年人消费安全事件的发生一般会在营销消费场景中产生。研究认为，老年消费者在营销情境中难以抵御各种诱惑，而做出非理性且影响自身利益决策的行为倾向。老年人个体安全脆弱性在营销场景中得到集中体现，情感营销、场景化营销等"体验型温情营销模式"都通过心理洞察、场景设置、把握节奏、行为引导等情感和场景唤醒老年人在健康、财产以及其他的心理状态或需求，这种手段往往导致老年人的非理性消费，过度消费，将老年人置于消费安全风险和消费损害的状态。

四 老年人消费安全社会支持
存在的主要问题及影响

老年人消费的社会支持主要是老年人自有的社会支持网络、因为消费而构建的市场支持、社区为老服务机构支持组成的体系，其对老年人消费

---

① 林晓珊：《数字化转型与第二次消费革命——技术嵌入性作为分析范式》，《新视野》2022 年第 2 期。

支持的适当性和有效性一定程度上决定着老年人消费安全的保障程度。

随着我国城镇化的发展，人口流动性增加以及家庭人口规模和结构的变迁，老年人社会支持也发生了重要变化。总体来说，近20年，我国老年人的社会支持水平整体逐年下降，距现在越近年代出生的老人，社会支持总分、客观支持和对支持的利用度越低，[①] 最近十年，我国城市老年人的家庭无论客观支持、主观支持都有所下降，核心家庭的大量存在导致家庭代际之间日常生活隔离，熟悉理解程度降低，关系比较疏离，老年人家庭满意度较低，因为人口流动也造成了亲戚朋友和邻里关系的淡漠，老年人很少获得亲邻的关怀和精神慰藉。[②]社会支持的变化严重影响了老年人的日常生活质量（身体健康、心理健康及认知和身体功能恢复、情绪、抗逆力甚至受骗倾向等）、获取各种资源和支持（包括经济支持、照料支持、信息支持和人际关系网络等社会资本以及社会文化上的对老年人接纳及场景的非歧视等）及其体验感受（主观生活满意度、孤独感、焦虑感、幸福感等），也使老年人养老选择（居家、机构还是社区及其之间的转换）呈现更为复杂态势。

在现代消费社会，消费的社会性越来越显著。研究和观察发现，在消费过程中人们也能获得客观性和主观性的社会支持资源。而为了满足自己的社会支持需要，那些缺乏传统的家庭、亲朋邻居支持的人更容易为了增加社会互动，而进行频繁的消费活动，营销人员和因消费建立起的关系也成为他们获得社会支持的重要路径。在社会支持变迁过程中，老年人社会支持特别是情感性难以从原来的家庭和初级社会关系中获得，老年人消费的社会资源更是处于匮乏的状态，导致老年人的消费过程充满了随机和不确定性，另外，他们也试图在消费过程中获得新的社会支持，因为消费而建立起新的社会关系，可能增加了老年人的社会支持，也可能增加了老年人消费安全风险。

---

① 辛素飞、岳阳明、辛自强等：《1996 至 2015 年中国老年人社会支持的变迁：一项横断历史研究》，《心理发展与教育》2018 年第 6 期。

② 杨雪晶：《个体化与城市老年人的非正式支持》，博士学位论文，复旦大学，2011 年，第 1 页。

1. 老年人消费支持总体不足甚至部分人完全缺失必要的社会支持

总体看来，老年人消费所必需的客观物质支持和情感支持完整性不足，有效性有限，使得老年人容易陷入因社交需求进行的消费，也使得老年人在决策过程中因为有效支撑不足而缺乏理性，部分老年人会"常买没有计划的东西"和后悔自己的消费决定，也容易引发消费安全事件。调查显示，能够全面获得消费的信息、金钱、决策建议、问题解决等客观支持和对其消费状况能关心、倾听、陪伴、安慰等情感支持的老年人占比较少，仅有一半的老年人只能够得到部分支持。更有少数老年人的消费社会支持完全缺失，处于无法获取任何社会支持的状态，完全依赖自我的知识和技能在充满各种陷阱的消费市场上进行选择。特别是有更多老年人无法从自己的非正式社会网络中获得一些切实的支持和帮助。部分老年人无人帮助解决消费问题、帮助消费规划，也无法得到任何情感性支持。研究发现，没有人与老年人一起拟订消费计划、帮助投诉或与商家协商解决问题时，老年人遭受消费安全事件数量显著增加，缺乏社会支持导致老年人消费容易暴露在风险之中，成为消费安全的受损者和伤害者。

2. 家庭是老年人消费支持的主要资源但对消费安全保护的有效性不足

老年人消费安全问题实际上应该是家庭风险的一种，本来应该是家庭作为经济、情感共同体一致面对的问题，但调查发现，家庭并未对老年人消费安全提供真正有效的支持。究其原因，主要是社会变迁导致的家庭功能的弱化，更重要的是在家庭内部，对家庭价值的认知差异以及对解决问题的意识、能力不足，对老年人的需求重视与关切的缺乏。

配偶和家庭成员是老年人首属关系，这是老年人接触最多并最可能发挥影响作用的支持关系，也是中国人最看重和依赖的关系，是最重要非实用的和持续的关系，在老年人生存和发展过程中发挥着难以替代的基础性的作用。家庭成员通过情感支持和照料支持，对老年人理性消费和降低消费安全风险有积极影响。研究认为，老年人消费的有效社会支持主要来自家庭。在消费物质支持方面，老年人消费资金支持主要来源于配偶和子女等家庭成员的支持，主要消费经验来源于配偶、子女；基于解决问题导向的社会支持也主要来自家庭成员，消费计划拟定会和老伴、子女一起共同讨论，这与老年人大多数和配偶共同居住并管理老伴收入相关；而在老年人遭遇消费纠纷或损失等消费安全事件时，老年人会得到较多人的建议，由子女、配偶帮助投诉或与商家协商解决消费相关问题。在消费情感支持方面，老人会得到更多的家庭关心、激励与陪伴和安慰等情感支持。

另外，也有很多老年人未能获得必要的家庭支持，同时有些家庭的消费支持也缺乏有效性。这首先表现为家庭内支持中共识性策略的不足和非共识性支持的消解，更多家庭对于老年人消费安全处于争吵难以共识的状态，能够共同协商解决问题或者寻求专业支持的家庭较少，导致问题不了了之。或者表现为子女或配偶对老年人消费决策的"顺从"与"弥补"上，这两种情况反而增加了消费安全事件的发生，这种"顺从"和"弥补"看似理解、满足了老年人情感和资金的需求，但实际是为了回避矛盾和冲突而采取的一种对老年人消费错误决策的一种"纵容"，而非积极地帮助老年人梳理自己的消费观念和行为中存在的非理性成分，认识消费过程中可能出现的风险，以避免问题的再发生，也是一种消极的支持。我国传统文化非常强调孝道，要尊重、理解和顺从老年人，不要违背老人的心意，不仅对子女有"孝"的要求，还有"顺"的要求①。快速老龄化和家庭核心化带来了子女与父母之间的区位断裂，老年人和子女大多分开居住，家庭经济开支也都是相互独立，导致较多子女不清楚老年人的消费习惯、消费需求等；同时也带来了代际之间的代差断裂，老年人消费意识观念与子女之间存在显著差异，子女也很难影响父母的消费行为。当老年人出现消费安全事件之后，子女会积极地帮助老年人处理其消费安全事件带来的负面影响，比如垫付并"谎称"已经追回了经济损失等，以此从情感上弥补和"孝顺"老年人，让老年人心情舒畅而不致使身心健康影响，但是反而会助长有些老年人"自我膨胀"心理，认为消费安全事件与自己没有关系。在子女处置消费安全事件的方式方法上，只是希望尽快消除其对老年人的负面影响，

①　吴楠：《对老年人消费权益保护的几点思考》，《山东农业工程学院学报》2015年第6期。

而不是关注事件发生的原因及其经验教训，实际上也没有真正地面对已经存在的消费安全风险，这也导致了少部分老年人一次又一次地遭遇消费安全事件。

3. 亲朋好友的消费支持较为薄弱且在一定程度上放大了安全风险

我国城市居民在家庭之外的支持主要是亲属支持，朋友和邻里也是重要的社会支持资源，亲属支持是非正式支持的基础和核心，而朋友和邻里支持则是亲属支持的补充和扩展。[①] 一般来说，非家庭成员的亲戚朋友会提供工具性支持，非亲属关系的好友和邻居提供的主要为情感性支持。研究发现，亲朋好友主要为老年人提供了消费信息和消费经验，也有部分获得情感上的陪伴和安慰，以及帮助协商解决消费问题，更有亲密关系者会为老年人提供资金支持，也会帮助老年人计划自己的消费，他们成为家人之外影响老年人消费决策的主要参与者，意见提供者，以及老年人遭遇消费安全问题后的倾诉对象，但这些占比都较少。一方面，老年人在亲朋好友那里获得了信息、情感等支持，但实地调查分析也发现，亲朋好友的消费支持并不都是正向的，亲戚朋友提供的商品相关信息，和亲戚朋友共同拟订消费计划以及消费伙伴分享的消费经验等方面，都显著增加了老年人消费安全风险。研究结果表明消费伙伴的社会支持呈现明显的负向支持特征。其主要原因为一方面老年人的同伴群体都是老年人，整体信息辨别能力较低，很难有人能够感知市场的风险性并在其中发出警示，老年人消费过程中激励与风险警惕不够平衡，导致其购买非必要商品或接受不必要的服务的风险大量存在；同时老年人消费如从众、易共情等普遍性特征，导致老年人从同伴群体获得消费信息与经验具有同质性，难以在消费过程中做到理性思考，对消费安全风险进行准确判断。另一方面，老年人消费思维与行为方式的同质性，难以抵御市场营销的"技术陷阱"，而且当消费安全事件发生后，担心被其他同伴群体质疑其"人品"和"能力"，老年人不愿意在同伴群体中真实

---

① 陈雅丽：《城市社区居民的非正式支持网络：现状与前瞻》，《社会工作》（下半月）2010 年第 6 期。

反馈其真实状况，导致消费安全风险不断扩大而形成涟漪效应，事实上，同伴群体对于老年人消费安全风险起到"倍增器"的作用，如一些不法商家打着养生讲座的旗号招揽老年人参与，通过群体压力不断放大老年人的消费冲动，从而使老年人掉入消费安全风险的漩涡。基于老年人同伴之间的从众性消费引发的"群体性"消费安全事件已经成为消费安全治理的重要难题。

4. 基于市场的消费支持充满安全风险

在老年人消费过程中，不仅有亲戚朋友支持，也有包括老年人因消费而建立的消费伙伴和营销人员的支持。基于消费的消费伙伴支持和营销人员的支持也成为部分老年人消费支持的重要部分。因消费而建立关系的消费伙伴也影响着老年人的消费，其中部分老年人从消费伙伴获得了消费经验和商品相关信息，少数消费伙伴也会陪伴、帮助老年人解决消费问题。营销人员则主要成为老年人消费信息的提供者。特别是在购买保健品、投资理财和养老投资等时，老年人受营销人员、消费伙伴的影响较大；当遭遇消费安全事件之后，少部分老年人也会向消费伙伴、营销人员倾诉自己的遭遇。

此外，老年人几乎无人从社区获得消费的任何支持，老年人消费安全服务还未能在社区得到重视，更谈不上建立老年人消费安全保护的制度体系。

总之，老年人消费安全社会支持完善性和有效性不足问题较为严重，一方面是老年人整体社会支持水平下降，在数量和内容上不足，影响着消费社会支持的作用发挥；而消费安全正式的制度支持不够完善、细化，社区支持缺位，家庭支持缺乏有效的应对问题策略和能力，亲朋好友支持在某种程度上会放大老年人消费安全风险，基于市场的支持因其逐利目的成为老年人消费安全风险的重要来源，总之，老年人消费社会支持的负面作用大于正面作用时，部分老年人就会处于消费安全风险中，引发消费安全事件。

五　老年人消费安全保护的挑战与困境

在越来越充满不确定性和复杂性的风险社会与信息社会发展过程中，

在我国的社会转型期的背景下，具有复杂而深刻的社会意义的消费嵌入在老年人的日常生活中，同样老年人消费安全也在经济社会的发展中面临诸多挑战，无论是个体、家庭、市场和社会都不得不面对其冲击。

（一）制度支持的有效性还不足以回应老年人消费安全问题

2015 年中国健康与养老追踪调查数据中老年人报告有受骗经历的比例为 9.5%。①《中国消费者权益保护状况年度报告（2022）》指出，老年人消费领域行业积弊仍需持续加强治理，特别是在康养服务、养老助老类服务和助老产品及相关领域和网络消费问题较多，《北京市 2023 年老年人权益保护形势分析报告》认为，消费欺诈是老年人遇到的最为频繁的侵权类型；《中国养老金融发展报告（2017）》显示，1/4 多的老年人在养老理财和其他金融消费过程中受过欺骗，且老年人受骗金额高于其他年龄段人群。可见，老年人消费安全总体形势非常严峻，特别是金融消费领域后果更为严重。老年人各种消费安全问题的大量存在，给老年人带来了生命健康和财产损失，也造成了家庭关系的紧张，对市场和社会的信任、信心造成巨大影响，抑制了社会的消费，并进入公共领域，成为影响社会和谐发展的重大问题。但是长期以来，社会各界对老年人消费安全风险缺乏正确认知，普遍认为消费是个人的事情，只要理性消费、不贪图便宜就可以避免；老年人消费安全事件是小概率事件，不是影响社会的公共安全事件，所以针对老年人消费安全的社会宣传力度非常不足，在宣传方法、宣传文案等方面还不能得到老年人的认可。

保障老年人消费权益需要正式制度安排，现有的老年人消费权益保护体系还不完善，还没有建立完整、全面地干预老年人消费安全的政策支持体系。一是老年人消费市场准入门槛低，缺乏政策刚性约束，导致商家良莠不齐，消费安全事件发生后互相推诿，很难得到妥善处置。二是消费维权政策迭代较慢，针对老年人的营销手段层出不穷，但是消费

---

① 饶育蕾、陈地强、彭叠峰、朱锐：《幸福感能降低中老年人受骗风险吗？——基于 CHARLS 数据的实证研究》，《计量经济学报》2021 年第 2 期。

者权益保护的法律支撑较弱，政策难以及时做出有效回应。特别是保健品行业的产品数量多、面广、企业生产经营水平良莠不齐，但与行业现状、监管现状相适应的监管工作理念还未能建立，监管资源也严重不足；社交媒体直播间里的"演戏式营销"，夸大产品功能，宣传与事实严重不符，但是政策并没有能够做出有效回应。三是老年人消费权益保护"牙齿不够锋利"，现有消费投诉渠道虽然比较完善，但是投诉后的解决机制总体"软弱"，针对一些不法商家或不负责任的商家无法提供有效的制裁，震慑力度太弱，行政执法机关和行业主管部门也没有形成系统化的应对体系。四是帮扶老年人处置消费安全事件缺乏正式社会支持，社区中还没有形成老年人消费权益应对机制以及多部门协同解决机制，社区也无法有效对接消费者保护机构及相对应的调解机构。五是现有消费者权益保护制度更多集中于事后，对于老年人消费安全的预防介入较少，专业社会组织机构干预能力较弱，部分老年人缺乏消费维权意识，甚至也不知道去哪些部门进行投诉。总体而言，针对老年人消费权益保护还没有形成系统化政策支持，相关部门还没有形成合力，社区中也普遍缺乏专业社会化服务组织机构，导致老年人作为个体的消费者，很难与组织化的企业和商家相抗衡。

此外，对老年人消费安全社会支持认知还存在误区，认为老年人获得消费安全的社会支持都是正向与积极的，忽视了老年人消费获得的社会支持也具有负向支持作用，特别是老年人家庭之外获得的社会支持的负向作用，这些都对建立有效的老年人消费支持体系有极大的干扰。

（二）老年人消费素养水平难以适应其消费自主性需求

随着家庭核心化的不断发展，子女抚育和抚养的负担相对减轻，部分中国城市老年人在很大程度上告别了"为他人而活"的境遇，获得了更多"为自己而活"的可能，他们或被迫或主动地拥有"属于自己的生活"。①

---

① ［德］乌尔里希·贝克、伊丽莎白·贝克－格恩斯海姆：《个体化》，李荣山、范譞、张惠强译，北京大学出版社 2011 年版。

在消费上老年人表现了一定程度的自主性，第一，老年人家庭资金管理与支配情况的自主性，大部分老人日常消费和支出由自己决定，很多老年人在消费过程中没有得到任何人关心，也有很多老年人认为不需要任何人插手自己的消费状况，包括自己的子女。第二，主体性消费特征的凸显。部分城市老年人的消费表现出"给予却不牺牲自我"，为子女的利他性消费虽然依然大量存在，老年人自我生存改善和发展的自我消费也不断增长，老年消费者在有闲有钱的条件下，为自己的乐趣、兴趣乃至自我精神满足和成就感的旅游消费、学习消费、娱乐消费成为消费的主流，也成为老年人追求美好生活的直接体现。第三，保健品健康消费、保值增值的金融消费成为老年人寻求自我安全感的重要表征。保持健康身体和财务的独立性成为老年人追求自我的基本保证，其消费过程更具个体化特征。但个体化带来了自由，也意味着保护的减少，个体疏离感、孤独感的增加，成为老年人消费安全问题产生的重要影响因素。

此外，消费自主性也对消费的自我能力提出了更高的要求，老年人的消费脆弱性和较低消费素养水平使得这种消费自主性充满风险。消费素养是指老年人在消费过程中应对市场变化的有效决策和理性消费的能力，设计合理的消费结构、制订科学的消费计划、理性进行消费决策、辨识流行的迷惑能力、对广告的正确认知以及基本的网络消费素养是消费者能力的基本要求。具有消费素养的老年人一般具有一定的消费知识和技能，在消费态度和行为上能够比较理性，能够践行绿色消费理念，并在消费过程对自我采取适当的保护性行为以避免受骗上当。但我国老年人面对繁复的市场环境，消费的基本知识、技能和维权能力严重不足。研究发现，老年人金融消费主要困难是担心资金安全、缺乏金融知识与投资技巧，最缺乏的五项金融知识分别是投资知识、财务规划知识、保险知识、数字金融知识和纠纷解决知识；对生命和健康的过度关注使保健品成为经济稍微宽裕老年人的刚性需求，因此其对保健品的消费和投入缺乏弹性，而保健品本身的药食同源等本身特质也使老年人对其效果期待较低，难以分辨宣传与实际的效用，风险水平感知较低，这样导致了老年人的自信性消费和从众性消费，特别是在市场营造的消费场景中受消费伙伴的"感染",在"权威"信息的影响下非常容易失去理性判断;有些老人对自我的人生阅历过于自信,往往凭借以往经验做出判断,消费观念老化僵化与社会脱节,不能适应新的消费市场变化,难以对新的消费形态做出正确选择;对于轻龄老年人来说,和子女家庭一般保持着"健康的距离",在各自生活方式上互不干涉。他们刚刚进入老年,很多人有自己的消费习惯,一直是自己管理自己的财务,很多人即使是重大的消费决定都是自己做主或者夫妻共同做主,而非要和子女商量。老年人消费行为具有的强烈的非理性与明显的隐私性及消费行为的自主性,成为老年人消费暴露于风险情景的基础。

(三) 老年人消费的功能性与社交性双重属性造成消费安全问题治理多重困难

消费除了理性化范畴的生产性也即所谓的功能性之外,在消费过程中也具有消磨时间、分享信息与经验、寻求认同与归属的社会融合与社会交往特征。① 一方面老年人因为身体健康需求、保值增值以及生活需求决定了消费满足其功能性的"物"的消费特征;另一方面由于老年人时间充足,家庭的核心化使老年人普遍的情感需求难以满足,为其消费过程与他人的交流互动等社交性消费提供了更多可能。商家对于老年人消费风险较大的领域如保健品、旅游等采取情感式营销的手段,以营销人员为主导,为提高顾客的满意度和忠诚度,企业通过为顾客提供个性化的功能利益、流程利益和关系利益组合开展利益组合营销,② 而其中的策略和方式,完成了满足老年人社交需求、情感共鸣和商家利益最大化的消费过程,往往会激发老年人的不理性消费,购买不必要或过多的产品,看起来似乎是充分满足老年人的利益需求,实际上却从根本上损害着老年人的利益,导致很多老年人会后悔自己的消费决定。很多保健品营销网点、养生馆等往往起一个具有情感性的名称如"大家庭"作为

---

① 吴金海:《社交性消费:一个消费社会学的研究框架》,《山东社会科学》2021 年第 11 期。
② 李德俊:《消费者利益新概念与市场营销新模式》,《财贸经济》2003 年第 6 期。

消费场域，组织老年人娱乐休闲的活动，塑造老年人社会网络，销售场所转变成为老年人社交、分享、休闲的空间，增强与老年人之间的多维度联系，消除老年人孤独感，但根本目的在于保健品的销售以获取利益，老年人的保健品消费行为因为情感与关系的驱动，嵌入由营销人员建构的满足老年人社会交往的场景中，建构了老年人对社区共同体的想象，形成了具有吸引力的老年人消费空间。① 这种社区的建构和想象使得老年人通过集体消费获得的社交互动和消费体验要远远高于个体消费的效用，甚至得到了比有形物质更大的快乐。实际上，是老年人"真实的需求"通过消费过程带来了一定程度的"虚假的满足"，因此也使得很多孤独的老年人容易沉迷这种消费空间和过程，而忽视了对购买的保健品的功能性和安全性的关注与考量，成为大量老年人囤积和购买"三无"产品或不具有保健品资质的产品的主要原因，也因此，在之后的纠纷中，因效果不明显而无法退货成为保健品消费安全事件的主要问题。

老年人消费这种双重属性，导致了消费安全治理中的难题和困境。一方面是在干预中对事件的性质界定困难，大量的老年人消费安全事件因为主观判断和客观的证据支撑的矛盾难以立案，维权的支持和帮助作用难以发挥；另一方面，很多老年人享受消费过程而对结果的风险缺乏感知，导致家庭更多采用不维权，容忍的策略。这反而为这种非法不合规的产品和营销服务提供了空间，扰乱了老年人消费市场秩序，老年人消费市场"钱好骗难赚"的"劣币驱逐良币"的现象大量存在。

而对老年人消费安全直接的干预可能减少老年人的损失，但满足老年人情感需求，消解其孤独感以减少老年人处于消费风险境地，需要更为细分、更加常态的陪伴和养老服务才能解决，而家庭资源的弱化，个体社会网络支持的减少急需社区社会工作者、社会组织等组织化、专业化力量的整合，通过深层次的情感服务来消解消费市场以营利为目的的情感支持。

---

① 于文洁、郑中玉：《基于消费构建想象的社区——对某老年保健品消费群体及其行为的研究》，《社会学评论》2018 年第 1 期。

（四）老年人消费需求的多样性与适老用品和服务供给缺位与偏差之间的矛盾突出

随着老年群体的世代更选，消费成为老年人追求美好生活的重要方式，对生活品质性、享受性要求不断提高。除了基本生活、医疗和养老方面外，消费领域趋于广泛化，消费项目呈现多样化特征，老年人服饰护肤、文娱交往、旅游康养、家政服务、老年教育等方面的消费也日趋丰富。但我国养老产业发展较为滞后，2020 年我国养老产业才作为独立的条目进入我国产业统计中，养老产业处于初步发展阶段。目前我国老龄产业的发展重点在于满足老年人的照护服务、健康服务等刚性需求的供给上，满足老年人差异性、品质性需求的娱乐休闲、社交、金融、教育等产业发展滞后，远远不能满足老年人的新需求。基于积极老龄化视角，促进老年人参与的适老化产品，满足老年人精神文化需求、发展需求等提高老年人生活质量的产品较少，多层次、高质量的老年人消费产品和服务非常缺乏。老年人群体参与互联网经济的程度越来越深，网购、手机支付等新型网络消费、智能消费形态也逐步被接受，老年人被数字经济激发的消费需求也不断扩大。我国银发消费市场发展极不平衡，有的竞争过于激烈，有的又严重不足，市场还存在很多空白。[①] 业内人士认为，适老化的老年旅游产品供给相对单一、软性服务和医疗服务欠缺，充分满足老年人旅游需求的丰富、安全的品类和服务还远远不够，也抑制老年人旅游意愿；[②] 老龄金融消费方面，面对老年群体财富管理意愿的不断提高，适合老年消费的金融产品缺乏和不够细化，不能匹配老年人多元多层次的投资理财需求。[③] 各领域、各维度的老年人产品和服务供给远远低于老年消费群体需求的预期。之所以如此，主要在于我国对于银发经济发展有较高的期待，出台大量文件促进老年人消费，但缺乏

①　寇晓南：《新发展理念指引银发市场发展路径》，《中国外资》2017 年第 15 期。

②　《中国老年旅游市场潜力巨大　旅居养老日渐升温》，https：//baijiahao. baidu. com/s？id＝1683518113052976234&wfr＝spider&for＝pc，2023 年 9 月 6 日。

③　金融界：《应对人口老龄化，金融机构积极探索中国方案》，https：//baijiahao. baidu. com/s？id＝1767868299109482843&wfr＝spider&for＝pc，2023 年 9 月 6 日。

对老年产业发展的规划和引导，支持老年产业的政策缺乏系统性，激励性不足，同时老年产品和服务的标准与规范还处于起步阶段，市场监管有效性严重不足，老年产品供给不足，市场秩序混乱，造成老年人消费安全事件在一些领域发生，具有普遍性、群体性等特征。

综上所述，在我国快速老龄化和老年消费发展进程中，信息社会和风险社会交织的背景下，老年人个体脆弱性在制度、组织脆弱性以及新技术的不适应等叠加放大了老年人消费安全风险，而社会支持的完整性和有效性的不足对老年人消费安全保护的挑战，加剧了老年人消费安全治理困境。

第五章 系统赋能：建构以社区为平台的老年人消费安全社会支持体系

　　建构老年人消费安全社会支持体系，需要针对存在的问题与挑战，对于弱化的和功能不足的非正式社会支持和不断完善的正式制度支持，通过建立一定的机制和规则，完善老年人消费安全的支持体系，有效提升整个社会老年人消费安全的保护能力。

　　老龄化加速发展、家庭结构小型化以及人口流动的加剧，面对老年人家庭支持弱化，老年人消费安全的正式制度支持不够有效有力，老年人家庭和初级的非正式的社会支持需要修复，正式的社会支持和制度支持需要通过中介真正作用于老年人，从而增强老年人消费安全系统能力，真正为减弱老年人消费安全风险，提升维权能力，修复受损害的老年人心理和精神状态，预防老年人消费安全事件的发生，减轻对老年人和家庭的伤害与影响。

　　本书认为，社区可以发挥承上启下的平台作用，将老年人的正式制度支持和非正式的家庭支持、同伴支持以及市场营销者等链接起来，共同作用于老年人整体能力的提升，从而消除老年人消费安全困境，也在消费安全事件发生后，能够有效链接专业资源减轻损失和伤害。当然，社区平台作用的发挥，不仅是社区平台自身能力建设的问题，更重要的是其嵌入的社会环境的改变，包括从法律法规及其老年人消费安全保护的机制体制建设、社区组织化应对市场组织化问题、家庭能力建设、老年人个体赋能等整个系统的能力提升。通过老年人赋权增能，重塑老年人社会支持网络，并促进正式的社会制度对老年人消费安全支持效用的发挥。

一　社区为平台：何以可能，何以可为

社区处于微观个人、家庭与宏观社会环境的连接处，作为距离家庭最近的老年人社会空间，老年人通过和社区接触了解和理解更广大的宏观世界，也同样，结构性的社会制度和资源也可以通过社区共同体这个平台作用于老年人及其家庭。

（一）现代社区与老年人：社会空间与价值

对于人来说，社会空间是指具有社会意义，承载了个体的社会关系和网络的物质与地理空间。① 以社会空间视角来看，社区是家庭之外，承载了人们日常生活资源和各种互为联系社会网络最基本的单元，也是连接居民与政府的中介和桥梁，社区可以将社会、国家、市场等主体与个体有机地连接并促进其互动。

1. 现代社区之于老年人

现代社区不仅是一个地域概念，也不是单纯的空间结构，更是一个社会生活的共同体，是联系人与社会以及不同群体之间的一种关系纽带。社区从物理空间上来说是距离家庭最近的，与左邻右舍是日常可见的，相对于社会来说，是可亲近的。F. 腾尼斯创立了社区理论，并从社区特征出发，认为社区对于人来说，是一个具有相同价值，可以共同守望、互相帮助、情感相依的共同体。人们在社区生活，除了要求舒适的空间、便利的条件外，还要有和谐的人际关系与精神依托，对社区产生心理上的认同感和归属感，从而满足人的多元精神需求。对于退休脱离了工作单位、业缘关系逐渐淡化的老年人，因为社区天然的优势，逐渐成为他们的主要社会交往和活动空间。社区不仅是老年人日常生活、消费、社会交往和社会参与的基本场域，也是老年人情感慰藉的主要来源，老年人熟识的朋友、景物以及基本的设施，使得老年人可以感受到稳定感和

---

① 潘泽泉：《当代社会学理论的社会空间转向》，《江苏社会科学》2009 年第 1 期。

掌控感，从而提高老年人的效能感和安全感，即所谓的有着亲密、关切、互助、友爱的"生活共同体"。

在我国快速老龄化的过程中，家庭小型化和人口的流动性，使得更多的老年人成为空巢和独居老人，2022 年发布的数据显示，我国一半以上的老年人属于空巢老人，部分大城市这一比例甚至超过 70%。传统家庭承担的生存繁衍、互助共济、精神慰藉、风险防范等养老功能弱化，因为退休脱离了工作单位，淡化了业缘关系的老年人，社区作为除家庭而外在空间上距离老年人最近的一个社会空间，成为老年人可以依靠的替代资源，老年人对社区作为社会空间的需求日益增加。社区不仅成为老年人日常生活、消费、社会交往的基本场域，也成为老年人情感慰藉的主要来源，成为有着亲密、关切、互助、友爱的"生活共同体"。老年人也通过社区活动的参与，实现自我的存在与价值，社区基础设施和人文环境对于老年人的友好度影响老年人积极老龄化和健康老龄化，决定着老年人生活质量的高低和获得感、幸福感、安全感实现程度。

长期以来，国际社会一直关注社区对于老年人的价值与作用，并在全球老龄化日益加剧的过程中，致力于强化社区支持促进老年人生存发展环境的改善。1992 年，联合国通过的《世界老龄问题宣言》要求，"在制定和执行有老年人参与的各种方案和项目时，鼓励社区意识和参与"，要"探讨在家庭和社区维持不同年龄相融合的新途径"；"2021—2030 年联合国健康老龄化行动十年"更明确要"以培养老年人能力的方式发展社区"，为有需要的老年人提供有效的服务来增加社区的认同感和归属感。老年人的问题需要通过社区来解决。世界卫生组织也认为，基于绝大多数老年人生活在社区的事实，也必须在社区层面解决老年人所面临的各种健康及健康以外的大部分问题。可见，社区对于老年人和老年人对于社区的重要性成为国际社会的重要共识。

2. 社区成为综合解决我国养老问题的重要载体

20 世纪 80 年代以来，我国加强社区建设，着力促进社区发展，社区已不仅成为我国"维系个人、家庭、单位、城市、国家的情感纽带"，更是成为个体和社会国家之间的"文化纽带与利益纽带"，成为社区居民获取各种社会资源的重要来源。[1] 研究认为，推动资源整合和资源下沉，打造"社区养老共同体"。在强化家庭养老功能的基础上充分发挥社区在公共服务供给上的天然地缘优势，使之向上对接政府行政资源、向下辐射家庭及个体，横向链接社会网络和产业资源，形成"社区养老共同体"，以破除碎片化和有效增强养老服务的辐射性，实现家庭、社区、机构养老协调发展。[2] 社区在我国老年福利政策制定和资源配置过程中发挥着基础性作用。社区不仅成为治理体系的基层，更是人民的生活共同体，还是个体和家庭最需要的稳定、温暖和亲近关联之所在。

以社会化服务弥补家庭功能不足成为我国现代化过程中的基本策略。在我国完善为老年人保障和服务体系，优化老年人生存发展的社会环境过程中，社区的重要性凸显，社区为老服务成为新的重点和着力点，老年友好社区建设成为我国推进积极老龄化战略的重要抓手。社区本来应有的居民"生活共同体"属性在社会保障和服务政策的不断健全中，对于老年人的价值更加重要。

在现代都市社区里，传统邻里关系发生了较大变异，左邻右舍因为缺乏亲缘、业缘关系，失去了传统社区邻里之间交流和互动平台，社区的社会资本价值日趋减少；特别是由于社区老年人活动组织较少、社区参与渠道的不足、社区服务覆盖面有限等，老年人对社区的认同感缺乏，使得老年人的社区期待难以实现和社区的需求未能满足。需要在现代国家社会的参与下，嵌入社区结构和规范中，需要以社区为平台，通过正式的制度和非正式的社区规范约束，在互为建议、协商、监督过程中，重塑老年人社会资本网络。

（二）社区：作为老年人服务和治理的平台

社区作为老年人生活和社会关系网络的主要空间，发挥基于价值、理念以及日常共同生活的共同体作用，打破了老年人福利保障制度与微观个体需求的割裂，可以作为一个承上启下的平台，作为老年人消费安

---

① 刘建军：《社区中国》，天津人民出版社 2020 年版，第 82 页。

② 胡湛、彭希哲、吴玉韶：《积极应对人口老龄化的"中国方案"》，《中国社会科学》2022 年第 9 期。

全建构的中间载体，链接社区正式的、非正式的社会支持资源，打造为老年人消费安全赋能的社会支持体系。

1. 平台理论：从平台经济到平台治理

随着互联网技术的发展，平台经济得以迅速发展，这里的平台，是指以互联网为支撑，促进在各种市场主体进行合作、交易等互动以创造价值，具有开放性、共享性、协同性和包容性的载体。在平台经济的发展过程中，逐渐形成了平台理论体系。基于其价值生产的模式，在社会领域有关平台治理、平台社会等概念被提出，从而催生了以参与、分享、协作、自助和创新为特征的平台型治理。所谓平台型治理是指平台主办方开放治权和平台资源，并把利益相关群体联结在平台上，通过平台规则和平台战略推动用户群体互动合作、相互满足和权益实现，与此同时，巧妙地履行着自身的责任与使命，其基本目标是实现平台生态系统内的共同利益与整体效能最大化。[1] 其中平台的本质得以显现，即以互联、互通、互动、开放、创新的理念，平台为参与者提供可持续性发展的价值，从而能够成为参与者的生存和发展的空间，也促进平台实现其社会、经济和商业价值。借助这一理论，社区作为一个平台成为很多学者的研究议题。

2. 社区治理的前景：平台型治理的新要求

经过 30 多年的发展，社区成为公共服务和社会服务落地的主要场域，也是基层治理的压舱石。虽然社区聚集各种公共和社会资源，但"上边千条线，底下一根针"的现实困境，导致社区不堪重负，也很难真正实现政府赋予的"基层公共服务精准高效"的职责。针对这一问题，研究认为，社区治理可以以平台经济发展和运营的模式，秉持平台的参与、平等、尊重、共享的理念，重视公众参与，以发展居民社会资本为目标，以协商共治的方式，明晰社区多元主体各自的责任，减轻社区负担，重塑基层治理创新格局。[2] 在实践中，我国各地也进行了诸多

① 刘家明：《平台型治理：内涵、缘由及价值析论》，《理论导刊》2018 年第 8 期。
② 闵学勤：《从无限到有限：社区平台型治理的可能路径》，《江苏社会科学》2020 年第 6 期。

社区平台治理的尝试和探索，通过社区治理平台建设，积聚党建、社会组织、社区居民自组织、驻地单位等多种力量，在共同平台规则的空间再造过程中，优化社区治理的基本结构，实现以党建引领，满足居民多元多层次的保障、参与、服务需求。创新了社区治理模式，促进社区治理水平提高。在总结各地社区治理的实践经验基础上，立足新时代新征程，"构建网格化管理、精细化服务、信息化支撑、开放共享的基层管理服务平台"成为提升社区治理体系和能力现代化建设的基本遵循，加强社区平台建设成为未来我国社区治理的行动指南。

3. 社区：整合、动员、组织老年人服务资源的平台

在我国为老服务的研究中，社区作为平台的概念得到关注，从服务模式的角度，基于老年人服务的需求，"通过社区平台的建构和运营，整合、动员、组织老年人服务资源，构建日常生活、医疗、健康保健等多种福利为一体的服务"，重点要"明确社区在居家、机构等多种养老模式中的桥梁纽带联系，发挥社区平台作用，顺畅基于老年人身体状况、经济状况、家庭状况等变化而导致的养老方式转换渠道"；[①] 而现代科学技术的发展，也为以社区为平台解决老年人问题提供了智慧化的支撑，使得社区养老服务平台的建构成为可能。

特别是我国社区治理从"三社联动"到"五社联动"模式的推进，在社区、社会组织、社会工作者联动的基础上，将社区志愿者和社会慈善资源纳入其中，政策设计者和研究者都希望社区作为正式的制度和非正式的资源的集合、链接和组织的作用不断强化，社区能真正地具有平台的特征有效服务满足社区居民的多层次的多元多样需求，并对社区治理的创新发挥作用。

4. 老年人对社区消费安全保护的期待

以社区为平台，充分促进社区相关利益群体的参与，打造为老年人消费安全赋能的社会支持体系。对这一点的重要性，老年人有较强的共

---

① 潘屹、隋玉杰、陈社英：《建立中国特色的社区综合养老社会服务体系》，《人口与社会》2017年第2期。

识。数据显示，有11.2%和52.6%的受访者认为社区对于老年消费安全保障的作用"十分重要"和"重要"，仅有12.8%的受访者认为不重要。这从另一个侧面也反映出社区在老年人消费安全保障作用还远远未能发挥，老年人无法具体体验到社区能够给予的支持和帮助。

为了充分促进社区对老年人消费安全的支持的作用发挥，超过四成的受访者认为要提升社区在组织、服务和保障方面的举措。有48.9%的受访者认为需要社区提升老年人预防和应对消费安全事件的能力，45.4%认为应组织老年人共同面对消费问题、督促小区物业加强安保，43.9%认为社区应提供社工、法律、心理等专业服务，也有37.6%的受访者认为需要完善老年人家庭和社会支持网络。可见，老年人对于以社区为平台提升老年人消费安全保障的基本需求和期待。

基于平台的理论，作为老年人消费安全保障体系，本书提出要以提升老年人消费安全保障能力为目标，建构以社区为平台的社会支持体系，整合资源，促进老年人消费安全保护的有效性和可及性，降低乃至免于老年人消费过程的损失与损害，保障老年人消费安全。

（三）基础：社区老年人消费安全支持的实践

为推动老年人消费安全保障，职能部门和社会组织在社区进行了一系列实践，但因为资源配置不足和方式方法的不当，效果不够显著。

1. 政府及其职能部门的推动

对于养老消费和服务领域不断出现的侵权现象，政府各级部门从各自职能出发，积极开展保护老年人消费安全的行动。从2019年开始，国家相关部门组织开展对老年人消费领域侵权行为的专项整治行动，强化部门协同治理老年人消费领域的问题。在国家老龄事业发展和养老服务体系"十四五"规划中，明确提出"加强老年人消费权益保护"的主要任务，要求完善相关法律法规、司法机制、政策措施、综合治理等方面加强老年人消费安全保护。

在基层社区，市场监管部门依托乡（镇）和行政村、社区（居委会）等建立了消费者协会分会、消费者投诉站、12315联络站等"一会两站"基层消费者维权体系，这一维权体系于 2013 年在全国基本实现全覆盖，由于人员配备不足，专业知识缺乏，维权业务水平不高，作用有限。在市场监管部门的机构改革过程中，这一消费者维权体系自然被消解。

近年来，各级市场监管部门将工作重心下沉，在社区设立"消费维权服务站"，形成市场监管部门为主导，社区为主体，维权志愿者反映群众诉求，协助工作的消费维权新格局。也有消费者协会在社区设立"消费维权志愿者服务站"，招募政治素质好、消费维权知识丰富、协调工作能力强、热心公益事业的居民做消费维权志愿者，积极开展放心消费维权及普法宣传专项工作。在消协的领导下开展面向社区居民的消费维权教育，参与消费调查体察，以及消费侵权事件处理的监督评议等活动。这些志愿者一方面来自政府相关部门，更多来自社区老年消费者，对于老年人的消费安全保护起到一定的作用。

2. 社会力量的探索

随着社区社会服务组织的发展，老年人消费安全成为社会服务的内容之一。由中国人民大学智慧养老研究所学术支持，腾讯联合深圳市老龄事业发展基金会等公益机构为老年人量身打造的一套科学化的中老年人网络安全社区培训课程，成为很多社会服务机构的主要培训教材，这些机构开设"银发守护安全课堂"，向老年人讲解冒充客服、冒充公检法、冒充熟人以及冒充党政机关领导或国企领导进行诈骗等 4 种常见的冒充类诈骗方式，围绕典型案例对冒充类诈骗分子的主要作案特点、行骗手段以及老年人如何进行防范等进行详细解读。同时，通过视频案例、现场互动等方式加深了老人对该项内容的理解。

社区社工组织成立老年人消费支持小组，邀请银行、医院等专业人士对老年人财产、保健品选择等进行专业培训，通过防诈骗的情景剧表演，促进参与的居民分享自己对于诈骗的想法、故事，通过案例分析老年人消费过程中容易受骗上当的主要场景，不法营销的主要方式、话术等，增强老年人识别能力，拓展老年人维权知识和渠道，提升老年人应对消费安全事件的能力。

3. 社区老年人消费安全保护面临的问题与困难

社区老年人消费安全的社会支持在各地的尝试和探索，反映政府和社会对老年人消费安全问题的认知与重视，并采取了行动，但老年人消费安全事件依然层出不穷，并未真正形成老年消费安全的保护屏障。究其原因如下。

第一，在于社区的实践缺乏系统的设计和统筹的安排。社区对于老年人消费安全问题的预防与应对到底有哪些优势，应该发挥什么作用，怎样发挥作用，需要哪些资源，以怎样的机制配置这些资源才能真正地回应老年人消费安全需求，促进老年人积极应对消费安全事件的发生，以减轻减弱问题造成的伤害与损害。对这些问题还未能全面梳理，充分考量并积极行动，系统应对问题能力亟待提升。第二，老年人消费安全的社区干预行动呈现零散碎片化的特征。一方面，这些行动需要靠社区的自觉自愿，在社区的繁杂事务中，老年人消费安全问题的凸显往往就在"3·15"前后，作为回应政府的一种安排，也仅仅安排社区的老年人消费安全宣传教育工作。而不同程度的老年人消费安全问题实际上每天都在发生，需要系统的消费安全教育才能真正提升老年人消费安全的知识知晓度，识别营销套路和消费风险，提高风险防范意识；同时，仅仅进行宣传教育也难以抵制商家的非法营销和不道德的营销方式，需要有快速及时的发现机制，将老年人消费安全问题作为网格化治理的内容，能够早发现，从线上到线下不断挤压不法商家的生存空间，有效提升对潜在侵害老年消费者权益行为的发现及处置力度；在老年人消费安全事件发生后，能够及时调处相关的争议，惩处不法商家，有效打击和遏制各类侵犯老年消费者合法权益的违法行为，减轻老年人经济损失，并对老年人及其家庭提供心理支持服务，促进老年人的信心恢复。另一方面，这些行动往往是在一些资源比较丰富的社区，在社区平台上，集聚了一批社会组织、社工人才、社会志愿者等，其能力和结构能够有效应对老年人消费安全问题。包括但不限于社区两委对老年人消费安全认知和重视较高，并能积极调动整合相关市场监管、辖区内的医疗健康机构、银行等资源到社区以帮助老年人消费安全问题的解决；社区社会服务组织和社工组织比较发达，能够链接相关资源，对老年人问题分类进行干预。因此，这些行动的覆盖面有限。第三，社区作为平台的能力严重不足。社区老年人消费安全保护需要建立以信息技术为支撑的，线上线下融合的机制，需要相关主体具备较强的议事协商能力、应急管理能力以及行政执行能力等，通过参与、分享、协作、自助和创新，才能促进老年人及其家庭社区的参与意识、协商意识和协作精神的提升，真正实现老年人消费安全的社区平台治理。但社区两委会作为主体对于平台的认知不足，社区社会组织、社工组织、志愿组织、老年人自组织等社会组织发育不全，缺乏专业性和综合性的人才，社区多元主体协同治理机制效能不足也成为社区老年人消费安全保护的障碍。

二　老年人消费安全保护社区平台建构：结构与能力

　　面对严峻的老年人消费安全问题及其造成的严重后果，以及现有解决问题的路径效能不足问题，急需构建一个能够有效积聚并整合社会资源的平台，在社区建立这样一个平台既有理论的支撑，也有现实的基础条件，是一个具有可操作性的有效方案，也是一个在实践中能够有效回应和应对问题可行的路径。本书通过建构以社区为基础载体，围绕老年人消费行为和认知中存在的脆弱性，由政府、社会等力量提供支持的他助—互助—自助型社区支持网络。通过激活、整合老年人正式的社会支持和非正式的社会支持力量，在社区中建立及时发现、救济和协同机制，促进老年人消费安全的及时报告与救助，持续跟踪管理，及时向政府反馈老年人消费安全需求，对老年人消费安全保护进行政策倡导，促进老年人消费安全保护正式的制度支持的完善，形成完整的发现—应对—反馈—优化支持的闭环，实现优化老年人消费安全支持环境、增强老年人社区认同与归属感、提升老年人消费安全自我保障能力、预防与减少消费安全事件发生、提高老年人消费安全感，实现老年人消费安全保护的目标。

（一）平台构成：资源、功能与主体结构

以社区为平台能够链接政府、社会组织的正式制度支持资源，同时又能贴近老年人，促进老年人家庭及其初级社会关系对老年人消费的支持资源，减少老年人消费安全事件发生并能在事件发生后能够及时发现、回应老年人的诉求，减少损失。

1. 平台资源

平台资源包括社区的人、财、物以及社区内的各种机构和单位及其他们本身所拥有的物质和精神资源，包括政府公共资源、社区单位资源以及社区居民自身的资源，这些资源在老年人消费安全保护中可以发挥不同作用，但目前老年人消费安全的问题并未成为社区的重要议程和社区服务的内容，因而这些资源还未能真正被发现和激发出来。在老年人消费安全保障建构中，应"依托"老年服务体系、老年友好社区和平安社区建设，促进社区成为担负承上启下、供需对接、互联互通、积聚整合各种资源的平台。

2. 平台功能

具体来说，在老年人消费安全保护中，一是可以承接政府下沉社区的服务机制的平台；二是具有老年人消费安全内容的养老服务机构的承接平台；三是老年人家庭消费安全能力提升的支持平台；四是整合老年人初级社会支持的平台。通过平台的建设和不断优化，建立起完善老年人消费安全的预防、应急援助体系，对老年人消费安全事件发生前、中、后进行干预，通过定期巡视，宣传教育、互助小组、专业培训等援助体系，对于发生消费安全事件的老年人提供必要的专业援助，以及事后的精神慰藉、心理支持。

3. 平台主体

要充分发挥社区平台的功能作用，需要健全不同主体责任明晰并协同合作的网络结构。一是社区两委将老年人消费安全纳入社区治理和服务，成为老年人友好社区、平安社区建设的重要内容，将老年人家庭及其社会支持、消费相关状况纳入老年人信息基本档案，从而能够对老年

人消费风险的类型进行区分，对发生的消费安全事件从领域、后果等角度进行细化，并将这些信息有条件地提供给相关的社工和服务机构，带动多个服务站点，为老年人提供与其需求适配的资源。同时，动员社会力量参与，最大限度地满足老人多样化需求，承担老年人消费安全的基础信息收集和服务对接功能。二是促进市场监管部门、消协等正式的消费安全保障机构下沉社区，建立社区老年人消费维权组织，使得老年人可以就近就便得到消费维权服务；三是老年人自组织和互助组织如老年协会、老年人文化娱乐组织等，作为老年人日常接触最为密切的组织，能够及时掌握老年人动态，了解老年人需求，向社区平台反馈老年人消费安全事件的发生及处置状况；四是社区内养老服务社会组织，需要将老年人消费及其安全纳入服务范围，承担老年人消费安全服务，为发生消费安全事件的老年人提供应急服务；五是社工要承担专业化服务的职能。社工运用专业理论、方法和技能进行老年人消费安全保护项目设计和实施，开展相关社工实务督导、建设相关服务主体的联动机制、引领老年人消费安全社会服务等工作。将老年人消费安全及维权作为社区宣传教育内容，为老年人链接相关专业服务力量如律师、医生、银行专业人员等。这样，才能形成老年人消费安全的社区行政、社会和专业等多元主体和多种资源有机结合的共治平台。

（二）平台机制：协调、动员、整合、反馈

以社区为平台的老年人消费安全保护，要构建老年人消费安全的协调机制、动员机制、整合机制以及反馈机制等，为老年人提供全方位、全过程的服务与保障。

1. 建立资源协调机制

社区是各种群体、各种力量的集合体，建立有效的协调机制，才能激发平台整体活力，形成拉动效应，增强社区老年人消费安全保护能力。为此，要建立公平的互动机制、激励机制、共享机制，发挥老年人消费安全保护的社区合力。通过各种社区活动，建构社区人互相熟悉的环境和互动的平台，建立起邻里相望的社区文化，强化居民间

的信任与团结，促进老年人社会资本的发展。综合运用多种激励方法，积聚、激活社区资源，促进更多社区力量参与老年人消费安全保障。需要坚持平等、互利的原则，建立统一社区资源系统使用与管理的制度、手段的共享机制，将老年人消费安全保护嵌入既有的老年人服务和支持体系中。

2. 建构社区动员机制

在社区活动中，相关力量的连接，形成了平台的社会性，但要成为具有公共性的社区平台，形成有效的老年人消费安全服务，需要进行社会动员，才能更有秩序也更有力量。所谓平台动员是根据平台建设的目标，有效积聚与配置的社区资源的过程。全过程的老年人消费安全保护，要将社会、社区、个人都纳入这一体系中。因此要建立共识机制，通过宣传教育和政策引导，促进政府、社会公众、老年人及其家庭等老年人消费安全保障的责任共识。健全社区动员政策，建立对社区社会组织、志愿服务等的激励政策等；强化多元动员手段，通过服务购买、社区项目活动以及新媒体等手段，健全社区动员网络。从而调动个人—群体—社区—社会力量，提升平台效能。

3. 强化社区多元整合机制

从老年人消费安全需求和资源供给的多元性出发，通过组织和协调，把具有多元性的社区内外部资源进行优化配置，使社区各部分、各要素之间相互适应与调节，从而促进整个社区的良性运行。社区的整合方式也需要体现多元性，主要包括建立共同价值的文化整合、共同行为规范的行动整合、畅通沟通的人际整合以及实现社区治理目标的功能整合。

4. 完善社区反馈机制

主要是指社区平台通过固定或非固定的渠道，如社会组织和社会服务者等，及时将老年人消费安全的热点、难点问题反馈给相关的市场监管部门、消协等，为老年人消费安全保障的法律法规制定、项目开展和专项保护行动提供第一手的资料，也为优化老年人消费安全保护政策和机制提供对策建议。

（三）能力建设：预防、救济、个体能力

能力建设以提升平台预防能力、安全救济能力以及老年人自身消费安全风险防御能力、积极应对能力为主，促进老年人远离消费安全陷阱，减少老年人消费安全事件的发生，减轻事件对老年人及其家庭、社会的影响。

1. 预防能力

是为消解老年人消费安全脆弱性的能力建设，主要从社区老年人消费安全保障的认知、老年人自我防护能力的提升来建构。一是要改变关于老年人消费安全的认知。老年人消费安全风险更多是人为的风险，因此老年人消费安全事件的发生是可防可控的。二是老年人消费安全事件发生的根本原因是消费安全保障制度不完善、市场不良行为监管不足、老年人消费安全服务不足以及现代科学技术对老年人产品的阐释的不确定性等外部环境因素的影响，所以要从改善老年人消费的制度环境、市场环境出发，发展老年人消费安全服务以预防老年人消费安全事件的发生。

2. 救济能力

主要是对于老年人消费安全事件发生后的应对能力建设，目的是减轻老年人经济和身心健康损失。一是老年消费者的维权和一般救济渠道的可及性，使得老年人能够及时地寻找到救济的方式方法。二是为老年人链接专业的人士进行消费咨询、提供法律服务。三是培育老年人消费服务的社会组织，提升老年人维护消费安全权益的有效性。

3. 老年人个体能力

老年人消费安全风险的暴露是因为老年人消费安全认知、行为决策的脆弱性，以及老年人家庭和亲情支持的不足导致老年人易于因情感和社交需求的满足发生的消费安全风险，因此一是要着力完善老年社会网络，减少情感和社交消费的盲点和误区；二是通过赋能活动，将消费者维权的知识、信息及渠道作为重要内容，促进老年人采取积极的维权行为，积极应对消费中遇到的侵权事件。

（四）平台特点：社会资本优先

老年人消费安全的社区平台构建重点关注老年人身心健康需求和消费特征，并以社会资本为核心，重视老年人社会支持网络构建，在建构路径上，以系统整合促进消费安全保护嵌入老年人保障和服务体系。

1. 以老年人为本，关注老年人身心健康需求和消费特征

老年人消费安全保护的社区平台建设，需要以老年人为中心，关注老年人的身心需求和消费特征，同时也要对刻板印象的老年性进行反思。老年人所具有的共同特征，是删繁就简、四舍五入的结果。更多呈现在我们面前的是一个个活生生的人，既需要保护，更需要尊重，需要通过不断地互动促进研究者和老年人之间的理解，这是我们所持的基本研究态度和理念。老年人的消费需求不仅是要满足自身对于身体健康、财富的保值增值等的基本需求，也有更多的自我发展的需求，很多老年人会为了获得自己感兴趣的知识和发展自己爱好的艺术才能去消费各种如绘画、书法、舞蹈、国学、健康养生等课程；他们既有传统的利他性消费，也有基于人自身的好奇心天性的自我满足的悦己性消费，越来越多的老年人追求新颖时尚的商品，享受消费的过程；更有老年人通过消费交到新的朋友，完善重塑自己的社会网络。消费的社交性、情感性也使老年人通过消费获得了认同感和归属感等心理感受。同样也要关注老年人消费趣味和消费习惯，这种趣味和习惯是延续的，是自年轻时候建立起来的，不会因为进入老年而突然改变，因此也要历史地看待老年消费问题；老年人内部也充满差异，年龄、学历以及健康程度影响着老年人消费及其消费安全，特别是老年人随着年龄的增长更偏好模糊思维，而不是缜密思维的消费决策的特征。更要关注在社会变迁中因业缘和血缘建构的社会关系的逐渐弱化，老年人希望通过因地缘和趣缘建立起来的人际关系的深层次需求在老年人消费过程中产生的替代性效应。全面地考量作为人的需求及其变化，发现老年人消费中的风险性因素，以及导致老年人暴露在消费安全风险中的制度和社会环境因素，这样才能发现老年人消费安全的脆弱性所在，再以提高老年人社会支持网络有效性为目标，

提升社会支持系统的整体性能力，以应对不断产生的消费安全问题，消解老年人消费安全困境。

2. 社会资本优先，强化老年人社会支持网络

社会资本是指人们通过社会关系的建构获取的，在一定的互惠性规范认同基础上人们产生的信任与团结，它与经济资本具有同样重要的功能，是可以帮助个体解决其实际困难的一种资源。社会资本影响着老年人的幸福感、获得感，社会资本的缺失直接或间接地影响着老年人消费安全风险和老年人消费安全事件的发生。老年人因为退休逐渐失了自己的业缘支持，因为家庭规模缩小和流动性导致的家庭支持严重不足，老年人的孤独感和失落感增强，老人被欺诈的可能性越大，现实中很多老年人日常生活和消费的自主性增加，但老化带来的掌控感减弱，导致成为老年人消费安全事件发生可能性增加。

老年人社会资本随着年老处于不断失去的过程，在建构老年人社区保障中，应加强社区社会组织培育，将日益"原子化"的社区人联系起来，通过各种活动凝聚起精神，在自我服务和为他服务中培育社区的公益精神，形成的互惠、信任、合作等规范，形成社区自治和发展不可或缺的社会资本，积极参与的精神和价值导向，引导社区居民参与社区事务，为社区治理提供必需的社会资源；并在参与社区社会组织活动中提升社区居民的议事能力，培育各种社区意见领袖，为社区治理的多元主体提供足够的人力资源。同时社区社会组织也将孤独的个体团结起来，进行"自我教育、自我管理"，共同面对个体遭遇的困难和问题。因此社区社会组织可以促进老年人与社区、社会组织、家庭的密切连接，促使老年人充分利用社会支援网络的资源，保护自己的消费权益，使老年人消费得以有效保障，也建构起从基础设施、人文环境等方面对老年人友好的社区，从而全面满足老年人多元多层次的需求。

要以积极老龄化的理念，强化老年人的健康、社会参与和保障，在政策和规章制度中明确保障老年人消费的基本权利及消费安全，同时通过社会机制的建设为老年人消费安全提供积极的支持与帮助；强化老年人参与，链接社会资源、整合社区资源，拓宽老年人参与渠道，发展老

年人教育等提升老年人自我消费安全保护能力；发展社区老年人自组织、老年人服务组织和社会组织扩大老年人的组织化水平，既可以强化邻里关系，营造睦邻友好的和谐氛围，又可以形成邻里守望的和谐关系，建构社区守望相助的文化，以老年人组织化消解市场营销的组织化影响。加强老年人家庭发展能力建设，提高家庭对于老年人的情感支持和问题导向的支持。

促进代际学习与互助。不同代际之间或者说老年人与青年人之间因为年龄和阅历的不同，形成差异，但这些差异正是可以互相帮助共同进步的基础，良好的代际学习互动可以促进代际双方的知识共享以促进认知改变，更能弥合双方的情感疏离。特别是在家庭代际空间隔离的背景下，以社区为代际互动的实现场域，可以有效促进老年人与青年人之间的了解与理解，消除各自因认知和行为的同质性带来的风险。在老年人活动的组织和协调中要有专业的青年社区工作者、社会工作者的介入，以有效帮助消除老年群体消费认知的盲点，打破老年群体在消费中的固化行为模式，促进老年人消费安全的保护。

3. 系统整合，促进消费安全保护嵌入社区老年人服务体系

伴随着老龄化的不断加速发展，我国着力健全养老服务体系建设。2006 年第一次提出"以居家养老为基础、社区服务为依托、机构养老为补充的服务体系"，2013 年《国务院关于加快发展养老服务业的若干意见》明确"机构养老为支撑"强化机构养老，到 2017 年重新定位"机构为补充"，并将"医养相结合"作为养老服务体系建设的重要内容。从 2000 年开始，经过一系列的重大政策推动，我国养老服务体系建设的要求越来越具体，定位越来越清晰，更加符合我国国情基础。"十四五"以来，我国养老服务政策法规逐步健全，养老行业标准体系开始建立，监管机制不断完善，出现了一批服务质量较好、社会美誉度较高的老年服务社会主体，政府、社会、市场、社区互为补充，互相支撑；家政、物业、医疗等资源逐渐进入养老服务市场。特别是社区的"一院一站一中心"嵌入式养老服务网络，推广"时间银行""15 分钟城市养老圈"等做法，社区养老服务基础愈加稳固，为老年

人消费安全保护提供了条件。因此，社区老年人消费安全保障平台的建设，并不是要重新架构，而是要嵌入社区养老服务体系中，系统整合相关的老年人消费安全保护服务力量和专业资源，促使现有的社区居家服务供给能力提升，将老年人理性消费、科学消费、安全消费等的内容作为社区宣传教育的重要部分，将政府和消协老年人消费安全支持的举措落实到社区如建设老年人社区消费维权站，通过组建社区老年人消费志愿者队伍、老年人自组织等，开展丰富多样的适合老年人的活动，提高老年人社区参与能力；在社区服务中重视代际反哺，倡导全龄友好、"代际共融"的社区建设（所涵盖的群体不仅包括家庭内部的亲代与子代，还包括社区以及社会中非血缘关系的不同年龄群体），通过老年人与年轻人有目的、持续的互动与合作如增强老年人组织中年轻人的比例，在社区内形成代际良性互动，达到互惠互利、老少共同应对消费安全问题的社区环境，建构能够适配老年人消费安全保障的社区公共生活空间。

三　提升老年人消费安全保护能力的对策建议

面对层出不穷、推陈出新的老年人消费安全问题，需要全社会特别是政府重视起来，为使老年人消费安全保护社区平台发挥最大的效能，需要从老年人消费安全的脆弱性—能力考量，从老年人基本需求与消费需求出发，强化整个系统保障能力。这既要强化完善老年人消费安全的法律制度保障，也要重视提升老年人的家庭和社会支持能力。要从促进银发经济发展，社会和谐稳定、老年人友好社区建设等多角度，综合性考虑老年人消费安全的应对策略。要从系统的要素构成出发，形成解决老年人消费安全问题的合力。从改善宏观制度环境到微观提升个体能力，完善老年人社会支持网络及其功能，积极回应老年人消费安全需求，有效预防和应对老年人消费安全问题。

具体来说，老年人消费安全社会支持体系构建：第一，维持和维护由初级群体提供情感、关系以及信息等非正式社会支持；第二，通过完善法律法规、市场监管、专业服务供给等提升老年人消费的正式支持体系效能，改善老年人消费的外部环境；第三，以社区为平台，整合社会工作者、志愿者、社会组织及其为老年人服务的专业工作者等互助的、情感的同时又组织规范的力量，链接非正式支持和正式社会支持，以弥补这两者的不足，聚合、激活老年人消费安全保障资源，以老年人为主体，提供消费安全知识的递送、共济有效的互助、专业可及有效的服务的支持，消除风险及可能的风险暴露，预防老年人消费安全事件的发生，减轻减弱事件对老年人身心的损害，为老年人建构消费环境友好、安全的环境，保障老人消费安全。

（一）法律保护：强化老年人消费安全的立法、司法和法律服务

完善的法律法规是老年人消费安全的权利基础和权利保障，是构建老年人消费安全正式支持体系的重要依据。我国市场信用体系建设尚不完善，市场主体诚信意识淡薄，老年人消费权益的侵害事件多发，急需通过完善立法保护、创新老年人消费安全事件的纠纷调解和诉讼服务方式，促进社区法律服务的可及性，提高法律对老年人消费安全的保护力度，提高法律对不法市场主体的威慑力，从源头上消除老年人消费的"陷阱"。

数据显示，受访者中将近七成认为应该严厉打击老年人消费欺诈行为（68.5%），将近六成认为需要完善老年人消费特殊保护的法律法规（58.9%）、加强老年人消费安全宣传教育（58.5%）、44.2%的受访者认为需要提升老年人消费风险意识和应对能力，将近四成的受访者认为需要建立老年人消费的专门管理部门（37.9%）。除此以外，也有35.1%的受访者认为促进家庭成员和社区对老年人消费的支持同样至关重要，增加老年消费反诈平台的技术力量，精准打击犯罪也有将近三成（27.2%）的受访者选择，反映出对于技术赋能精准打击消费安全犯罪的期待，而定期发布老年消费安全的相关案例这一消协的常规动作只有不到两成（17.4%）的受访者认可，也有12.6%的受访者关注到消费安全与养老服务的关系，认可将保障消费安全作为老年服务的主要内容。

1. 建立健全老年人消费安全法律法规

市场因素和规制不健全，老年消费者和经销商之间信息的极为不对称，特别是经营者对老年人消费安全保障义务"合理限度"的边界模糊，导致经营者的虚假和夸大宣传，特别是保健品领域针对老年人的异地流窜会销的方式跨区域营销等，导致老年人消费存在大量陷阱。急需根据我国老年人消费活动特点和消费受损的特点，一是在老年人权益保障的专门法中，明确市场主体向老年群体提供各类产品和服务时应遵循的目标与原则，具体的权责，以及相关配套的法律法规。二是在保障消费者安全权的相关法律中明确当老年人安全受到威胁时的归责方式与救济方法，对老年人消费维权实行举证责任倒置和过错推定的原则，有效解决老年人消费安全事件中举证困境，满足老年人依法维护消费权益的意愿。三是在制定相关专业法律法规时，在侵犯老年人消费权益的高发领域如保健品、旅游、金融消费以及网络消费等领域，设置特殊风险防控举措，比如风险告知及子女陪同等；对老年人构成消费欺诈者应承担惩罚性赔偿责任。四是对于老年人消费各个领域设置冷静期制度，赋予老年消费者一个无因性的法定解除权来维护自身权益。在不同领域设置不同期限的犹豫期，犹豫期内老年人可无条件解除相关合同或进行无理由退货处理。使老年人能够在一定时期内对自己的消费决策重新考量，可以对自己的消费反悔，通过这种低成本的自力救济和对老年人的特殊保护，特别是针对部分老年人追求时尚、新颖的消费行为，从立法上避免老年人因为认知决策可能的失误导致的身心财产损失，从源头上减少老年人消费安全事件的发生。

2. 创新老年人消费安全事件的纠纷调解和诉讼服务方式

老年人作为消费维权中的弱势群体，需要通过法院、检察院等施行专门保护措施以实现老年人消费权益。要及时总结各地对于老年人消费安全事件处置的有效做法和经验，创新老年人消费事件的纠纷调解和诉讼服务方式，建立适老型服务机制，提供便利的导诉服务。一是探索建立老年人消费安全案件专业化调解和审理机制。关照老年人特殊困难和需求，采取适合基于老年人行动不便状况的多种立案形式，为老年人参与诉讼活动提供指导和服务保障，消除老年人怕依法处理消费事件麻烦的心理负担。二是建立快速处理老年人消费纠纷的绿色通道，加强对老年人的优先法律救济。对有意愿以法律手段解决消费纠纷的老年人，积极主动地服务老年人，促进相关案件依法快速处置。三是建立专人审理老年人消费案件机制。建立对老年人及其消费侵权情况熟悉、经验丰富、认真耐心的法官团队，集中分类审理相关案件。贯彻落实最高法关于采用不良不法营销方式诱导老年人签订合同的相关规定，撤销显失公平的老年人保健品、金融消费合同，减轻老年人经济损失。四是建立健全老年人消费安全的公益诉讼制度。对于老年人保健品、金融消费等影响老年人群体权益的普遍性问题，对老年人群体消费安全事件进行公益诉讼，实现老年人和老年群体公、私双益的价值平衡和双重保护。

3. 将老年人消费安全嵌入社区公共法律服务

社区法律服务的可及性可以有效促进老年人对相关法律的知晓度和理解力，学会正确运用法律武器保护自身合法权益。一是完善老年人消费维权网络。在全国城乡社区推广建设"消费者投诉站、12315联络站"，加强专业人员配置，完善消费维权网络体系，提升老年人消费安全法律服务可及性。二是实施社区网格化的法律服务。建立社区法律专业团队，借助社区网格化管理的机制，网格员及时了解老年人消费维权需求，专业律师与发生消费安全事件老年人建立有效联系，履行辩护代理职能，缩短服务时间和距离，积极支持老年人维权。三是积极为老年人提供消费安全法律援助，畅通老年人法律服务渠道。建立统一的老年人法律求助热线，使老年人消费受侵害时即刻拨打电话寻求帮助；采取线上线下相结合的方式，对符合法律援助条件的老年人，提供优先申请、受理、指派的"三优"服务，保障特殊困难老年人消费安全得到及时有效法律支持。四是完善社区老年人消费安全纠纷多元化解决机制。积极与相关行业和专业性组织对接，探索形成具有多元主体协同解决老年人消费安全事件的调解诉讼工作机制。在调解诉讼处理过程中，发现老年人消费犯罪线索后，迅速移送至公安机关进行处理。

（二）协同治理：提升政府主导、多元参与的老年人消费安全社会共治效能

老年人消费的服务和产品的丰富多样性，特别是保健品、旅游、金融消费、网络消费等安全事件频发，这些领域从生产到销售涉及多个部门，而其发现、识别到安全保障也需要社会组织、社区力量的及时跟进，诸多主体在信息共享、沟通配合等方面的协同机制至关重要，需要引入多样化的治理规范和调整工具，健全对老年人消费安全的协调、保障、动员、控制和反馈机制，从政府多部门的碎片化管理转向多元主体的协同共治，理顺政府、社会、市场关系，以共同的理念、一致的目标、行动上的良性互动形成合力，激活政府、社会和市场的资源，及时发现和处置老年人消费安全风险，提升老年人消费安全治理的效果。

1. 强化老年人消费市场的社会监管联动

社会监管联动是通过政府市场监管部门与相关部门、市场、社会全体合作、协同，优化老年人消费市场环境的联动过程。一要加强老年人消费产品和营销服务的信用建设。经营者的诚信问题是引发老年人消费安全事件发生的关键因素。要借助于大数据分析和场景化算法，建立全过程的信用档案制度，对老年人用品和服务的全过程进行痕迹管理，将市场主体的诚信承诺、违法违规行为、处罚等进行等级标注，对重点企业进行诚信分类管理，提高经营者的违法成本。二要健全老年消费市场政府多部门协同监管机制。老年人消费涉及市场监管、民政、卫健、文旅、网络监管、银行等多个部门，要建立老年人消费主要领域的监管事项清单，明确责任分工、议事会商、情况通报等工作要求，整合保障资源，进行信息共享，提升协同能力，有效联合监测、抽查检查、处置老年人消费安全事件。三要分类监管，专业监管。完善老年人金融服务的业务范围、从业机构、服务标准、业务流程等的规范和流程，为市场和社会监管提供标准。对保健品则重点加强营销方式及营销场所实行备案制，监控直销企业、保健商家的会议过程，建立责任共担机制，使相关利益方对于保健品的销售承担相应的维权责任。对于网络直播等新业态的老年人消费方式等，完善网络平台规则，约束、监督网络行为，在系

统设置老年模式,对夸大、不实的产品和服务宣传按照相关法律规定,对网络违法行为进行及时干预。四要建立老年人消费品特别是易发安全事件的三大领域产品生产、销售和服务等交易过程的安全风险监测评估,及时发布安全风险警示。健全老年服务和产品市场"假冒伪劣"产品的社会反馈。五要针对一个时期老年人消费安全出现的新问题新形势,开展老年人消费安全的司法、民政以及市场监管、旅游、金融等多部门协同专项行动,建立司法部门与公安、市场监管、金融等部门资源共享机制,促进老年人消费安全事件的察觉、预警、报警等的联动,从快、从严进行强力打击侵犯老年人消费权益犯罪行为,全面立体净化市场,对不良市场行为形成威慑,减少老年人消费安全事件发生。

2. 强化消协老年人消费安全的调研—预警—政策反馈效能

作为由政府有关部门、社会组织及新闻媒介等联合组成的社会组织,消协的核心宗旨在于将分散的消费者组织起来,以消费者的组织化形式应对市场产销的组织化,消解消费者在市场上因个体力量不足而导致的天然"弱势"问题,促进经营者和消费者在权益方面的实力和能力均衡,因此消协要代表消费者的利益争取权益,反映消费者的诉求向不合法合规的市场行为发声;其保护消费者的方式方法是依靠、凝聚消费者和社会的力量,更进一步推进经济社会健康发展。消协要发挥桥梁纽带作用,促进政府强化老年人消费安全保护的责任,推动社会共治,完善老年人消费安全的事前预防、事中处置和事后反馈的机制。一要加强对老年人消费安全的调查研究。针对老年人消费的年度特点,对老年产品和服务需求与消费安全意识及其权益维护状况等的深入调查和科学分析,真实、客观、及时反映老年人消费的新需求和消费安全的新问题,提出治理思路、具体的对策建议。对老年人消费安全的主要领域的发生安全事件及时预警和提示,促进老年人对消费套路和陷阱的觉察与防范,积极预防老年人消费安全事件。二要适应老年消费者的需求快速处理老年人消费投诉,完善消费维权提醒制度。建立线上线下融合老年人消费投诉渠道,开设老年人投诉快速处理绿色通道,成立老年人消费纠纷调解专业委员会,及时跟进老年人消费纠纷的社会热点事件,以书面形式向涉嫌老年人群体侵权的企业发出"消费维权提醒通知书"和"提示单"，督促其依照法律法规规定自律整改；约谈相关营销企业和电商平台，指导督促市场主体加强自律，维护老年人消费权益保护。三要依靠老年人治理老年人消费重点领域问题。作为以消费者为中心的自我服务组织，可以招募、组织老年人志愿者，对消费安全易发的旅游、保健品、金融消费等领域进行实际体验体察，倾听老年人的感受和意见建议，对消费过程中安全的设施、产品、经营方式等可能对消费安全造成的影响和问题进行分析与总结，提出对策，形成研究报告，促进政府、社会对老年人消费安全问题的重视，对相关问题进行跨部门综合监管，积极促进政府职能部门对老年人消费安全问题的重视和综合治理。四要加强老年人消费事件的公益诉讼。很多老年人的保健品、旅游等消费安全事件和纠纷都具有群体性特点，损害的现实性与风险性并存，公益诉讼可以有效维护老年人消费的集体利益。而我国省级以上消协组织具有公益诉讼的法律责任，因此要积极针对老年人群体性消费安全事件，进行公益诉讼，促进老年人消费安全的社会关注，更威慑针对老年群体的消费欺诈和"陷阱"的不法经营者。通过公益诉讼，促进老年人消费安全问题的消协组织系统内部联动和与司法部门的外部联动，建构老年人消费安全事件治理从分散性到整体性治理格局。此外，多种方式赋能老年人，提高老年人消费安全意识，提升老年人发现、辨识、积极应对能力也是消协本应之义，使得老年人能够远离、躲避消费陷阱，并在发生消费安全事件后有效动员社会支持力量，积极维护消费权益，提振老年人消费信心。

　　3. 以有效的老年人消费品和服务供给拓展老年人安全消费空间

　　老年人对美好生活的向往也需要通过消费实现。老年人消费观念和行为的显著转变，特别是部分城镇老年人对时尚、品质等消费品的需求日益增加，满足健康需求的保健品成为小康生活的重要组成部分，也有部分老年人特别是 20 世纪 60 年代出生的老年人都有金融消费的习惯，来一场说走就走的旅游成为身体健康老年人日常生活中的重要内容，而增加才能、满足兴趣的学习需求也使得老年大学"一位难求"，这些爆发的消费需求需要通过丰富多元的适老产品来满足，发展"银发经济"成为增强老年人福祉的时代要求。只有有效扩大老年人用品和服务的供给，才能使老年人有更多更好的选择，从而挤压"假冒伪劣"等老年产品的市场空间。一要以积极老龄观，提供更多适合老年人独立、参与、自我实现和尊严的智能化老年用品，帮助老年人实现积极老化过程。二要积极发展银发产业。丰富而有品质、安全保证的适老产品供给才能使老年人消费安全更有保障。激励市场对适合老年人需求的适老生活用品、老年特色生活用品以及优质保健品开发，创新发展老年产品制造业，提高老年人智能化、专业化水平，满足老年人个性需求；整合旅游、交通、住宿、餐饮、购物、保险、康养医疗等资源，为老年人"量身定制"旅游线路和产品，特别是开发基于老年人时间、健康、养老需求的旅居养老产品，形成东西、南北区域合作以及各地特色的旅居合作品牌，整合激活养老与旅游资源，使老年人有更多丰富的旅游资源可供选择；在风险可控、商业自愿的前提下，丰富商业性养老保险和健康保险、养老信托和其他资产管理产品等适合老年人群体需求的金融产品，满足老年人资产保值增值、增加养老资金的需求。三是强化老年人消费特色服务。要加强适老化消费环境建设，加强消费场所无障碍设施供给，进行消费安全引导和提示，为老年人创造安全的消费环境；在营业场所，设置适合老年人身体特点的老年用品、应急用品等专柜，设置老年人服务的"绿色通道"；优化智能消费服务的"适老化"功能。丰富老年人获取消费资讯的渠道，更要通过公共媒体的宣传活动，为老年人推送安全有保障的老年用品和产品。以保障老年人在安全的场所、有安全渠道获得准确的消费的信息安全的消费场景，消费安全的产品和服务。

（三）社区有组织应对：提升社区老年人消费安全保护能力

在老年人消费安全的相关社会支持资源中，市场组织性与老年人应对的个体化，决定了老年人消费安全的脆弱性，造成了严重的个体损失和社会危害。只有提升老年人消费安全保护的组织化能力和水平，以应对市场的组织化，才能有效化解老年人消费安全的困境。而社区平台可以有效组织与整合资源，动员和整合社区个人—群体—社区—社会力量，提升老年人消费安全保护能力。

1. 以多元社会组织联动回应老年人消费安全多样化需求

老年人消费安全保障的社区平台能力提升，需要建构以社会组织为载体、社会工作者为支撑、组织为辅助的联动机制。更好地回应老年人消费安全的多样化、个性化服务需求。一要增强社区平台的老年人消费安全保护能力。政府部门应通过政府采购、服务外包的方式，吸纳专业的老年人服务和消费安全服务的资源进入社区平台；明确社区、社会组织、社区社会组织等各类主体的权责配置和角色定位，建立平等互利的协同机制，提升多主体合力提升平台集成能力，在必要的时候为老年人提供消费安全专业的服务以及技术支持。二要积聚老年人消费安全服务的专业社会组织。这里的专业社会组织是指运营老年人消费安全保护社区平台的社会组织，是老年人社区消费安全保护的关键力量。要在社区聚合老年服务领域的专业社会组织，通过培训，与消费监管职能部门、消协等组织建立密切联系，提升动员、整合社区社会资源以凝聚更多的社会资本的能力；专业社会组织要了解老年人需求和社区资源所在，有针对性地对老年人进行消费安全宣传教育，在老年人发生消费安全事件后帮助、转介、链接资源以解决其在投诉、立案等方面的实际困难，对老年人消费安全问题及时反映，促进老年人积极应对消费安全问题。主要整合老年人消费安全支持的社会力量。着力将老年人消费的政府、社会相关机构和资源引入社区，建立市场监管、报纸媒体等下沉社区的各类消费维权服务工作站、投诉点，消协在社区挂牌"社区消费维权服务示范点"，增强老年人服务的专业性，提升老年人消费安全服务的方便可及性，打通老年人消费安全服务"最后一公里"。

2. 发展老年人社区社团组织减少消费的社交性需求

社区老年人社团组织，是老年人社会参与的主要载体。老年社团组织是指具有某方面共同兴趣爱好的老年人自发成立、自觉参与、为实现成员共同愿望而开展活动，以公益或共益为目的的社会组织形态，主要开展教育学习、文化艺术、休闲娱乐等活动，它既是开展老年人思想教育工作的阵地，又是老年人自我教育的一种有效途径。这些活动能够充分发挥老年人自身特长，丰富老年人生活，建立有效的朋辈支持，在同伴中获得情感支持，满足社交需求，提高老年人效能感，促进个体自我认识的增强、潜能的发挥和自信心的建立，减少因孤独和情感产生的社交性消费和消费的社交性。为此，一要扩大老年人社区社会组织存量。将老年人社会组织纳入街镇和社区孵化组织清单，对于老年人自发活跃度高、联系紧密的社区社会组织注册、备案等进行规范管理，促进老年人社区组织健康有序发展。二要为老年人社区社会组织优先提供场地、活动物资以及展示舞台等各类发展必需的支持，为老年人的组织化参与创造条件；积极创建老年活动品牌，提高老年人组织的活跃度和知晓度，吸引更多老年人通过社区组织参与社区活动。三要重视社区老年人志愿组织建设。志愿服务作为老年人社会参与的重要组成部分，在参与过程中获得了更多的角色认同、技能提升和社会互动，可以拓宽老年人社会网络，提升幸福感。因此，要畅通老年人参与志愿服务的渠道和机会，建立完善的招募机制、服务评价反馈机制、奖励机制，促进老年人积极参与志愿活动；强化社区时间银行建设，形成社会服务交换机制，使老年人志愿服务反馈为满足自身需求的教育培训、照护服务等，提高老年人参与志愿服务的积极性。借助新媒体等网络平台进行老年志愿服务精神宣传，营造良好的社区志愿服务环境，培育互济互惠的志愿精神。四要强化老年人社区社会组织消费安全保护能力。通过老年人社会组织对老年人消费安全进行宣传教育，促进参与组织老年人从自助、互助到助他的转变。五要提升老年人社团组织发展能力。激励老年人社团组织积极参加社区的服务项目交流、公益创投活动，加强老年人社团能力培训、督导等，提升项目设计运作能力；表彰社区老年人优秀社会组织，推介老年人社团品牌，提高老年人社团的社会知晓度和美誉度，吸引更多老年人加入社团组织。

3. 以社会工作专业手法提升社区组织老年消费安全保护效能

社会工作是以"优势视角""助人自助"的理念帮助他人的活动，提供有效服务是其最基本的特征。社会工作手法以科学知识为基础，综合运用专业知识、技能和方法，能够有效解决个体、社区等遇到的具体问题。老年人消费安全保护的社会工作，一要通过专业的小组、个案和社区社会工作手法，对老年人消费安全进行个体和社区的需求、监测评估，并形成系统的解决方案，回应老年人个体、群体以及社区支持存在的问题。二要在解决消费安全问题的过程中，帮助老年人重建社区的社会关系，使老年人由不同个体的"我"联结为共同体的"我们"，面对需要解决的消费安全共同问题而相互关怀，相互贡献自己的资源和能力，重塑社区社会支持网络，建构社区和谐的人际关系和精神依托，从而找回对社区的亲密感和归属感；也促进老年人在助人、自助过程中实现了自身的成长与发展。三要增强社区动能，提升社区老年人整体福利，减少、减弱老年人消费安全问题对老年人的危害和影响。要大力加强社区工作者的社会工作能力建设，在社区工作人员招聘中提出社会工作专业资格的要求，对现有社区工作者进行社会工作专业培训，鼓励支持社区工作人员不断提升社会工作能力。四要促进年轻社工进入老年社团组织，增强老年人社团组织的非血缘代际互动与支持，关注老年人消费安全应对能力的提升，为老年人提供持续的、消费安全场景化服务，并形成朋友化的服务关系，减少老年人消费安全群体性事件发生。

（四）家庭能力建设：提升老年人消费安全应对的基础能力

家庭是老年人最基本的生活单位，既是家庭成员的血缘共同体，更是基于共同价值观的情感共同体和利益共同体。虽然核心家庭已经成为家庭的主流常态，加之人口的高流动性，导致普遍的代际间空间割裂，老年人从家庭获得的直接支持减少，但家庭依然是老年人消费及其消费安全支持的最主要力量，无论是从消费信息的获取、消费经验的分享以及消费计划的讨论，还是实际的或因情感和照料不足的弥补性资金支持，以及消费安全问题解决等方面，家庭依然是老年人最后的防线，而从老年人的期待来看，也更倾向于从家庭获取必要的资源以解决消费及消费安全困境，家庭成员依然是老年人消费安全保障的天然责任人，中国家庭极大的韧性与适应性，是中国人最有力的基础和基本保护网。因此，要强化家庭对于老年人消费安全的多元支持能力，为消除老年人消费安全脆弱性提供最基本、最重要的支撑。

1. 完善家庭政策支持家庭发展能力建设

所谓家庭发展能力是家庭作为一个基本单元，满足所有家庭成员生活需求，及其发展需要的能力。在家庭发展变迁过程中，家庭发展能力的获得需要通过家庭内外部资源整合，在家庭本身的小型化，养老育幼功能弱化的条件下，家庭能力建设也随之更加依赖外部的支持，需要政府和社会的支持，需要着力推动将家庭优先视角融入所有相关公共政策。为增强家庭对于老年人消费安全的保障，一要明确家庭社会政策的目标和基本路径。我国家庭政策的最终目标应该是以替代性社会政策促进家庭功能的完善，通过社会政策激活家庭的内在资源优势，为此，要肯定家庭多种形态的价值，以适恰的社会政策增强家庭发展能力。要以家庭整体发展作为社会政策对象，综合考虑家庭功能完善所需的家庭成员资源互补、承继以及互助共济作用，向家庭而非仅仅为家庭某些成员提供支持，以经济和服务促进资源在家庭成员间有效流转。褒扬敬亲孝老等传统美德，塑造包容宽和、平等协商和团结互助的家庭新文化。二要以满足家庭养老功能需求为出发点，倡导家庭之间的良好互动政策。建立家庭发展津贴制度。在住房政策上，通过对房价和公益消费品（水电）优惠或补贴，鼓励子女与老年人就近或一起居住，减少空巢老人，使老年人在困难时能够得到子女的及时支援；给予养老育幼责任的家庭进行税收减免和家庭津贴；在基本的医疗保险中，增加家庭成员的共济性政策；探索建立子女护理假、夫妻双方共休育儿假制度，增强家庭的养老育幼功能。从而促进家庭成员之间的紧密关系和互动便利。三要着力培养家庭社会政策的专业社会组织和人才队伍。家庭社会政策的执行需要法律、心理、社会工作等各方面的专业人才和综合服务人才，要着力培养各方面专业人才服务家庭建设的能力，社会组织则要整合社区、社会工作、志愿者资源，提升家庭专业服务能力。

2. 提升家庭沟通能力减少老年人消费安全风险暴露

家庭沟通是化解老年人消费安全问题的基础，家庭成员通过分享消费信息、消费观念、消费评价等传递对老年人消费过程的关心与情感，增强了解和互动，特别是当老年人面对消费安全事件发生后，有效的沟通可以帮助老年人缓解压力，积极应对问题，减少损害。加强老年人消费及消费安全的及时、正面沟通，需要在家庭出现问题时，通过专业社会工作者的支持，建立起有效的家庭沟通模式，特别是夫妻间的交流沟通模式，促进老年人消费成为家庭的议题和夫妻间的话题，减少老年人消费安全事件的发生。一要建构有效的家庭对话沟通方式。有效的沟通方式能促进家庭成员日常消费问题的了解、理解以及解决消费问题上的共识。高质量对话的沟通模式更能促进了解与理解，产生积极的效果。因此，一要在家庭中建立平等、平和的高质量对话模式，包容家人的各种情绪，使得老年人及其配偶、子女的观点得到充分表达，增强家庭凝聚力，形成安全的沟通环境。二要将个体消费和家庭消费的计划、生活消费、特别消费如保健品、金融消费、旅游消费、网络消费以及特别的大额支出的消费作为家庭沟通的主要内容，家庭成员共同分析、坦诚交流消费的原因、具备的条件以及可能对家庭带来的影响，在讨论过程中要使家庭成员充分地表达自己的观点和态度，从而打破各自在消费问题中存在的误区和盲点，形成家庭消费内容、计划、预算以及分配的共识。三要家庭成员理性对待关于消费问题的分歧与冲突。在分歧与冲突发生时及时喊停，防止事态的消极发展和关系危机；在内部难以达成解决问题的共识时，寻求外来支持，比如亲戚的说和、专业人士的介入等，帮助梳理分歧和冲突产生背后的利益和关系诉求，重新评估老年人消费的目的和解决问题的多样方式，从而使家庭成员能够平衡夫妻间、代际间的资源配置，通过协商和妥协达成家庭利益最大化的有效解决方案。通过理性地管控分歧，促进家庭对老年人消费意愿、需求及其背后可能的情感、健康、经济等诉求的理解和支持，使得老年人能够远离消费风险处境。通过有效的沟通交流，促进家庭成员公开坦诚地表达关心，传递彼此间的信任关爱，减少因配偶支持不足或不当导致消费安全风险暴露。

3. 强化家庭代际平等互动消除家庭消费安全问题对老年人的影响

代际关系是当代家庭关系的核心内容之一，在社会发展变迁中的亲子关系逐渐演变为平等互助伙伴关系。家庭代际间的学习与互动可以促进双方的认知改变、知识共享，弥合双方的情感隔阂。也有利于老年人积极健康地老化，提高其社会适应和自我发展的能力。因此，促进老年人家庭代际的互动，一要树立尊重、平等、主体性的原则，建立"协商式亲密关系"。促进老年人和子女科学认知现代社会变迁对家庭关系的影响，积极主动地适应变化，减轻老年人对代际互动不现实的期待。解决老年人利用信息技术的问题，促进老年人了解现代社会的新生活、新知识和新价值。二要加强代际之间的互动频率，弥补客观上代际之间不能同居共爨的缺憾。利用现代发达的信息技术，经常与老年人进行交流，保持日常生活的联系，了解老年人日常生活动态和消费状况；在老年人日常消费中，尽力满足合理的消费诉求和亲密情感需求；经常探视老人，提高陪伴质量，以质量弥补时间上的不足，及时发现并回应老年人消费中的困惑或问题，提醒保存老年人消费的日常凭据，减少老年人的非理性消费。三要在老年人发生消费安全事件后，以解决问题为导向，避免抱怨、指责等消极情绪，帮助老年人与商家交涉、以多种方式进行投诉，在需要的时候寻求专业的服务力量为老年人维权，在应对家庭消费安全事件过程中提升家庭应对压力和风险困境的能力。

（五）教育赋能老年人：激发老年人消费安全自我保护潜能

老年人消费安全增能既是一种目标，也是一种方法和过程。无论是制度保障，还是社区平台建构以及家庭支持的不断完善，老年人消费安全权利不断强化并得到高度重视。但最终外部保障的效力必须通过老年人主体性能力增强才能真正使得老年人能够远离消费陷阱，在遭遇消费安全事件后积极应对，减轻经济损失，也才能真正在认知上得以提高，实现理性消费、理智消费。老年人在消费及消费安全自我保护中的自主性与能动性，主要表现为老年人对于消费本身的功能作用，以及消费过程中的自觉省，从而在消费过程中保持足够的清醒认知和保护自我的消费行为。这需要强化老年人积极老龄化的价值理念，通过对老年人自我价值、生命价值以及生命的体悟，参与社会事务，融入社会，以广泛的社会参与来消解老年人社交性消费风险；更要对于消费环境的清醒认知和对消费安全的知识、技能以及解决问题的学习，挖掘老年人自身的全部潜能，适应社会、市场和科技发展的变化，增强对消费安全的掌控能力。老年教育在终身教育理念和学习型社会建设中得到党和政府的空前重视，老年人教育的相关法律法规不断完善，我国基本建立起老年教育体系，为赋能老年人提供了有效的制度支持体系，为提升老年人消费安全自我保护能力提供了广阔空间。

1. 以积极老龄观引导老年人对自我消费需求的理性认知

挖掘消费安全预防与应对的潜能。积极老龄观是老年人积极地看待老化过程和老年生活的态度与观念，对于老年人消费及其消费安全来讲，可以促进老年人理性地对待自己的需求和社会的供给关系，也能够通过社会参与融入社区和社会生活，建立有效的社会支持网络，避免陷入消费陷阱。一要帮助老年人树立积极老龄观。对老年人进行人口老龄化国情教育，了解老化的过程和应对方法，坚持独立、参与、照顾、自我充实、尊严的基本生存原则，树立自立、自强、自尊的老年观念，积极适应自我和社会的发展变化。要搭建老年人参与社区事务、社区公益事业以及代际互动、邻里互助的平台，通过参与多种多样有益的社区和社会活动，从中获得力量和尊重，实现自我价值。二要强化对老年人精神世界的引领。拓展老年教育内容，设置哲学、伦理学、文学以及老年社会学、心理学等课程，促进关于个体发展与社会发展、权利与责任、国家与社会个体关系、生命意义等知识在老年人中的传播，帮助老年人建立积极的学习信心和态度，强化老年人积极心理建设，转变其对自我的消极认知，促进老年人对个体发展与社会发展的认知平衡与协调能力，以积极主动的态度去适应老化过程。三要引导老年人对于自我需求的正确认知。要使老年人认识到，作为个体，有休闲娱乐享受生活的权利和需求，而作为一个社会人，也有应对生活问题、贡献家庭和社会的责任，更有在社会中的表达需求、影响需求、超越需求。一味地只关注自己的快乐的需求和权利，会使自己陷入因为需求不能满足的孤独感和失落感、恐惧和缺乏安全感等消极情绪中，这种情绪往往会被一些不良市场主体利用，容易成为"围猎"对象，引发消费安全事件。在老年人消费安全的易发时间段也即老年人退休后的 10 年，这一阶段老年人身体健康，有丰富的社会经验，更加纯熟的专业知识和技能，依然可以成为家庭、社会和社区可以依赖的力量，自己也可以投身于传承优秀文化、化解矛盾纠纷、关心下一代的事业中，在为社会做贡献的过程中满足自我价值和成就的需求，以积极的生活和丰富的社会活动克服消极情绪，远离老年人消费"陷阱"。

2. 重视消费安全教育提升老年人自我保护能力

消费安全教育主要是针对老年人消费安全保护中存在的主要问题，以老年人消费安全保护的法律法规和制度建设、理性消费行为以及消费风险和防控意识与能力为重点，通过多种方式方法进行文化宣传、知识传递等活动，提高老年人对消费"陷阱"的辨别能力。老年人消费安全老年教育应关切老年人的生活境遇，基于老年人消费安全问题，因材施教，并为其提供情感支撑，也要重视消除消费的外部环境障碍激发老年人消费安全保护的自主意识。一要多渠道宣传消费者保护的法律法规和政策。使老年人认识到消费者具有的人身、财产和信息安全权、知情权、自主选择权等权益，保护消费者权益是政府、社会、市场的共同职责。了解维护消费者权益的主要方法和渠道，包括相关的 12315 维权热线、市场监管、媒体、公益平台等多种投诉渠道，在发生消费安全事件后可以与商家直接交涉，也可以向政府相关部门提起仲裁，还可以进行司法诉讼等。促进老年人消费维权意识和知识的增长，在消费安全事件发生后积极维权。二要促进老年人理性消费。帮助老年人了解老年群体基本的消费心理和消费行为习惯，以及老化对消费决策的影响，认识到自己在消费中可能存在的盲点和误区。加强对老年人科学消费观的培养，优化其消费心理和消费行为。帮助老年人对自己的消费需求的理性认知，识别自己的需要和欲望，对购买的物品质量和品质进行认真研究，提升老年人多种信息的辨识能力，在必要时寻求家人或专业人士的帮助，从而进行高品质的有利于自己的消费选择，避免冲动消费和过度消费。三要提升老年人对消费风险的自觉与防控能力。通过案例教学等方式，将老年消费中出现的多发、新发消费安全事件作为重点分析对象，调整、突出相关风险教育内容，使老年人认识到保健品、旅游、金融和网络消费过程中的主要风险点及其严重性，能够对情感营销的套路、消费设置的陷阱进行正确识别和防备，在风险发生前做好规避措施；增强老年人消费过程中的风险意识，注重对具体消费信息获取、消费场所选择、相关的营销套路的辨识和消费相关痕迹资料的保存，提升老年人预防风险和维权能力。

3. 建构社区消费教育体系以提升老年人消费素养水平

在老年人消费自主性不断增强的背景下，积极应对老年人消费安全问题频发的现实问题，提升老年人消费素养水平以强化老年人安全自我保护的能力成为老年教育的重要议题。因此，要大力开展老年消费教育，将消费作为老年人教育的重要内容，提升老年人消费素养水平。一要重视老年人消费教育。加强市场监管、消协、市场主体、老年教育、社会组织等的多元主体协调联动，明确老年消费教育重要性、必要性和迫切性，加强老年人消费素养的基础研究，基于问题导向，完善和优化老年人消费素养教育的体系和方案；压实消协和为老服务机构的老年人消费教育责任，构建老年消费教育的长效机制，建立重实效、广覆盖的老年人消费普及教育体系，形成多元主体参与的老年人消费教育合力。二要强化老年人消费教育人才队伍建设。聚合法律、金融、旅游、医学保健品以及网络、电商等各领域的专业人士进入老年教育领域，一方面对于相关领域的专业知识、消费技能等进行专业传授，优化老年人消费心理和消费行为，提高老年人的金融素养、健康养生素养、法律素养、媒体素养、数字素养等；另一方面重视教育过程中老年人反馈，及时发现老年人消费中可能出现的苗头性问题，发现老年人消费市场供给产品和服务可能出现的风险，以老年人在特定消费情景如营销的情感性消费、老年人聚集的从众性消费等情景下的消费误区进行分析，通过双方有效互动，提高老年人在各领域的消费知识和消费技能，以及预防消费安全风险的能力，增强老年人在复杂的、多变的消费环境中的适应性。三要重视老年消费教育的数字化发展，扩大优质老年人教育资源，提高老年消费教育的可及性。搭建多行业的老年人消费知识共享、分享平台，打破老年人消费知识和信息的壁垒；开展了老年智慧学习场景的建设，为老年人提供多种学习场景，避免老年人对智慧学习的恐惧心理，增强老年人学习积极体验；采用多种形式的融合媒体营造场景化的学习体验，提升消费风险的鉴别、风险规避等能力。以互联网工具帮助老人群体消除"数字鸿沟"，通过打造兴趣内容和社交学习平台，为银发人群解决孤独感、提供价值感，促进老年人远离消费风险，避免消费损害。

结语 研究总结与未来研究议题

    本书以老年人消费安全作为理论基础和分析范式，遵循"发现问题—界定问题—实证分析问题—阐释问题—解决问题"的研究之路。在研究过程中，第一，以强烈的问题意识，考察老龄社会、消费社会、信息社会和风险社会交织的背景下老年人消费的现实困境与发展需求，基于多学科对老年人消费研究的梳理和反思，对"老年人消费安全"问题研究的必要性和重要性进行阐释。本书认为我国老年消费具有物质消费与文化符号消费合题的发展性、智能化与适应性纠缠的障碍性、现实损害与潜在风险并存的脆弱性特征，随着老龄化的加剧、社会风险的增大以及信息生产与传播复杂性的增强，新型消费形态不断涌现，老年人消费面临更多不确定与风险挑战，如不能前瞻性地建构良性的老年消费社会生态环境，老年消费安全问题势必进一步恶化，不仅会给老年人及其家庭带来巨大的损失，也会影响我国消费基础性作用发挥，形成社会系统性风险。第二，进行积极的理论建构。研究遵循日常观察—现实问题—学科研究反思的思路，采用"借用移植"定义方式，对老年人消费安全及其相关概念进行定义，基于老年人消费安全与社会支持的关系建构老年人消费安全脆弱性分析框架，并阐释其内涵；初步建构社会学研究老年人消费安全知识体系，推动消费安全和群体消费安全的深入研究。第三，有效回应老年人消费安全现实关切。本书跳出了传统老年消费经济取向的局限，将老年人消费安全置于社会文化环境和社会支持系统中考察，从而更加清楚地观察在经济社会发展、科技进步过程中，老年人面临的困境与问题，也发现其根本原因在于老年人及其社会系统应对能力不足。在充分估量社会支持在老年人日常生活和紧急救济中的作用的基础上，以优化老年人消费信任环境和消费安全能力增长为目标，提出建构多元主体参与、多层次整合介入的老年人消费安全保护社区平台。第四，秉持广阔和同情之理解的研究态度和理念，强调对老年人现实困境的关怀。尊重老年人的消费经验与体验，客观、理性地看待和分析老年人消费过程中出现的问题和困境，特别是老年人消费伙伴和营销人员等市场支持因素影响的复杂性，在研究者和老年人持续的互动中促进对问题的梳理、分析和理解；以积极的老龄观看待老年人，包容老年人因为时间、空间、家庭以及社会福利等结构性因素导致的差异性观念，以适切的态度和积极的行为去影响老年人，从而尽可能消除老年人遭遇的消费安全风险和现实困境，促使老年人的消费热情和对美好生活的向往之情更加持久。第五，对老年人消费安全问题治理，重视延续性和嵌入性。"老年人消费安全"支持体系建构在我国社区治理、养老服务体系发展、老年人消费社会保护的基础上，本书注重现有"老年人消费安全"资源、机制的激活和链接，通过系统整合，促进消费安全保障嵌入老年人安全保护和服务体系中，建设正式制度资源、社会组织、家庭、邻里、代际等互惠互利、共同应对消费安全问题的社会支持的社区公共生活空间和环境。

在进一步思考中，本书对于老年人消费安全的分析和对策，只是在明确了老年人消费安全的概念及其社会学的阐释，对其实证研究囿于时间与资源的限制，也仅仅是对于老年人消费安全与社会支持的各个面向进行了全面的分析，从社区对正式制度支持与非正式的社会网络支持的承上启下、衔接、整合角度提出了对策建议。在调查样本上，基于消费安全研究的混合样本方法，不能完全代表所有老年人。在数据处理上，基于老年人的泊松性分布采取的回归方法，也需要进一步通过样本的调整优化研究方法。未来还需要从理论、方法、多学科视角，对"老年人消费安全"的制度保护、家庭抗逆力与"老年人消费安全"、老年人消费素养教育、农村老年人消费安全问题等议题进行深入研究，为有效解决"老年人消费安全"的问题提供决策参考。

（一）深化老年人消费安全的制度保护研究

制度是"为社会生活提供稳定性和意义的规制性、规范性和文化—认知性要素，以及相关的活动与资源。作为一种较为持久的社会结构，它为人们的生活及互动提供了一个栖身之所"，① 在现代社会，制度深入个体的日常生活，老年人消费安全问题的产生是个体脆弱性和社会脆弱性共同作用的结果。对老年人消费安全的保护研究更多是基于法律制度的视角，以老年人的消费的"上当受骗""欺诈"等作为主要的话语，往往主要关注了老年人消费安全事件发生后的结果，而对于其消费事件发生前、发生中较少关注，因此，对老年人消费安全的法律研究视角还缺乏能够基于消费过程的全面保护的法律体系构建。而完善的保证老年人消费安全的政策和机制建设是综合治理老年人消费风险的基础制度安排，需要从减少老年人消费的个体、组织以及社会脆弱性等方面进行全面深入的研究，以促进制度能够成为老年人提供消费安全的社会支持资源，对老年人消费过程进行增权赋能。唯有如此，才能全面提升老年人消费安全保障的个体—社区—社会的系统保障能力。

（二）深入家庭抗逆力与老年人消费安全的研究

"尽管现代性视野中的家庭及其观念已经发生了巨大变化，但是家庭和'家人'（即家庭关系）在中国社会依然作为大多数普通人的一种可得资源、保障方式以及安全感来源而发挥着它独特的功用。"② 研究发现，尽管在社会转型和变迁过程中，家庭功能日趋弱化，但家庭依然是中国社会转型中个体应对风险的最主要方式，无论是老年人、年轻人还是国家社会依然对家庭的功能充满期待，是老年人依赖的主要资源，配偶亲密关系、子女代际关系等深刻影响老年人消费安全，在老年人消费

---

① ［美］W. 理查德·斯科特：《制度与组织——思想观念与物质利益》，姚伟等译，中国人民大学出版社 2010 年版，第 56—57 页。

② 吴小英：《"去家庭化"还是"家庭化"：家庭论争背后的"政治正确"》，《河北学刊》2016 年第 5 期。

安全的支持中发挥着不可替代的基础性的作用。家庭抗逆力理论是近年来风险应对研究领域中被引最高的理论之一，这一理论强调，从原因分析，家庭风险和安全事件的发生是历史和未来进程综合作用的结果；需要以优势视角，积极看待我国传统文化对于家庭成员的影响，对于家庭风险应对的韧性，注重激发自我修复的潜能。① 我国家庭政策应立足于传统家庭价值文化在现代社会发展变迁中的重塑，在应对风险过程中以文化的力量提升家庭发展能力和抗逆力。这为老年人及其家庭应对消费过程中的风险和困境提供理论解释机制。因此可以将家庭抗逆力理论作为老年人消费安全的分析和阐释的重要概念，研究要不仅对家庭中对于消费的理性认知、消费计划与消费问题讨论协商的模式、消费安全问题解决的家庭内外部资源动员等进行更为细分的描述，更要注重在家庭变迁过程中，以优势视角挖掘和激活家庭优秀文化，敏锐感知我国家庭在应对风险过程中家庭价值重塑与家庭关系重构等实践案例，并进行深入分析，提炼概念，为家庭功能弱化背景下的提升家庭应对风险能力提供理论支撑，并进行积极政策倡导，建立健全家庭为单位的社会政策，着力强化政府主导的多元主体支持的家庭发展能力建设，更注重空巢、丧偶、独居等易损老年人的消费安全问题，促进老年人消费安全从事后家庭救济向事前风险预防转变。

（三）强化老年人消费素养教育研究

在现代社会，消费问题不仅是一个经济问题，而是一个国家社会和政治问题，是社会、经济、文化、道德、审美等多方面因素综合作用的结果。② 研究发现，老年人消费安全问题不仅关乎老年人个体安全，更是一个社会问题。在充满不确定性、模糊性的社会和市场环境中，老年人消费自主性与消费素养水平较低是老年人在消费中难以远离、回避所

---

① 安叶青、七十三、曾小叶等：《家庭抗逆力理论在风险应对领域的应用：演变、价值及挑战》，《心理科学进展》2023 年第 3 期。
② 徐京波：《从消费主义到消费生态化可持续消费模式的建构路径》，《学习论坛》2015年第 12 期。

谓"消费陷阱"，发生消费安全事件的根本原因。消费素养是指消费者在消费过程中表现出的综合素质和能力，老年人消费素养是指消费知识、技能、态度和行为等，在具体的消费实践中能够采取一些保护性行为以避免受骗，是消除老年人消费安全自我脆弱性，提升自我保护能力的基本路径。老年人消费素养一方面是指消费过程中与市场的谈判、协商能力，辨别市场陷阱的能力以及发生消费安全后的维权力；另一方面也需要信息素养、健康素养、金融素养、数字素养以及心理素养等科学素养的支撑。在老年人消费深刻影响经济社会发展的新阶段，在数字化和智能化时代，研究的必要性凸显。梳理文献，我国学术界对消费者素养重点从信息（智能）消费素养、健康消费素养、金融消费素养、绿色消费素养等进行研究，关注人群主要包括学生群体（包括大学生、中小学生等）、农民等群体，在领域上大量研究成果集中于消费者的金融素养，虽然大量调查报告认为，老年人消费素养水平普遍较低，提出了问题，但深入研究较少。需要通过对老年人消费素养的评价指标体系、问题与调整进行深入分析，提出提升老年人消费素养可操作性的路径和对策。在进一步的研究中，首先应该要建立老年人消费素养的测量工具，清晰地描述老年人消费素养的现状及其内部差异；其次要分析影响老年人消费素养水平的文化心理、消费习惯及其社会转型等影响机制，特别是新的经济发展形态和新消费模式对老年人消费素养的挑战；最后要探索培养和提升老年人消费素养水平的机制路径，以积极老龄化视角将消费教育融入我国老年教育体系，以有目的、有计划、有组织地传授有关消费知识和技能、培养科学的消费观念，提高老年人消费素质。[①]

（四）关注农村老年人消费安全问题

在社会转型过程中，我国城乡老年人在其人口学特征、经济特征以及消费心理和消费行为等方面都存在巨大差异。农村老年人收入较低、消费习惯更为保守，但其对于身体健康、心理慰藉、财产增值的需求以及美好生活的期待与城市老年人并无本质的不同，更多老年人也使用了

---

① 赵晷湘、黎小林：《消费者教育纵论》，《消费经济》1989 年第 6 期。

移动网络。但农村消费市场假冒伪劣商品、虚假宣传更为严重，流动营销引发的维权困难更大，2022 年发布的《农村消费环境与相关问题调查报告》提出，必须重视农村老年消费者权益保障问题，较高的老年人空巢化、较少的服务资源、消费基础设施薄弱以及家庭实际支持的缺失与不足、消费维权能力较差等成为引发农村老年人消费安全的重要因素。而对于农村老年人消费及其安全的研究较为缺乏，需要对农村老年人消费用品和服务的供给、农村老年人消费市场行为以及农村老年人消费的制度支持、消费市场监管进行更为深入的探讨。

参考文献

安叶青、七十三、曾小叶等:《家庭抗逆力理论在风险应对领域的应用:
　　演变、价值及挑战》,《心理科学进展》2023 年第 3 期。

陈晨:《探析代际数字鸿沟的形成路径与弥合之道》,《新闻传播》2022
　　年第 9 期。

陈佳:《我国家庭代际支持的子女性别差异——社会养老资源的调节作
　　用》,《西北人口》2021 年第 6 期。

陈婧、马奇炎:《老年金融消费趋势、问题及公共管理对策建议》,《现
　　代管理科学》2019 年第 3 期。

陈思、余雨枫、张一敏等:《我国老年人群认知功能现状及影响因素研
　　究》,《健康教育与健康促进》2021 年第 6 期。

陈雅丽:《城市社区居民的非正式支持网络:现状与前瞻》,《社会工作
　　(下半月)》2010 年第 6 期。

仇立:《天津市居民绿色食品消费行为影响因素研究》,《生态经济》
　　2016 年第 8 期。

崔戡石:《工商行政管理视角下老年人消费权益保障的思考》,《经济视
　　角(中旬)》2012 年第 5 期。

代巧蓉:《老年人的心理需求》,《江苏科技报》2000 年 12 月 31 日第
　　4 版。

刁春婷、曾美娜:《老年人网络自我效能感与网络诈骗应对的关系》,
　　《中国老年学杂志》2020 年第 10 期。

丁华、王堃、赵忻怡等:《老年人认知功能状况的相关因素》,《中国心

理卫生杂志》2022 年第 3 期。

端文慧、赵媛：《老年人信息意识状况与提升对策——以老年人上当受骗为视角》，《图书馆》2016 年第 5 期。

范和生、刘凯强：《理论省思与现实进路：新时代中国消费社会学的再发展》，《福建论坛》（人文社会科学版）2019 年第 9 期。

付亮、郭晓雷：《沈阳市居民绿色食品消费现状分析及对策》，《农业经济》2022 年第 2 期。

傅双喜、王婷、韩布新、施春华：《老年人心理需求状况及其增龄效应》，《中国老年学杂志》2011 年第 11 期。

傅沂、郑莹颖：《社会参与对中老年消费的影响及作用机制研究》，《调研世界》2022 年第 5 期。

高婕：《当代消费社会中女性的消费与"被消费"的女性——基于批判的视角》，《国外理论动态》2016 年第 3 期。

高焰、戴建兵：《多维度视角下中国老年人数字化生存能力的影响因素分析——基于老年人数字融入的实证研究》，《长沙航空职业技术学院学报》2022 年第 2 期。

《国家发展改革委办公厅关于组织实施 2013 年国家信息安全专项产品测试工作的通知》，http：//www. gov. cn/zwgk/2013－08/22/content＿2472013. htm，2023 年 9 月 3 日。

国家互联网信息办公室发布《数字中国发展报告（2020 年）》，https：// www. gov. cn/xinwen/2021－07/03/content＿5622668. htm，2023 年 8 月 29 日。

韩健：《从信息安全视角谈信息消费发展》，《软件和信息服务》2013 年第 10 期。

韩利群、高峰强：《社区老年人消费决策风格及其与自我概念的关系》，《山东师范大学学报》（人文社会科学版）2011 年第 1 期。

胡朋、向瑶琼、胡梦娇：《老年金融消费者权益特别保护的理论与实践》，《金融经济》2022 年第 6 期。

胡湛、彭希哲、吴玉韶：《积极应对人口老龄化的"中国方案"》，《中国社会科学》2022 年第 9 期。

黄攀：《涉老年人保健品诈骗犯罪的特性与治理路径》，《江西警察学院学报》2020 年第 2 期。

蒋燕、顾曰国：《老人上当受骗案：调查、语用和决策推理分析》，载顾曰国、黄立鹤编著《老年语言学与多模态研究》，同济大学出版社 2020 年版。

寇晓南：《新发展理念指引银发市场发展路径》，《中国外资》2017 年第 15 期。

乐昕：《老年消费如何成为经济增长的新引擎》，《探索与争鸣》2015 年第 7 期。

乐昕、彭希哲：《老年消费新认识及其公共政策思考》，《复旦学报》（社会科学版）2016 年第 2 期。

乐昕：《我国老年消费数量的人群差异研究——以 2011 年 CHARLS 全国基线调查数据为例》，《人口学刊》2015 年第 5 期。

雷丁：《我国老年消费者维权力探讨》，《消费经济》2013 年第 6 期。

李斌、施光玮：《技术、信任与制度：我们会更安全吗?》，《自然辩证法通讯》2022 年第 1 期。

李德俊：《消费者利益新概念与市场营销新模式》，《财贸经济》2003 年第 6 期。

李德俊：《消费者利益新概念与市场营销新模式》，《财贸经济》2003 年第 6 期。

李花、赵雪雁、王伟军：《社会脆弱性研究综述》，《灾害学》2021 年第 2 期。

李佳洁、李楠、罗浪：《风险认知维度下对我国食品安全系统性风险的再认识》，《食品科学》2016 年第 9 期。

李军、刘生龙：《中国老年人消费支出，需求及消费潜力研究（2018—2050 年)》，载党俊武等《中国老龄产业及指标体系研究》，社会科学文献出版社 2021 年版。

李军：《中国老龄产业发展预测研究》，《老龄蓝皮书：中国老龄产业发展报告（2014）》，社会科学文献出版社 2015 年版。

李棉管：《现代化转型与个体安全的内卷化》，《思想战线》2012 年第
　　2 期。

李享、Mark Banning-Taylor、Phoebe Bai Alexander、Cliff Picton：《中国老
　　年人出国旅游需求与制约——基于北京中老年人市场调查》，《旅游学
　　刊》2014 年第 9 期。

李雅娴、张川川：《认知能力与消费：理解老年人口高储蓄率的一个新
　　视角》，《经济学动态》2018 年第 2 期。

李媛媛、单承芸：《我国中老年人金融受骗影响因素研究——基于
　　CHARLS2015 的实证分析》，《南方人口》2020 年第 1 期。

刘爱玉、杨善华：《社会变迁过程中的老年人家庭支持研究》，《北京大
　　学学报》（哲学社会科学版）2000 年第 3 期。

刘涵慧、安艳艳、李慧敏等：《风险框架情境下决策理性的老化研究》，
　　《中国现代神经疾病杂志》2014 年第 3 期。

刘华富、李敏：《老年人证券投资现状及发展态势研究——基于中国证券
　　登记结算数据分析》，《改革与战略》2016 年第 6 期。

刘家明：《平台型治理：内涵、缘由及价值析论》，《理论导刊》2018 年
　　第 8 期。

刘建军：《社区中国》，天津人民出版社 2020 年版。

刘颂：《城市老年人群精神需求状况的调查与研究》，《南京人口管理干
　　部学院学报》2004 年第 1 期。

刘岩：《风险意识启蒙与反思性现代化——贝克和吉登斯对风险社会出路
　　的探寻及其启示》，《江海学刊》2009 年第 1 期。

刘彦华：《2020 中国生命小康指数：96.8% 保健品市场需健康发展》，
　　《小康》2020 年第 10 期。

刘志伟：《老年人的消费心理特点及老年市场营销策略》，《经济师》
　　2001 年第 6 期。

鲁元珍、孙智蒲：《规范老年消费市场——银发经济兴起，"适老"更要
　　"护老"》，《光明日报》2023 年 4 月 6 日第 15 版。

陆岷峰、徐阳洋：《老年投资行为轨迹特点及健康投资对策》，《湖北经济学院学报》2019 年第 3 期。

吕美男：《新时期我国"脆弱群体"问题研究》，《社会与公益》2019 年第 11 期。

罗子明：《消费者心理学》（第二版），清华大学出版社 2002 年版。

骆紫薇、陈斯允：《营销领域的社会支持研究述评与展望》，《外国经济与管理》2018 年第 1 期。

马芒、张航空：《城市老年人消费水平影响因素分析——以上海为例》，《人口与发展》2011 年第 6 期。

［法］马太·杜甘：《国家的比较：为什么比较，如何比较，拿什么比较》，文强译，中国社会科学文献出版社 2010 年版。

闵学勤：《从无限到有限：社区平台型治理的可能路径》，《江苏社会科学》2020 年第 6 期。

聂建亮、胡艺杭：《消费能使农村老人更幸福吗？——消费对农村老人主观幸福感影响的实证研究》，《西北大学学报》（哲学社会科学版）2020 年第 2 期。

潘松安、张晓英、谭晓丽：《新常态下老年旅游消费需求调查研究——以广州市为例》，《现代营销》（经营版）2018 年第 6 期。

潘屹、隋玉杰、陈社英：《建立中国特色的社区综合养老社会服务体系》，《人口与社会》2017 年第 2 期。

潘泽泉：《当代社会学理论的社会空间转向》，《江苏社会科学》2009 年第 1 期。

逄玥、谢瑞瑞、刘晨等：《我国老年人认知水平变化轨迹及其分化》，《现代预防医学》2022 年第 12 期。

彭涵、刘海燕：《老年人消费行为及影响因素研究——基于上海市老年生活形态调研的分析》，《老龄科学研究》2018 年第 4 期。

彭小辉、李颖：《互联网促进了老年群体的消费吗?》，《消费经济》2020 年第 5 期。

彭玉伟：《论老年诈骗犯罪被害人的被害性》，《安徽警官职业学院学报》

2013 年第 1 期。

齐玉玲、张秀敏、史秀欣等：《城市社区老年人社会支持现状及影响因素研究》，《中国全科医学》2016 年第 25 期。

饶育蕾、陈地强、彭叠峰、朱锐：《幸福感能降低中老年人受骗风险吗？——基于 CHARLS 数据的实证研究》，《计量经济学报》2021 年第 2 期。

阮明阳：《安全的个体化转向：新安全观综述》，《现代经济：现代物业（中旬刊）》2015 年第 14 期。

阮明阳、李徽：《试析个体安全的定义及其理论体系》，《思想战线》2011 年第 1 期。

盛亦男、刘远卓：《社会参与对老年人健康的影响》，《中国人口科学》2022 年第 6 期。

世界银行：《防止老龄危机：保护老年人及促进增长的政策》，中国财政经济出版社 1996 年版。

宋智、张迪、桂舟、成虹燕：《保健品的市场规制和消费者权益保护的法律问题研究》，《商场现代化》2020 年第 10 期。

随力瑞、李媛媛、单承芸：《我国老年人金融行为异质性影响因素研究——基于 CHARLS 数据的实证分析》，《理论与实践》2021 年第 1 期。

唐丽霞、李小云、左停：《社会排斥、脆弱性和可持续生计：贫困的三种分析框架及比较》，《贵州社会科学》2010 年第 12 期。

王菲：《我国城市老年人消费行为的实证研究》，《人口与发展》2015 年第 3 期。

王国红、戴友芳：《试论消费安全的法律保护》，《消费经济》1998 年第 5 期。

王国敏、张宁、杨永清：《贫困脆弱性解构与精准脱贫制度重构——基于西部农村地区》，《社会科学研究》2017 年第 5 期。

王国顺、张煊：《消费安全文化：概念与内涵》，《北京工商大学学报》（社会科学版）2011 年第 1 期。

王力平：《风险与安全：个体化社会的社会学想象》，《新疆社会科学》
　2013 年第 2 期。

王丽丽：《社会支持对消费者自我控制行为的影响研究》，https：//www.
　nsfc. gov. cn，2021 年 5 月 29 日。

王宁：《从"消费自主性"到"消费嵌入性"——消费社会学研究范式
　的转型》，《学术研究》2013 年第 10 期。

王平、余林、朱水容等：《老年消费者决策风格调查研究》，《西南农业
　大学学报》（社会科学版）2013 年第 11 期。

王婉茹：《我国老年人旅游消费者权益法律保障研究》，《法制博览》
　2018 年第 6 期。

王馨玮：《不同养老模式下社交网络对老年人口消费倾向的影响》，《商
　业经济研究》2023 年第 13 期。

吴粹中：《消费者健康关注、舆情感知与绿色食品消费意愿：不同消费
　群体的比较研究》，《商业经济研究》2021 年第 23 期。

吴金海：《社交性消费：一个消费社会学的研究框架》，《山东社会科学》
　2021 年第 11 期。

吴磊：《当代中国青年消费研究综述——基于 CiteSpace 知识图谱分析》，
　《新生代》2021 年第 1 期。

吴敏、熊鹰：《年龄、时期和队列视角下中国老年消费变迁》，《人口与
　经济》2021 年第 5 期。

吴楠：《对老年人消费权益保护的几点思考》，《山东农业工程学院学报》
　2015 年第 6 期。

吴小英：《"去家庭化"还是"家庭化"：家庭论争背后的"政治正
　确"》，《河北学刊》2016 年第 5 期。

肖水源：《〈社会支持评定量表〉的理论基础与研究应用》，《临床精神医
　学杂志》1994 年第 2 期。

肖水源：《社会支持对身心健康的影响》，《中国心理卫生杂志》1987 年
　第 4 期。

肖志勇：《农产品质量安全消费心理和行为分析》，《农产品质量与安全》

2013 年第 6 期。

谢炳君、廖光继、周佳：《老年人对科技保健品信任的影响因素探究》，《人类工效学》2016 年第 5 期。

辛素飞、岳阳明、辛自强：《1996—2016 年中国老年人心理健康变迁的横断历史研究》，《心理发展与教育》2020 年第 6 期。

辛素飞、岳阳明、辛自强等：《1996—2015 年中国老年人社会支持的变迁：一项横断历史研究》，《心理发展与教育》2018 年第 6 期。

徐京波：《从消费主义到消费生态化可持续消费模式的建构路径》，《学习论坛》2015 年第 12 期。

徐勤：《我国老年人口的正式与非正式社会支持》，《人口研究》1995 年第 5 期。

许佃兵：《当代老年人心理发展的主要矛盾及特点》，《江苏社会科学》2011 年第 1 期。

薛晓源：《前沿问题前沿思考·贝克教授访谈录》，华东师范大学出版社2001 年版。

薛媛媛：《需求与补偿：城市老年人保健品消费行为研究》，博士学位论文，华东师范大学，2021 年。

颜雄兵：《风险社会视域下金融衍生品消费者保护研究》，《海南金融》2017 年第 5 期。

杨发祥、胡高强：《区隔与整合：理解消费二重性的理论探索》，《新视野》2022 年第 2 期。

杨航、邵景进、张乾寒等：《老化恐惧与老年人受骗易感性：安全感和掌控感的中介作用》，《中国临床心理学杂志》2019 年第 5 期。

杨红娟：《老年人消费安全问题的提出及理论建构》，《人口与社会》2018 年第 2 期。

杨怀印、边浩然：《吉林省 40 个城乡社区老年产业营销服务状况的调查研究》，《云南民族大学学报》（哲学社会科学版）2016 年第 5 期。

杨雪冬：《风险社会理论反思：以中国为参考背景》，《绿叶》2009 年第 8 期。

杨雪冬：《风险社会理论述评》，《国家行政学院学报》2005 年第 1 期。

杨雪晶：《个体化与城市老年人的非正式支持》，博士学位论文，复旦大学，2011 年。

杨雪、王瑜龙：《社交活动对中国新一代老年人口消费的影响——基于 CHARLS 2018 的实证研究》，《人口学刊》2021 年第 2 期。

姚远：《老年安全：一个需要重视的问题》，《人口学刊》2002 年第 3 期。

叶金强：《风险领域理论与侵权法二元归责体系》，《法学研究》2009 年第 2 期。

叶炜娜：《经济法视域下对老年消费者的特别保护》，《西部学刊》2021 年第 20 期。

尹向东：《中国消费安全报告：预警与风险化解》，红旗出版社 2009 年版。

应斌、刘新燕：《共同关注老年人的愿望——关于武汉市老年人消费行为的调查分析》，《消费经济》1999 年第 2 期。

于长永、何剑：《脆弱性概念、分析框架与农民养老脆弱性分析》，《农村经济》2011 年第 8 期。

于文洁、郑中玉：《基于消费构建想象的社区——对某老年保健品消费群体及其行为的研究》，《社会学评论》2018 年第 1 期。

于文洁、郑中玉：《基于消费构建想象的社区——对某老年保健品消费群体及其行为的研究》，《社会学评论》2018 年第 1 期。

于潇、韩帅：《中国老年人参与互联网金融影响因素研究——以理财产品为例》，《西北人口》2022 年第 1 期。

喻婧、饶俪琳：《年老化对风险决策和模糊决策的影响：来自生理性和病理性老化的证据》，《心理科学进展》2014 年第 4 期。

袁方主编：《社会研究方法教程》，北京大学出版社 1997 年版。

张晨、曹晓烨、李颖：《老年金融消费者特殊权益保护研究——以上海市某区非法集资案件的小样本分析为视角》，《上海公安高等专科学校学报》2017 年第 6 期。

张红历：《中国信息社会发展水平的时空分异研究：2007—2016 年》，

《情报科学》2017 年第 12 期。

张力元、毕研玲、张宝山、陈璐：《老年人行为决策：领域现状与挑战》，《心理科学进展》2015 年第 5 期。

张力元、毕研玲、张宝山等：《老年人行为决策：领域现状与挑战》，《心理科学进展》2015 年第 5 期。

张艳、金晓彤：《中国老龄人口消费行为的制约因素分析》，《学术交流》2010 年第 10 期。

张友琴：《城市化与农村老年人的家庭支持——厦门市个案的再研究》，《社会学研究》2002 年第 5 期。

张真真、班晓娜：《需求层次理论视角下老年人受骗问题分析》，《辽宁经济》2018 年第 6 期。

张志元、刘红蕾：《老年社会参与和消费升级——基于 CFPS 的实证分析》，《山东财经大学学报》2022 年第 6 期。

赵昬湘、黎小林：《消费者教育纵论》，《消费经济》1989 年第 6 期。

赵华、陈洁菲：《老年人智能技术提升的现实困境与突破路径》，《当代职业教育》2022 年第 2 期。

赵姣文、赵晓光、刘欢等：《上海市嘉定区 2373 名社区老年人社会支持情况及其影响因素分析》，《中国健康教育》2015 年第 1 期。

郑杭生、杨敏：《个体安全：一个社会学范畴的提出与阐说》，《思想战线》2009 年第 6 期。

郑兰祥、郝琦琦：《金融科技发展对我国金融机构系统性风险的影响》，《沈阳大学学报》（社会科学版）2022 年第 4 期。

郑萌：《社区生鲜店——老年消费群体开发策略研究》，《农村经济与科技》2019 年第 10 期。

中国互联网络信息中心：第 49 次《中国互联网络发展状况统计报告》，https：//baijiahao. baidu. com/s？id ＝ 1725724734936829092&wfr ＝ spider&for ＝ pc，2023 年 9 月 6 日。

中国消费者协会：《2022 年全国消协组织受理投诉情况分析》，https：//www. cca. org. cn/tsdh/detail/30582. html，2023 年 2 月 15 日。

中国信息社会测评研究课题组：《冲出迷雾：中国信息社会测评报告（2013）》，《电子政务》2013 年第 10 期。

周露阳：《我国老年保健品营销现状与策略选择》，《消费经济》2005 年第 2 期。

周阳：《老龄化趋势下老年群体的消费需求变化与产业发展对策研究》，《山东纺织经济》2022 年第 1 期。

朱正威、蔡李、段栋栋：《基于"脆弱性—能力"综合视角的公共安全评价框架：形成与范式》，《中国行政管理》2011 年第 8 期。

［德］乌尔里希·贝克：《世界风险社会》，吴英姿、孙淑敏译，南京大学出版社 2004 年版。

［德］乌尔里希·贝克、伊丽莎白·贝克－格恩斯海姆：《个体化》，李荣山、范譞、张惠强译，北京大学出版社 2011 年版。

［美］W. 理查德·斯科特：《制度与组织——思想观念与物质利益》，姚伟、王黎芳译，中国人民大学出版社 2010 年版。

RENN O. , "Risk Communication-Consumers between Information and Irritation ", *Journal of Risk Research*, Vol. 9, No. 8, 2006.

Robert Chambers, "Poverty and Livelihoods：Whose Reality Counts?", *Environment & Urbanization*, Vol. 7, No. 1, June 1995.

附录一　老年人消费安全现状与社会支持研究问卷

尊敬的老年朋友：

您好！我是国家社科基金"老年人消费安全现状与社会支持研究"课题组的访问员，希望通过您了解老年人消费安全的基本状况及意见建议，为保障老年人消费安全、完善社会支持体系提供决策依据。非常感谢您配合本次访问。

Q1. 日常生活中，您经常做的事情有哪些？（最多选 5 项）

①兴趣活动（文娱活动）　　　②社团组织活动

③志愿活动或慈善活动　　　　④帮助朋友或邻居做事

⑤老年大学或学习培训　　　　⑥朋友聚会聊天

⑦炒股、基金等金融证券交易　⑧购物

⑨上网聊天/看视频　　　　　　⑩很少出门

Q2. 当接到不明电话时，您会如何处理？（单选）

①直接挂掉　　　　　　　　　②听到是推销/广告后再挂掉

③与对方周旋，仔细询问　　　④其他

Q3. 您目前的经济来源主要有哪些？（最多选 5 项）

①工作或劳动收入　　　　　　②退休金

③抚恤金　　　　　　　　　　④储蓄利息理财性收入

⑤配偶贴补　　　　　　　　　⑥子女接济

⑦投资买卖收入　　　　　　　⑧低保金

⑨房租　　　　　　　　　　　⑩其他（注明）

Q4. 您觉得自己的经济状况如何？（单选）

①非常宽裕　　　　　　　　②比较宽裕

③基本够用　　　　　　　　④比较困难

⑤非常困难

Q5. 您自己的收入主要由谁管？（单选）

①自己管理　　　　　　　　②配偶管理

③子女管理　　　　　　　　④其他信任的人管理

Q6 您平常可以支配的资金主要有哪些？（单选）

①家庭全部收入　　　　　　②自己的收入

③自己和老伴收入　　　　　④子女部分资金

⑤其他

Q7. 过去一年，您个人开支大约是多少？（单选）

①少于1万元　　　　　　　②1万—2万元之间

③2万—5万元之间　　　　　④5万—10万元之间

⑤10万—20万元之间　　　　⑥20万元以上

Q8. 除了日常生活消费、医疗支出等以外，您支出最多的项目有哪些？（最多选5项）

①娱乐社交　　　　　　　　②保健食品和产品

③美容护理　　　　　　　　④家政

⑤旅游　　　　　　　　　　⑥学习培训费用

⑦投资理财　　　　　　　　⑧养老消费

⑨商业保险　　　　　　　　⑩收藏品

⑪其他（注明）

Q9. 您购买物品和服务的信息来源是什么？（最多选3项）

①电视广播报纸　　　　　　②微信朋友圈

③网络购物平台　　　　　　④熟人推荐

⑤广告宣传册　　　　　　　⑥抖音快手等短视频介绍

⑦销售人员宣传讲解　　　　⑧专业人员推荐

⑨其他（注明）

Q10. 日常生活中，您是否与子女交流消费方面的话题？（单选）

①经常交流　　　　　　　②偶尔交流

③基本不交流　　　　　　④与子女联系少或自己独自一人

Q11. 您日常消费的主要场所：_____（最多选 5 项）

①路边摊　　　　　　　　②直营直销店

③药店、银行、旅行社等正规营业场所

④营销活动现场　　　　　⑤电视电话直销

⑥网络平台交易　　　　　⑦农贸市场

⑧旅游购物点　　　　　　⑨其他（注明）

Q12. 您日常消费的主要支付方式：_____（单选）

①使用现金　　　　　　　②刷储蓄卡

③刷信用卡　　　　　　　④微信、支付宝

⑤其他方式（注明）

Q13. 以下有关消费陪伴的描述，请在符合条件的对象框中打钩（每一个问题可以多选）

	配偶	子女	亲戚朋友	因消费结识的人	营销人员	社区服务人员	无人
①跟您分享消费经验							
②跟您提供商品相关信息							
③和您一起拟订消费计划							
④关心您的消费状况							
⑤不同意您的消费决定也会听从您							
⑥在您遇到消费问题时陪伴和安慰							
⑦帮您投诉或与商家协商解决问题							
⑧消费出现问题和困扰时给您建议							
⑨给您提供消费的资金支持							

Q14. 以下是有关消费体验的描述，哪些情况与您相同？（最多选3项）

    ①消费给我带来乐趣   ②消费对我来说是一种享受

    ③消费让我交到新朋友   ④我喜欢消费新颖有趣的东西

    ⑤我愿意为增长才能而消费   ⑥我常后悔我的消费决定

    ⑦我常买没有计划买的东西   ⑧其他（注明）

Q15. 您在消费中会优先考虑哪项？（最多选3项）

    ①价格   ②功能   ③品牌   ④品质好

    ⑤流行时尚   ⑥经久耐用   ⑦其他（注明）

Q16. 影响您消费的主要因素有哪些？（最多选5项）

    ①对产品或服务了解   ②之前的经验

    ③现场体验或展示效果   ④销售人员态度

    ⑤售后服务   ⑥经营场所正规性

    ⑦可能的财产安全风险   ⑧朋友中的口碑

    ⑨专家推荐   ⑩其他（注明）

Q17. 您投资理财一般属于哪种风险类型？（单选）

    ①高风险高收益   ②中风险中收益

    ③低风险低收益   ④零风险稳定收益

    ⑤不投资理财

Q18. 您的理财行为属于哪种操作方式？（单选）

    ①长期持有，注重长期收益   ②差不多就卖出

    ③频繁买卖，短期套利

Q19. 您自己购买保健品吗？（单选）

    ①经常购买   ②不太购买

    ③很少购买   ④从没购买过

Q20. 您自己购买保健品的目的？（最多选3项）

    ①补充营养   ②治疗疾病

    ③疾病养护   ④改善睡眠

    ⑤内分泌调节   ⑥美颜塑形

⑦其他（注明）

Q21. 您在购买保健品、投资理财和养老投资等时，您都会和谁商量（最多选 3 项）

　　①配偶　　　　　　　　②子女

　　③亲朋好友　　　　　　④消费伙伴

　　⑤不和谁商量　　　　　⑥其他（注明）

Q22. 您在购买保健品、投资理财和养老投资等时，对您影响最大的是_____（单选）

　　①配偶　　　　　　　　②子女

　　③亲朋好友　　　　　　④消费伙伴

　　⑤营销人员　　　　　　⑥其他（注明）

Q23. 您的家庭处理消费相关问题时，一般会：_____（单选）

　　①共同商量再做决定

　　②各管各自的消费，不管其他人

　　③有消费问题时亲戚说和

　　④经常因为消费问题争吵，无法达成共识

　　⑤向专业人士求教　　　⑥其他（注明）

Q24. 以下哪种消费方式使您遭遇过经济损失：_____（最多选 3 项）

　　①消费返利　　　　　　②预付储值卡/会员制

　　③免费体验　　　　　　④宣传、讲座、会议销售

　　⑤为其他人凑分返积分、提成

　　⑥其他（注明）

Q25. 您和周围老年人是否遇到过以下情况，符合情况的打钩。（都没有跳到第 37 题）

		您是否遇到过	周围老年人是否遇到过
保健品	1. 购买了高价保健品无法退货		
	2. 预付养生保健服务项目未能达成效果无法退款		
	3. 保健品没有效果但不给退货		

续表

		您是否遇到过	周围老年人是否遇到过
旅游	4. 参加旅游时遭遇强迫消费		
	5. 预交旅游套餐、旅游押金等未能履约没能退款		
	6. 旅游被收取年龄附加费、出游保证金、会员预付等		
投资理财	7. 销售人员以存款名义推荐理财产品造成纠纷		
	8. 参与承诺的本金及利息的集资（放贷）没有兑现		
	9. 通过微信朋友圈加入炒股群被扣会费		
	10. 商业保险投资期限太长想退保造成钱财损失		
	11. 商业保险承诺赠送礼品、返还佣金没有兑现		
	12. 投资石油、贵重金属遭遇平台纠纷无法收回成本		
	13. 高额返利的理财、投资类产品承诺没有兑现		
养老	14. "以房养老"签署合同被骗		
	15. 投资养老公寓或养老服务项目没有收回成本		
	16. 预交养老院服务费用未能履约没能退款		
收藏品	17. "高价回购""溢价回购"收藏品但没有回购		
	18. 购买高价回收的收藏品到期公司倒闭		
	19. 收藏品拍卖缴纳入册费但未能拍卖成功		
	20. 其他情况（注明）		

Q26. 以上遇到的消费安全事件造成了您多大的经济损失？（单选）

①999 元以下　　　②1000—1999 元　　　③2000—4999 元

④5000—1 万元　　　⑤1 万—2 万元　　　⑥2 万—5 万元

⑦5 万—10 万元　　　⑧10 万—20 万元　　　⑨20 万元以上

Q27. 是否因为以上事件借贷：＿＿＿＿

①是　　　　　　　②否

Q28. 这些消费安全事件造成的经济损失对您的影响：＿＿＿＿（单选）

①不能承受　　　　②能够承受

③无关紧要　　　　④不好说

Q29. 除了经济损失外，对您还造成了哪些影响？（最多选 5 项）

　　①心理健康　　　　　②身体健康　　　　　③家庭关系

　　④人际信任　　　　　⑤政府信任　　　　　⑥法律信任

　　⑦品牌信任　　　　　⑧消费信心　　　　　⑨其他（注明）

Q30. 当您遭遇到这些消费安全事件时，以下行为您做了哪些？（最多选 3 项）

　　①向政府部门提起仲裁或向法院提起诉讼

　　②向消协 12315 投诉

　　③向消费者公益网络平台（如黑猫）投诉

　　④向报纸媒体投诉曝光

　　⑤通过互联网媒体发表自己遭遇

　　⑥与商家直接交涉

　　⑦找律师咨询　　　　⑧什么也没做（跳到 33 题）

Q31. 投诉是否被受理：_____（单选）

　　①是　　　　　　　　②否

Q32. 对于处理结果比较满意的是哪一项？（最多选 3 项）

　　①向政府部门提起仲裁或向法院提起诉讼

　　②向消协 12315 投诉

　　③向报纸媒体投诉曝光

　　④向消费者公益网络平台（如黑猫）投诉

　　⑤与商家直接交涉　　　⑥找律师咨询　　　　⑦其他（注明）

Q33. 当您遭遇到这些消费安全事件时，如果什么也没有做的原因是什么？（最多选 3 项）

　　①太麻烦　　　　　　②求助无门，没人帮我

　　③不了解渠道　　　　④感觉投诉了也解决不了

　　⑤没有相关证据　　　⑥损失不大没有必要

　　⑦自认倒霉忍了　　　⑧其他（注明）

Q34. 当您遭遇到这些消费安全事件时，您向谁倾诉过？（最多选 3 项）

　　①老伴　　　　　　　②子女　　　　　　　③亲朋好友

④消费伙伴　　　　　　⑤营销人员　　　　　　⑥不倾诉

⑦其他（注明）

Q35. 当遇到这些消费安全事件的时候，您家人怎么做？（最多选 3 项）

①帮助我维权　　　②给我弥补损失　　　③指责我乱买东西

④不管我　　　　　⑤让我忍一忍

⑥联系专业人士帮我解决问题　　　　　⑦其他（注明）

Q36. 有多少位朋友帮助您解决这些消费安全事件？（单选）

①1—2 个　　　　②3—5 个

③6 个及以上　　　④一个也没有

Q37. 您和周围老年人遭遇这些消费安全事件，最主要原因是什么？
（最多选 5 项）

①针对老年人营销套路太多　　②侥幸以为自己可以得便宜

③喜欢尝试新东西/新事物　　④太看重消费中的情感交流

⑤不能熟练应用现代技术　　　⑥听信朋友不负责任的介绍

⑦防范意识弱　　　　　　　　⑧防范能力差

⑨别人买自己没买怕没面子　　⑩其他（注明）

Q38. 您认为现在的消费环境对老年人来说是否安全？（单选）

①十分安全　　　　　　　②比较安全

③一般　　　　　　　　　④不安全

⑤很不安全

Q39. 为了保障自己的消费安全，您认为应该注意哪些方面？（最多
选 5 项）

①多了解购买产品或服务的专业知识及安全风险

②经常了解老年人受骗知识和案例

③保留购买产品或服务的发票、收据等消费凭证

④消费前多和家人朋友商量

⑤浏览国家反诈中心 App 中的防诈骗知识

⑥提醒自己不要贪图小便宜

⑦使用打击整治养老诈骗线索举报平台

⑧了解受骗后的解决措施和投诉渠道

⑨浏览消协、工商监督等相关网站知识信息

⑩其他（注明）

Q40. 当遇到消费安全问题的时候，您希望家人怎么做？（最多选3项）

①帮助我维权　　　　　　　　②给我弥补损失

③不指责我乱买东西　　　　　④不管我

⑤让我忍一忍　　　　　　　　⑥联系专业人士帮我解决问题

⑦其他（注明）

Q41. 保障老年人消费安全，您认为社区的作用是否重要？（单选）

①十分重要　　　　　　　　　②重要

③一般　　　　　　　　　　　④不重要

⑤无所谓

Q42. 保障老年人消费安全，社区如何做得更好？（最多选3项）

①提供社工、法律、心理等专业服务

②完善老年人家庭和社会支持网络

③组织老年人共同面对消费问题

④提升老年人预防和应对消费安全事件的能力

⑤督促小区物业加强安保　　　⑥其他（注明）

Q43. 保障老年人消费安全，您认为政府应该做什么？（最多选5项）

①完善老年人消费特殊保护的法律法规

②加强老年人消费安全宣传教育

③建立老年人消费的专门管理部门

④促进家庭成员和社区对老年人消费的支持

⑤严厉打击老年人消费欺诈行为

⑥提升老年人消费风险意识和应对能力

⑦定期发布老年消费安全的相关案例

⑧将保障消费安全作为老年服务的主要内容

⑨增加老年消费反诈平台的技术力量，精准打击犯罪

⑩其他

个人资料：（以下仅作统计分析之用，请说明）

Q44. 性别：

　　①男　　　　　　　　②女

Q45. 您的年龄：

　　①61—65 岁　　　　　②66—70 岁

　　③71—75 岁　　　　　④76—80 岁

Q46. 文化程度：

　　①不识字　　　　　　②小学　　　　　　③初中

　　④高中/中专　　　　　⑤大学

Q47. 婚姻状况：

　　①已婚有配偶　　　　②再婚　　　　　　③离异未婚

　　④丧偶　　　　　　　⑤其他

Q48. 和您共同居住的人有：（最多选 3 项）

　　①老伴　　　　　　　②子女　　　　　　③保姆

　　④孙子孙女或外孙子外孙女　　　　　　　⑤邻居

　　⑥亲戚朋友　　　　　⑦自己一个人居住　⑧其他（注明）

Q49. 您觉得自己的健康状况：（单选）

　　①非常健康　　　　　②比较健康　　　　③一般

　　④不太健康（有慢性病等）　　　　　　　⑤有较严重疾病

Q50. 您退休前或目前从事的职业：（单选）

　　①机关事业单位管理人员

　　②机关事业单位管理人员普通员工

　　③企业管理人员　　　④企业普通员工　　⑤私营业主/个体户

　　⑥无业/失业　　　　⑦其他（注明）

调查人员：＿＿＿＿＿＿＿＿　　　　　　调查时间：＿＿＿＿＿＿＿＿

调查地点：＿＿＿＿省＿＿＿＿市＿＿＿＿县（区）＿＿＿＿社区

请从头开始再仔细核一遍，确保不漏题、不缺项，致谢后再离开！

附录二　个案访谈提纲

1. 案主经历及其受骗过程，家人态度、社会支持网络（亲朋好友，特别是一些正规机构如社区养老服务中心、老年大学、经营场所等）及其关系、作用等。

2. 消费安全事件：发生、发展以及目前处理的状况，有哪些力量介入事件中，特别是公检法、工商监管、消协以及个人的争取中动用的人脉关系、主要手段等。

3. 老年人受损情况及影响。

4. 特别关注老年人在消费安全事件发生及其维权过程中的主动性积极性，以及老年人之间的互助关系，这种互助关系对于消费安全事件发生、发展中的影响。

5. 老年人在消费安全事件中的担忧与期待、困惑、困难与建议。

后　　记

　　老年人消费安全问题的提出是基于我的研究实践。随着老龄化的加剧，老年人消费问题引起社会广泛关注。十多年前，我在接受媒体采访时，老年人消费过程中遭遇的一些上当受骗问题常常成为一个很重要的话题。在这一互动过程中，我逐渐发现并深刻认识到，老年人"消费安全"应作为一个重要的社会问题进行深入研究。为此，2015—2018 年，我以老年人消费安全为主题三次申请国家社科基金课题，最终立项。

　　真正开展课题研究后才发现，原来的研究设计其实仍存在一些知识储备上的漏洞或实证研究中的粗疏点。一直从事社会政策研究的我，面临诸多的挑战。一是学科的挑战，消费安全传统上属于经济学议题，对老年人消费的研究成果大多从营销学视角展开。梳理这些颇丰的学科成果并汲取相关的观点为我所用耗费了我大量的精力。二是选择的困境，大量研读心理学、法学、经济学以及社会学的相关研究文献，沉浸在卷帙浩繁的文献中，使我的研究思路越来越庞大而冗杂。作为课题成果，本书所呈现的只是研究逻辑分析框架中的一部分。

　　现实关怀和理论建构始终贯穿于本著作的研究与书写过程中。所谓现实关怀，不仅在于问题的提出，更在于对转型期我国老年人群体的深切观照，对他们日常生活和消费中面临的文化困境、家庭代际间的冲突与矛盾、社会支持完备与否，特别是对我国相关家庭支持政策的反思。因此，在理论建构中，在秉持同理心的同时，以能力、赋权、系统为理论基础，从优势视角出发，以积极老龄观看待老年人，发现其潜在的可能性，包容老年人因时间、空间、家庭以及社会福利等结构性因素导致的差异性观念，以适切的态度和积极的行为去影响老年人。从而，尽可能降低和减少老年人遭遇的消费安全风险和现实困难，使老年人的消费热情和对美好生活的向往得以持续。

承担国家社科基金课题让我真正经历了一次严格甚至痛苦的学术研究过程。从问题的提出、概念界定，到概念问题化，再到问卷设计、处理数据、形成观点，以及研究呈现等，将碎片的知识在严谨的研究框架中进行整合、升华，最终形成一本社会学专著，的确是一个艰难的自我修炼过程。

在本书问世之际，特别要感谢一直以来关心、支持我学术研究的各位老师。首先，感谢陕西省社会科学院石英老师、江波老师，他们帮助我完成了从历史学到社会学，整合学科知识的学术转化与升级。在我课题申请过程中，石英老师的支持坚定了我的选题方向和研究设计；江波老师协助我将研究问题一步步聚焦，在研究过程中提出新问题、新要求，让我的研究不断深入，感受探索与发现的乐趣。还要感谢聂翔老师，在他不断地质疑和提问中，我的研究逻辑和思路不断清晰，特别是关于问卷部分的设计和处理。感谢李新生老师，是他让我不仅成为一名老龄化和老龄问题的研究者，也成为深入养老服务行业的参与者，感受行业、了解行业、理解行业。还要感谢张春华所长、李从容教授、吴南研究员和郝娟教授。感谢参与问卷调查的我的可爱的西北大学 MSW 硕士研究生们。感谢编辑涂世斌老师的辛勤付出。感谢我的爱人，他时时针对课题进展提问题，想办法，勉励、督促我不断前行。

杨红娟

2023 年 3 月 31 日